Peter und Eva Imhof

Bei uns läuft's kacka

Peter und Eva Imhof

Bei uns läuft's kacka

Scheitern als Eltern – aber richtig!

Bibliografische Information der Deutschen Nationalbibliothek

Die Deutsche Nationalbibliothek verzeichnet diese Publikation in der Deutschen Nationalbibliografie. Detaillierte bibliografische Daten sind im Internet über http://dnb.d-nb.de abrufbar.

Für Fragen und Anregungen:

info@mvg-verlag.de

Originalausgabe: 1. Auflage 2017

© 2017 by mvg Verlag, ein Imprint der Münchner Verlagsgruppe GmbH
Nymphenburger Straße 86
D-80636 München
Tel.: 089 651285-0
Fax: 089 652096

Redaktion: Antje Steinhäuser
Umschlaggestaltung: Manuela Amode
Umschlagabbildung: © Fräulein Fotograf, www.fräulein-fotograf.de
Satz: Carsten Klein, München
Druck: GGP Media GmbH, Pößneck
Printed in Germany

ISBN Print 978-3-86882-761-3
ISBN E-Book (PDF) 978-3-86415-991-6
ISBN E-Book (EPUB, Mobi) 978-3-86415-992-3

Weitere Informationen zum Verlag finden Sie unter

www.mvg-verlag.de

Beachten Sie auch unsere weiteren Verlage unter www.m-vg.de

Für Lilly und Luisa

Inhalt

Einleitung

Früher war für uns die Elternwelt so klar wie ein Gebirgssee. Also, als wir noch keine Kinder hatten. Wir waren die besten Eltern-Ratgeber – so nach dem Motto: »Wer in der Kindererziehung nicht weiterweiß, fragt am besten jemanden, der keine Kinder hat, der weiß es am besten.« Die größte Übereinstimmung verzeichneten wir in der sicheren Annahme, dass unsere Kinder mit ordentlich gekämmtem Haar und blütenweißen Bodys bereits im frühen Alter in der Lage sein würden, mit Mama und Papa am Tisch zu sitzen – ohne Rumgerenne und Gebrüll!

Die Praxis als Zwillingseltern entpuppt sich allerdings rasch als das Gegenteil unserer Theorie: Schon wenige Stunden nach der Geburt der Zwillinge Lilly und Luisa fragen wir uns, wie wir nur die ersten Jahre überstehen sollen, bis sich professionell ausgebildetes Personal um die Erziehung der beiden kümmert. Beim gemeinsamen Essen landet mehr auf dem Boden als im Mund, zwei Wutanfälle pro Tag (gerne an der Supermarktkasse) gehören zum guten Ton der Zwillinge, und die weißen Bodys werden sehr schnell durch bunt gemusterte Stoffe ersetzt, auf denen man die Flecken nicht so sieht.

Leider wird einem ja zur Geburt keine Gebrauchsanweisung mitgeliefert für sein individuelles Exemplar, und so stolpern wir von einem Fehler zum Nächsten und lernen irgendwann, dass alles halb so wild ist, solange kein Blut spritzt und niemand kotzt.

An das Scheitern im Elternkosmos müssen wir uns allerdings erst gewöhnen, und wir erleben dabei Geschichten, die alle Eltern erzählen könnten, die sich aber kaum jemand auszusprechen traut. Denn Elternsein ist heutzutage wie ein kompliziertes Sportprogramm – es wird alles durchorganisiert, optimiert und muss perfekt sein. Wir haben aber keine Lust, den unausgesprochenen Wettkampf um das am besten behütete, intelligenteste und am meisten geförderte Kind mitzumachen.

Während unserer wahnsinnigen Achterbahnfahrt durch die wirre Welt unseres Nachwuchses lernen wir, dass sich das Geheimnis erfolgreicher Erziehung in einem Satz zusammenfassen lässt. Aber bevor der Knoten platzt, müssen wir durch einiges durch: Unfälle, ein Flugzeugabsturz, kotzende Kinder in der Feinkostabteilung eines Nobelkaufhauses, und einmal haben wir unsere Kinder sogar in einem Garten vergessen. Wir hoffen, dass unsere »Beichte« für viele Eltern sehr erleichternd sein wird. Denn bei dem Wahnsinn, der heute betrieben wird, ist es kein Wunder, dass Mütter in Foren durchdrehen, ständig ein schlechtes Gewissen haben oder am Ende gar zugeben, dass sie das mit dem Kinderkriegen nicht noch mal machen würden. Aber wir sind der Meinung: Wir Eltern müssen nichts bereuen – vorausgesetzt, wir hören damit auf, ständig alles perfekt machen zu wollen.

Wenn wir von »wir« sprechen, sind das Peter und ich, Eva. Und wenn nur von »ich« die Rede ist, dann bin das ich, Eva.

Wir wohnen in Berlin und arbeiten intelligenterweise in Leipzig, Köln und Dresden. Es hat keinen Sinn zu fragen, warum wir nicht in einer der Städte leben, in denen wir arbeiten, denn es gibt keinen. Wir haben uns irgendwann daran gewöhnt, immer auf dem Sprung zu sein und aus dem Koffer zu leben. Andererseits hält die Pendelei auch die Ehe frisch. Oder wie es eine Freundin kürzlich ausdrückte: »Ich weiß, warum ihr so glücklich seid. Ihr seht euch einfach nie.«

Geheiratet haben wir kitschigerweise am 8.8.2008, am 1.8.2012 kamen unsere Zwillinge Lilly und Luisa auf die Welt.

Nach vier Jahren mit unseren Zwillingen wissen wir: Nichts ist beim Kinderhaben leichter, als zu scheitern. Eltern können auf so viele kuriose, köstliche, katastrophale Arten und Weisen danebenliegen, dass es schon wieder Spaß macht. Ja, ehrlich. Als Vater und Mutter zu versagen, kann wunderbar erfrischend sein. Vor allem, weil man in guter Gesellschaft ist. Alle Eltern kommen irgendwann an den Punkt, wo sie mit ihrem Latein am Ende sind und sich eingestehen müssen, dass sie sich das alles doch etwas anders vorgestellt haben. Bei uns kam dieser Moment schon recht früh, nämlich am Tag der Geburt unserer Töchter.

Ankunft

Der Tag der Geburt oder die Invasion der Aliens

Heute ist einer dieser Sommertage, an denen man am liebsten auf einer Decke am See liegen würde, mit einem kühlen Bier in der Hand. Es ist angenehm warm draußen, ohne zu heiß zu sein, und die Sonne wirft durch die Blätter der Bäume tanzende Schatten auf den Boden. Es ist einer dieser Tage, die man am liebsten wie früher verbringen würde: an nichts denkend, in den Tag hinein lebend mit dem unbeschwerten Gefühl von Leichtigkeit und der Aussicht darauf, alle Möglichkeiten des Lebens noch ausschöpfen zu können.

Aber wir befinden uns nicht am See, sondern in einem hellgrauen Krankenhauszimmer mit dunkelblauem Linoleumboden. Und wir sind uns ganz sicher: Heute wird der schönste Tag unseres Lebens! So liest man das doch immer überall. Wir stellen uns schon seit Jahren vor, dass die Geburt unseres ersten Kindes sogar noch unsere Hochzeit toppt. Und unsere Hochzeit war schon wie die gefrorene Sahne im Inneren eines Spaghettieises: einfach das Beste, was man sich vorstellen kann.

Ehrlich gesagt, hatte ich immer ein bisschen Angst vor dem Heiraten. Ich habe tatsächlich zwei Freundinnen, die schon ihre Hochzeitseinladungen verschickt hatten und dann wieder alles abgesagt haben, weil sie erst kurz vor Schluss gemerkt haben, dass der Typ doch nicht der Richtige war. Und dann liest man ja immer von diesen Geschichten von Hochzeiten, bei denen am Ende alle so besoffen sind, dass es der Bräutigam mit der Schwägerin auf dem Klo treibt oder die Braut mit dem Bruder ihres frisch Angetrauten abhaut.

Bei uns war die Hochzeit wie das Ende eines Rosamunde-Pilcher-Romans: links wie rechts voller Liebe und Harmonie. Dass unsere Freunde besoffen den Golfcart der Hotelanlage geknackt und damit den Rasen umgepflügt haben, verschweigen wir mal lieber.

Und dann noch das Datum! 8.8.2008! Kippt man die Zahl Acht in die Waagrechte, ist sie das Zeichen für Unendlichkeit, und somit sind wir uns ganz sicher: Wenn auch statistisch jede dritte Ehe scheitert, bei uns ist die Ewigkeit vorprogrammiert.

Und nun soll unsere Liebe durch die Geburt unserer Zwillinge gekrönt werden. Wir stellen uns schon vor, wie sie nach der Geburt in rosa Kaschmirjäckchen eingewickelt in unseren Armen schlafen.

Natürlich sind wir nicht so naiv zu denken, eine Geburt sei ein Sonntagsspaziergang im warmen Sonnenlicht, aber wir versuchen uns einfach auf das »Danach« zu konzentrieren und nicht an die blutige Presserei und Schreierei davor.

Und irgendwie habe ich mir vorher gar keine Gedanken darüber gemacht, wie sich das so anfühlt mit einem Zwillingsbauch im Endstadium.

Durch die hellgrauen Vorhänge fällt sanft das Sonnenlicht auf den gelb gerahmten Blumendruck an der Wand, und ich fühle mich nicht wie eine beseelte Elfe, die auf die Niederkunft ihrer Elfenkinder wartet, sondern wie ein gestrandeter Wal, der nicht mehr zurück ins Meer findet.

Aber egal. Auf diesen Tag haben wir jahrelang gewartet: endlich Eltern!

Mir ist irgendwie plötzlich ganz schummerig, und ich spüre, dass die Kinder nun irgendwie tatsächlich aus diesem Bauch rauswollen. Nur wie?! Immerhin sind wir schon im Krankenhaus, und es kann uns nicht passieren, dass unsere Töchter im Auto geboren werden oder im Eingangsbereich zwischen den automatischen Schiebetüren. Das ist einer Frau in den USA passiert, und das Ganze wurde von der Überwachungskamera praktischerweise mitgefilmt. Die Geburt dauerte nicht mal fünf Minuten, und sie hat sich ihr Baby selbst da unten rausgezogen. Allein bei dem Gedanken kriege ich schon Schnappatmung.

Dagegen geben wir gerade ein ziemlich verlorenes Bild ab: Peter steht in unserem grauen Krankenhauszimmer vor mir, ich hänge halb auf dem Bett, und wir gucken uns beide mit einem schmerzverzerrten Gesicht an. Er ist co-schwanger und leidet mit, weil Männer bekanntlich schon aus einem Schnupfen gerne eine Lungenentzündung machen. Hilfesuchend und mit einem flauen Gefühl im Magen gucke ich ihn an:

»Peter, kannst du bitte noch mal nach der Ärztin klingeln? Die muss mal ganz schnell die Wehen messen. Ich glaube, da dreht gerade alles völlig durch.«

Er guckt ganz erschrocken. Aber vielleicht auch nur deshalb, weil ihm in diesem Moment bewusst wird, dass sich seine ehemals schlanke Frau nun endgültig in ein rothäutiges dickes Etwas verwandelt hat. Es ist die 35. von 40 errechneten Schwangerschaftswochen. Die Kinder wollten schon viel früher raus. Deshalb habe ich schon vor Wochen angefangen, irgendwelche Tabletten zu schlucken, die die Wehen bremsen sollen. Und als die nicht mehr halfen, kam ich an einen »Anti-Wehen-Tropf«. Zwei Wochen war ich angeschlossen an dieses Teil, und es kam mir vor, als hätte ich permanent einen Hund an der Leine. Und diese ganzen Anti-Wehen-Medikamente haben bei mir die unschöne Nebenwirkung, dass sie die Durchblutung fördern. Ich bin rot wie ein Hummer, und dazu sind meine Füße dick angeschwollen und leuchten knallrot. Ich versuche, mir einzureden, dass ich mir durch meine neue Färbung wenigstens die Zeit sparen kann, mir auch noch die Nägel rot zu lackieren. Aber ehrlich gesagt, würden es die Ausmaße meines Bauchs sowieso verhindern, dass ich überhaupt die Füße erreiche. Laufen ist auch nicht mehr möglich. Da ich ständig das Gefühl habe vornüberzukippen, ziehe ich es vor, mich im Rollstuhl fahren zu lassen. Ansonsten liege ich einfach nur da.

Es ist der 1. August, und ich hoffe nur, dass eine Ärztin kommt und keiner dieser Ärzte. Die halten mich allesamt für ein Blondinchen, das einen auf Hollywood-Geburt machen will. Denn ich habe mir von Anfang an gewünscht, dass ich die Zwillinge nicht auf natürlichem Weg zur Welt bringen möchte, sondern per Kaiserschnitt. Und das war ein sehr, sehr großer Fehler! Schließlich ist nur eine Mutter, die bei der Geburt vor Schmerzen fast ohnmächtig wird, zumindest einen Dammriss hat oder wenigstens so laut schreit, dass die Fensterscheiben klirren, eine gute Mutter.

Die ganzen Arzttypen haben mich glatt ausgelacht, als ich da mit meinem großen Kuschelkissen unter dem Arm stand und meinte, mir sei eine Spontangeburt zu riskant für die Kinder. Schließlich kann sich bei einer Zwillingsgeburt das zweite Baby verirren und den Weg nicht finden, wenn das erste schon draußen ist. Einmal hat mich der Oberarzt beim Anblick meines Kuschelkissens tatsächlich gefragt, ob ich mein Schnuffeltuch dabeihätte! Da habe ich mich gefühlt wie in der sechsten Klasse, als mich die Jungs immer in den Mülleimer gesteckt haben.

In den Klassenräumen standen damals immer recht große Papiermülleimer ohne Deckel. Und da haben sie mich reingesetzt. Und wenn man da mit dem Hintern erst mal drinsteckt, kommt man nämlich ohne fremde Hilfe nicht mehr heraus. Das ist maximal erniedrigend, und ich habe mich danach selten wieder so hilflos gefühlt – erst seit ich durch meine Zwillingsschwangerschaft Stammgast in der Gynäkologie bin, fühle ich mich wieder ähnlich dämlich.

Nach einer dieser unzähligen Untersuchungen, die man so hat während einer Zwillingsschwangerschaft, meinte einer dieser Oberärzte, ich solle doch unbedingt eine natürliche Geburt »probieren«. Einen Kaiserschnitt könne man ja immer noch machen. Soll heißen: Wenn Komplikationen auftreten, kann nach der natürlichen Geburt von Zwilling Nummer eins die Nummer zwei immer noch aus dem Bauch geschnitten werden. Damit dürfte ich also die Schmerzen einer natürlichen Geburt UND eines Kaiserschnitts erleben – quasi als Survival-Training. Ich erwog, ihn zu fragen, ob er an einer Penisverlängerung interessiert sei. Die würde ich auch persönlich und ohne Narkose vornehmen, aber ich verwarf den Gedanken dann doch wieder. Unsere Hebamme hat Peter und mir geraten, immer positiv zu denken. Das würde sich angeblich auch gut auf die Kinder auswirken. Übrigens wird eine Zwillingsschwangerschaft automatisch als Risikoschwangerschaft eingestuft. Die ÄrztINNEN – allesamt selbst Mütter – haben mir mehrheitlich von einer natürlichen Geburt abgeraten. Und dazu bin ich ja auch noch Erstgebärende. Peter ist sowieso für einen Kaiserschnitt, weil er meint, jede werdende Mutter soll doch selber entscheiden, wie sie »es« durchziehen will. Und wenn sie sich allein in den Wald hocken will und ihr Kind zwischen Ameisenhaufen und Tannenbäumen gebären möchte – Hauptsache, SIE hat das so entschieden und nicht irgendein reinlabernder Idiot.

»So, Frau Imhof, da wollen wir mal schauen, ob heute der Geburtstag Ihrer Mädels ist, wa?!«

Die blonde junge Ärztin, die mich schon öfters untersucht hat, kommt durch die Tür gerauscht und reißt mich aus meinen Geburtsgedanken.

»Ja, vielleicht hängen Sie mal den Wehenschreiber an, also irgendetwas ist tatsächlich ganz anders als sonst. Ich kann es aber auch nicht genau sagen. Komischerweise ist die Fruchtblase aber noch nicht geplatzt.«

Die Ausschläge sind so hoch, dass man überhaupt keine Kurven mehr erkennen kann. Es sind nur noch senkrechte Linien. Und die Wehen werden immer heftiger. Ich beiße mir in den Daumen. »Der Muttermund ist auch schon drei Zentimeter offen. Kaiserschnitt wollten Sie, ja?! Frau Imhof, es wird höchste Zeit! Sie sind zwar fünf Wochen zu früh, aber Sie haben doch auch so tapfer durchgehalten all die Monate! Und – hach – dass ich jetzt ausgerechnet Dienst habe! Ich finde das so cool, dass wir das zusammen machen. Ach so, aber Sie sind ja Privatpatientin. Dann macht das der Oberarzt, dann müssen wir jetzt noch warten.«

Warten auf den Sascha Hehn für Arme? Niemals!

»Nein, ich bin keine Privatpatientin, und wir brauchen auch keinen Oberarzt, ich finde das nämlich total cool, dass SIE heute da sind«, presse ich irgendwie noch heraus.

»Okay, dann geht's los.« Sie ist so voller Tatendrang, das gibt mir ein extrem gutes Gefühl. Peter packt meine Taschen und kümmert sich parallel um ein Familienzimmer. Damit wir heute alle zusammen in einem Zimmer schlafen können. Verrückt, nachher haben wir uns mal eben verdoppelt!

Über die Flure werde ich zunächst in den Kreißsaal geschoben.

Wir einigen uns auf eine Betäubung mit Spinalanästhesie.

Dafür wird einem eine dicke Nadel mit Betäubungsmittel in den Rücken gestoßen. Plötzlich steht eine ganze Horde von grün bekittelten Frauen mit Mundschutz um uns herum. Und wie das bei Operationen so ist, bekommt man erst mal gesagt, was alles schieflaufen kann. Zum Beispiel, dass ich im schlimmsten Fall querschnittsgelähmt enden könnte. Normalerweise wird so ein Kaiserschnitt ja nach Termin geplant. Und die Anästhesistin ist wohl etwas überrumpelt von dieser Spontanaktion, denn sie wird immer hektischer und meint, es sei keine gute Idee von mir gewesen, mir noch den Bauch mit Döner und Eis vollzuschlagen. Das würde ihre Arbeit erschweren und die Dosierung extrem erschweren. Ich nicke nur. Mir wird schlecht.

Zum Glück weiß ich zu diesem Zeitpunkt noch nicht, was nachher noch schieflaufen wird.

Zunächst einmal muss ich noch loswerden, dass ich auf keinen Fall eine Vollnarkose möchte. Die Vorstellung, aufzuwachen und plötzlich zwei Kinder zu haben, finde ich irgendwie merkwürdig. Das könnten ja dann auch irgendwelche Babys sein! Am Ende werden sie noch vertauscht oder so was. Außerdem habe ich mal gehört, eine Vollnarkose könne die Bindung zwischen Mutter und Kind beeinträchtigen. Also will ich das unbedingt miterleben, schon allein weil ich sichergehen will, dass das auch wirklich meine Kinder sind. Zum Glück ist Peter auch dabei.

Die Anästhesistin versucht, mit der Nadel in meinen Rücken zu stechen.

»Frau Imhof, so geht das nicht. Sie müssen sich mehr nach vorne beugen.«

»Aber wie denn? Da ist doch mein Bauch?« Ganz abgesehen davon, bin ich völlig geschockt von diesem Raum. Das sieht hier aus wie beim Metzger. Aber Entschuldigung, was habe ich denn erwartet? Dass mir hier noch ein paar Schnittchen mit Champagner serviert werden und die Kinder zur Begrüßung in einem Schoko-Brunnen gebadet werden?!

Hier sieht es so aus, als würden gleich Schweine zum Zerteilen an Haken angefahren kommen.

»Frau Imhof, so wird das nix. Sie müssen sich nun wirklich mehr nach vorne beugen, sonst können wir nicht anfangen.« Irgendwie kriegen sie ihr Röhrchen dann doch noch in mein Rückenmark gestoßen. Und dann geht alles ratzfatz: Peter sitzt neben meinem Kopf, als vor uns ein grünes Tuch gespannt wird. Ich werde nach links gekippt, nach rechts gekippt, und es wird an mir herumgezerrt, als würden sie mir sehr fest sitzende Cowboystiefel ausziehen wollen. Und dann plötzlich ein Quäken. Jemand hebt sehr schnell ein bläuliches Bündel hoch und zeigt es uns.

WAS ist DAS? Das ist doch kein Mensch! Ein Alien? Was hat denn das Ding da für eine komische Farbe?

»Zwilling Nummer eins ist da, Herr Imhof, kommen Sie mit zur Untersuchung? Wir müssen uns beeilen!« Also, so haben wir uns das nicht vorgestellt. Schon ertönt ein zweites Quäken. Das zweite Baby wird mir schon gar nicht mehr gezeigt, sie rennen damit gleich weg. Bevor ich weiter nachdenken kann, ob ich mit der Geburt zweier Aliens nun eine weltweite Sensation auslöse, höre ich die Stimme der Ärztin: »Kann hier mal jemand bitte schnell helfen? Jetzt muss ich alles alleine nähen!« Die Assistenzärztin ist in Ohnmacht gefallen.

Das ist jetzt nicht wahr, oder?! Das läuft mir nun wirklich alles ein bisschen zu sehr aus dem Ruder.

Statt Champagner und Kaschmirdecken (die wir ja auch irgendwo hätten kaufen müssen) gibt's hier nur lange Gesichter und Panik, denn plötzlich gucken alle im Raum herum auf die in einer Ecke liegende ohnmächtige Assistenzärztin, die mich ja nun leider nicht mehr zunähen kann.

»Die Narkose hört auf zu wirken«, höre ich mich selbst sagen, und: »Mir ist so schlecht!«

Hektik bricht aus, und gleichzeitig fangen plötzlich alle an, darüber zu diskutieren, welches Baby denn nun wie heißen soll. Ich schaue hinter mich, und wie bei einem Kaffeekränzchen sitzen alle miteinander um Peter herum, während ich japse:

»Das ist mir egal, wie die heißen! Ich will das hier nur überleben. Peter, mach du das.«

Und so wird Zwilling Nummer eins, geboren um 18:47 Uhr, Luisa genannt, und Zwilling Nummer zwei, geboren um 18:48 Uhr, Lilly. Als ich endlich zugenäht bin, werden sie mir in die Arme gelegt und sehen plötzlich gar nicht mehr aus wie Aliens. Sie sind weder blau noch glipschig zusammengerollt, sondern einfach nur rot und winzig klein. Obwohl sie fünf Wochen zu früh sind, sehen sie topfit aus, und wir sind froh, dass wir das alle miteinander durchgezogen haben.

***

Ganz ehrlich: Dieser ganze Geburtskram wird oft viel zu verklärt dargestellt. Zwar sind wir insofern gescheitert, als dass die Realität mit unserer Vorstellung von der Bilderbuchgeburt so gar nichts zu tun hatte. Aber wie man im Bekanntenkreis hört und sehr oft liest, sind die Erwartungen an die »perfekte« Geburt mitunter derart hoch, dass es nahezu unmöglich ist, sie zu erfüllen. Und es ist kein Wunder, wenn Frauen sich danach schlecht oder gar wie eine Versagerin fühlen.

Dabei ist jede Geburt logischerweise individuell, und in der Regel sieht man ja bei anderen das Ergebnis erst, wenn das Blut schon abgewaschen wurde und die Händchen und Füßchen entknittert sind und die Glücksgefühle den Geburtsvorgang längst übertüncht haben. Wir sind der Meinung: Zielgerichtet denken hilft! Es bewahrheitet sich der weise Spruch von Helmut Kohl: »Entscheidend ist, was hinten rauskommt!« Oder besser gesagt vorne. Hauptsache, das Ergebnis stimmt und am Ende sind Mama und Mini(s) wohlauf. Egal ob Spontangeburt, Kaiserschnitt oder gar Notkaiserschnitt. Was zählt, ist die Zukunft. Das Leben ist nie perfekt, also warum muss ausgerechnet so etwas Brachiales wie eine Geburt perfekt ablaufen?

Apropos perfekt: Die ersten Wochen mit Kind bzw. Kindern sind natürlich alles andere als perfekt. Und zum Glück werden diese ganzen Glückshormone am Anfang ausgeschüttet, denn wer ahnt schon, dass wir noch einige Situationen erleben werden, in denen wir unsere Zwillinge am liebsten wieder in den Bauch zurückstopfen würden.

Die ersten Tage

Lektion 1: Explodierte Brüste mit Kraut

In den ersten Wochen als Eltern ist das Potenzial zum Scheitern besonders groß. Man fängt diesen Eltern-Job an und hat erst mal überhaupt keine Ahnung davon, wie er überhaupt funktioniert. Im Berufsleben macht man irgendwelche Aus- oder Fortbildungen, um sich zu qualifizieren. Und bei der Geburt wird nicht mal eine Gebrauchsanweisung für das jeweilige Kind mitgeliefert.

Und wie wir später immer deutlicher merken werden: Diese »Geräte«, die wir da nun im Haus haben, ticken ziemlich unterschiedlich.

In meiner Babytraumwelt existieren bisher nur Bilder von wohlgenährten Babys mit glückselig geschlossenen Augen, die an Mamas Busen nuckeln. Die Mutter schaut ebenfalls glückselig und entspannt auf ihr zufriedenes Baby herab, während das sanfte Sonnenlicht zart mit ihren langen, leicht lockigen und wohlfrisierten Haaren spielt.

Aber niemals hätte ich es für möglich gehalten, dass ich mich als Neu-Mami fühlen werde wie eine in die Jahre gekommene Milchkuh. Und schaffe ich es wohl, als Milchkuh des Jahres ausgezeichnet zu werden? Heutzutage geht die Emanzipation ja schon so weit, dass sogar Milchkühe selbst bestimmen, wann sie gemolken werden. Zumindest gibt es solche Vorzeigehöfe mit Kuh-Zapfanlagen, in die die Tiere selbst reinlaufen, wenn sie das Gefühl haben, es sei mal wieder an der Zeit, Milch abzulassen. Und das habe ich mit meinen eigenen Augen gesehen, da ich darüber mal einen Beitrag fürs Fernsehen gemacht habe. Ich meine mich also schon ein bisschen auszukennen im Milchbusiness. Aber ob ich das auch so hinkriege mit der eigenen Milch?

Bevor wir auf dem harten Boden der Baby-Realität landen, befinden wir uns in den ersten Stunden nach der Geburt glücklicherweise in einem zeitlichen Vakuum und fragen uns: Ist diese Ruhe nach einer Geburt normal? Und das mit zwei lebendigen Babys, die in meinem Arm links und rechts liegen! Diese Ruhe kommt uns irgendwie komisch vor. Also fangen wir gleich mal an, Selfies zu machen. Irgendwann werden sie uns hier aus diesem Ruheraum abholen und auf unser Zimmer bringen. Peter musste sich einen Kittel und Mundschutz anziehen und sieht nun aus wie einer dieser attraktiven Ärzte aus einer Vorabendserie.

Wir legen uns die beiden abwechselnd auf die Brust. Durch den direkten Hautkontakt soll das unsichtbare Band zwischen Vater und Kind bzw. Mutter und Kind entstehen, das im besten Fall ein Leben lang hält – steht in sämtlichen Ratgebern. Wir haben beide ein bisschen Angst vor einer Wochenbettdepression – man kann das ja vorher nicht wissen, ob einen die Liebe befällt oder die Angst vor der wohl größten Aufgabe unseres Lebens: Kinder großziehen! Und das auch noch doppelt! Und dann auch noch zwei Mädchen! Peter hat schon während der Schwangerschaft gedroht, sie in der Pubertät nicht mehr aus dem Haus zu lassen und einen Elektrozaun ums Haus zu ziehen. Dass irgendwann irgendwelche dahergelaufenen pubertären Schnösel an unseren Töchtern rumfummeln, ist beim Anblick dieser gerade mal 43 und 51 Zentimeter großen, rot verschrumpelten Knäuel allerdings nur schwer vorstellbar.

Die Tür zu unserem Zimmer wird aufgerissen, und die hereintretende Krankenschwester kommt ohne Umschweife oder Freundlichkeitsfloskeln gleich zum Punkt: »Und? Wollen Sie nun Ihre Zwillinge stillen oder nicht?«

Ich liege hilflos wie ein auf dem Rücken liegender Maikäfer mit meinem Katheter zwischen den Beinen auf dem Bett, kann gerade mal noch meine Arme so halten, dass Peter mir die Kinder da reinlegen kann, und frage mich, wie ich aus dieser Position überhaupt jemals wieder hochkommen soll. Der Kaiserschnitt war meine erste Operation überhaupt, und ich fühle mich, als hätte mich ein Laster überfahren. Wie soll ich denn in dieser Verfassung noch das mit dem Stillen hinkriegen?

Gleichzeitig ist da diese schlechte Gewissen: ALLE kriegen das hin! Und ich soll scheitern? Ein Kind zu stillen, ist doch das Natürlichste und Praktischste auf der Welt, hämmert es in meinem Kopf herum. Und gleichzeitig sind da diese Gedanken, über die ich mit niemandem bisher gesprochen habe: Ich stelle mir das Gefühl, dass da rechts und links jeweils ein Baby an mir hängt und saugt, nämlich irgendwie beklemmend vor. Mit Sicherheit bin ich gestört. Es muss sich doch jede Mutter danach sehnen, ihr Baby liebevoll aus der Kraft ihres eigenen Körpers heraus zu ernähren! Meine Ekelgedanken darf ich natürlich auf keinen Fall laut aussprechen! Was würden die Leute von mir denken? Meine Freundinnen würden mich garantiert nicht verstehen, für die ist Stillen ein Geschenk von Mutter Natur. Mit Peter habe ich mein Busenproblem noch gar nicht besprochen. Das ist mir irgendwie peinlich.

Wenn ich mich gegen das Stillen entscheiden würde, müsste ich nun einfach zwei Tabletten gegen den Milcheinschuss schlucken, und ich hätte ein Problem weniger. Aber ich kann das nicht. In meinem Hirn höre ich die Worte von unserer Hebamme Anja, die mich durch die Schwangerschaft begleitet hat. Sie hat mir immer wieder eingebläut, wie wichtig die »lebenden Kulturen« und die »Antikörper« für die Kinder seien.

»Weißt du, Evalein, die Milch, die *du* produzierst, die ist genau abgestimmt auf die Bedürfnisse deiner beiden Engelchen. Und glaub mir, das schafft dieses Pulverzeugs nicht«, pflegte sie zu sagen und meinte mit »Pulverzeugs« diese Trockennahrung, die man mit Wasser zu Milch anrührt, wenn man sich gegen das Stillen entscheidet oder aus irgendwelchen Gründen nicht stillen kann. Insgeheim hatte ich ja ein wenig darauf spekuliert, mein Körper würde die Milchproduktion verweigern, aber es läuft alles wie im Lehrbuch.

Also lasse ich mir das mit dem Stillen von der Krankenschwester zeigen. In der Theorie klingt das ja in diesen Ratgebern immer so einfach: »Wenn Sie einen Kaiserschnitt hatten, dann können Sie Ihr Kind am Anfang vielleicht noch nicht selber halten. Seien Sie nicht traurig, denn Sie verpassen dadurch nichts Entscheidendes, um die Bindung zu Ihrem Baby aufzubauen. Ihre Hebamme wird Ihnen helfen, direkten Körperkontakt mit Ihrem Baby zu haben, sobald es möglich ist.«

Da steht aber nicht, dass man sich im Krankenhaus die Hebamme, die einem das zeigt, nicht aussuchen kann. Unsere Anja ist nämlich keine Beleghebamme. Und deshalb betreut sie uns erst wieder, wenn wir mit den Babys zu Hause sind, hier im Krankenhaus führen andere das Regiment. Im Krankenhaus gibt es überhaupt ein ganzes Heer an Fachpersonal mit den unterschiedlichsten Charakteren. Vom hurtigen Helfer bis zum akribischen Arbeitshelden gibt es ein buntes Sammelsurium an Persönlichkeiten. Wir unterscheiden hauptsächlich zwischen zwei Typen: Da sind zum einen die Freundlich-Fürsorglichen wie die kreative Krankenschwester Karin, die die kleinen Füßchen durch Massagen anregen will, und zum anderen die Gehetzt-Pragmatischen wie unser Drill-Instruktor Doris.

Doris versucht zwar, freundlich zu sein, ist aber wahrscheinlich einfach schon zu lange in ihrem Job, um sich noch groß die Still-befindlichkeiten einer Neu-Mutti anzuhören.

Mit voller Wucht versucht sie, Luisa an meine Brust zu rammen. Und die macht sich wie ein Vampir ans Werk, bis es blutet. Ich will abwechselnd im Boden versinken und diesem Bootcamp hier entfliehen. Es funktioniert überhaupt nicht, und es ist noch weniger daran zu denken, parallel Lilly an die andere Brust anzudocken. Wie soll das alles nur mit ZWEI Babys funktionieren?

Derweil hat sich Peter in eine Ecke verzogen und guckt peinlich berührt auf den Boden. Und als ob das nicht alles schon schräg genug wäre, kommt zu der Praxisübung auch noch dieser abartige Milcheinschuss dazu. Mit einer solchen Explosion meiner Brüste hatte ich nicht gerechnet. Denn direkt nach der Geburt erscheint das Still-Business noch recht harmlos. Der noch straffe Busen sondert die sogenannte Vormilch, auch Erstmilch oder Kolostrum genannt, ab. Dieses Sekret wird gehypt, als wären es die neuesten Gucci-Taschen.

Als diverse Versuche meinerseits, den Babys das mit dem Brusttrinken beizubringen, scheitern, kommt sogar die kreative Krankenschwester Karin auf die Idee, das Zeug aus meinen Brüsten abzusaugen, um es den Kindern anschließend in den Mund zu träufeln.

Und nun, am dritten Tag nach der Entbindung, ploppen meine Brüste plötzlich auf, als hätte mir ein verrückt gewordener Schönheitschirurg auf jeder Seite ein Kilo Silikon reingepumpt.

Mühsam schleppe ich mich ins Bad und bestaune das Ergebnis. Jede Porno-Uschi wäre bestimmt neidisch, so, wie die da stehen: knallhart und knackig wie zwei saftige Melonen.

Es sieht beeindruckend aus. Ebenso beeindruckend ist mein immer noch immenser Bauchumfang. Mein Bauch sieht weiterhin so aus, als wäre mindestens ein Baby darin. Wir haben vorsichtshalber mal nachgefragt, ob sie vielleicht eins drin vergessen haben. Aber leider währt die Freude über die explodierten Brüste nicht lange. Denn kaum sind sie drall und ansehnlich, fangen sie auch schon an, ungemütlich zu werden. Die Dinger glühen, als hätten wir sie auf den Grill gelegt. Und schon eilt eine der Drill-Instruktor-Krankenschwestern zu unserem Einsatzort und brüllt mich an:

»Wollen Sie Quark oder Kraut zum Kühlen?«

Ich entscheide mich für Kraut, weil das nicht so rumsaut. Dafür riecht es die nächsten Tage bei uns durchgehend nach Döner-Bude. Zu den Krautwickeln, die an meiner entzündeten Brust gegart werden, massiert noch die eine oder andere Schwester die durch den Milchstau entstandenen Knoten in meinen Brüsten weg. Was muss das für ein kurioser Anblick sein! Ich fühle mich wie ein alter, ausgewrungener Lumpen. Am liebsten würde ich diesen ganzen Kram abbrechen und literweise Tequila in mich reinschütten. Mit viel Zitrone und Salz. Aber stattdessen greife ich brav zum Stilltee.

***

Also sagen wir mal so: Meinen Einstand als Milchlieferantin habe ich mir harmonischer vorgestellt. Und vor allem habe ich nicht damit gerechnet, dass so ein zahnloses Baby zuschnappt wie eine Rattenfalle. Der Mann hat bei diesem Thema nur die Funktion, entweder im Weg rumzustehen oder dumm zu gucken. Da darf man sich keiner Illusion hingeben.

Aber was habe ich mir vorher eigentlich gedacht? Irgendwie hatte ich nur diese Wonnebilder aus der Werbung im Kopf und habe mir keine Gedanken darüber gemacht, dass das mit dem Stillen nicht immer so reibungslos klappt. Aber es ist ein heikles Thema. Denn schließlich wird bei diesen »Rund ums Baby«-Themen neben »Kaiserschnitt – ja oder nein« nur noch das Thema »Stillen« genauso heiß diskutiert. Die ideale Mutter hat ihr Kind am besten natürlich zu gebären und anschließend mindestens sechs Monate voll zu stillen, wie es die Weltgesundheitsorganisation (WHO) empfiehlt. Oder besser noch ein Jahr lang. Das Stillen wird glorifiziert und eine nicht stillende Mutter flugs in die Schublade der Rabenmütter einsortiert.

Im Nachhinein würde ich auf jeden Fall nicht mehr irgendwelche Foren im Internet ansteuern, wo sich (angehende) Mütter »beraten«. Das ist nur verwirrend und birgt wenig Erhellendes, dafür aber jede Menge Schuldgefühle. Auch wenn es niemand zugeben würde, aber es gibt einen ungeschriebenen Wettbewerb um die beste Mutterschaft. Grundsätzlich liegen diejenigen schon ganz weit vorne, die sehr viele Stunden in den Wehen lagen, ihr Kind ohne PDA oder sonstige Hilfen zur Welt schreien und anschließend als überbordender Milchquell ihr Baby rundumversorgen, bis es sich den ersten – natürlich schonend dampfgegarten – Möhrchenbrei mit einem glücklichen Glucksen in den kleinen Mund schieben kann.

Der Möhrchenbrei kommt bei uns auch noch ganz groß raus, allerdings weniger im Mund als auf dem Boden.

Lektion 2: Die Milchkuh mit der Melkmaschine

Wir merken schon in den ersten Tagen: Mit ein bisschen Trickserei wird das Elterndasein leichter. Das gilt vor allem für später. Aber in unserem Frühstadium müssen wir erst mal unsere Fassade aufrechterhalten. Diese ganze Still-Thematik liegt mir schwer im Magen. Eine der meistgestellten Fragen, und zwar von Freundinnen über Verwandtschaft bis hin zu wildfremden Menschen, lautet: »Und? Klappt es denn mit dem Stillen?«

Soll ich jetzt jedem meine psychomäßige Abneigung gegen das doppelte Ausgesaugtwerden erzählen? Das geht auf keinen Fall, die würden mich doch alle für krank erklären! Oder soll ich rumjammern, dass mir vom Kaiserschnitt alles wehtut und ich andere Probleme habe als diese Still-Scheiße? Das geht auch auf keinen Fall. Das hört sich viel zu egoistisch an, und außerdem muss die Ernährung meiner Kinder an erster Stelle stehen. Ganz abgesehen davon, dass nun etwas passieren muss, damit sie nicht am Ende noch verhungern!

Unglaublicherweise rettet mich ausgerechnet eine Melkmaschine aus meiner misslichen Lage. Zum Glück wird mir nämlich mein Problem durch eine der Krankenschwestern abgenommen, die meine Unfähigkeit, die Zwillinge an meinen Busen anzudocken, wohl nicht länger ertragen kann.

Gut gelaunt kommt sie mit einem kleinen gelben Gerät zur Tür herein und flötet: »So, Frau Imhof, ich habe Ihnen hier mal was mitgebracht, damit Sie sich nicht länger von Ihren Kindern quälen lassen müssen.«

»Was ist das?« entgegne ich halb skeptisch und halb hoffnungsvoll.

»Das ist eine elektrische Milchpumpe. Klingt sexy, oder?«, sagt sie lachend und fährt fort: »Wissen Sie, Ihre Kinder sind ja fünf Wochen zu früh auf die Welt gekommen, und bei Frühchen ist es oft so, dass sie nicht die Kraft haben, das mit dem Saugen an der Brust zu schaffen. Vielleicht geht es einfacher mit der Flasche. Das sollten Sie mal probieren. Denn es wäre ja schade um die gute Muttermilch, oder?«

»Ah ja, Muttermilch ist einfach das Beste!«, antworte ich, als würde ich gerade für einen Werbespot gecastet, und lasse mir das Ding erklären.

Es ist tatsächlich eine Melkmaschine für Menschen! Von dem kleinen gelben Kasten gehen zwei Schläuche ab. An diese Schläuche montiert man zwei Flaschen mitsamt Trichter, und dann stülpt man das Ganze rechts und links auf die Brust. Schließlich muss man auf dem gelben Kasten einen »On«-Knopf drücken, und flugs geht der Melkvorgang los. Schlussendlich kann man noch zugucken, wie die Milch sich in den Flaschen sammelt. Wenn ich zehn Minuten an dem Ding hänge, kommt eine schöne Portion zusammen.

Und dieses Teil funktioniert tatsächlich nach dem gleichen Prinzip wie die Zapfanlage bei einer Kuh. Es ist absurd, dass ich mich lieber an so ein Ding hänge, als einfach direkt zu stillen. Denn es macht wirklich überhaupt keinen Sinn und ist dazu noch doppelte Arbeit. Erst muss ich zehn Minuten abpumpen und dann versuchen, den Kindern die Milch einzuflößen, anstatt sie einfach direkt an die Milchquelle anzuschließen. Ich fühle mich wie eine Verrückte. Es ist mir selbst ein Rätsel, warum ich das mit dem Stillen nicht hinkriege und lieber diesen umständlichen Umweg gehe. Ich bin mir sicher, Psychologen wittern dahinter ein Problem mit Nähe oder Ähnliches. Und prophezeien mir am Ende, dass meine Kinder ei-

nen Schaden davontragen, wenn ich ihnen meine Brust verweige-
re. Zum Glück sind hier aber keine Psychologen in der Nähe. Ich
fühle mich maximal gescheitert und nutze die hilflose Lage meiner
Kinder aus, die zum Glück noch nicht sprechen können. Ich schiebe einfach alle Schuld auf sie. Zum einen sind sie faul und wollen
sowieso so gut wie nichts trinken, zum anderen erzähle ich einfach
jedem, wie schwach die armen Frühchen seien und dass es ja so
traurig sei, dass sie das mit dem Saugen aufgrund ihrer Schlappheit
nicht hinkriegen.

Aber in Wahrheit stimmt das gar nicht, und ich bin eine elende Lügnerin. Sobald ich sie mir nämlich zum Kuscheln auf den
Bauch lege, robben sie instinktiv nach oben. Und selbst wenn sie
es noch nicht hinkriegen würden, so leitet sie auf jeden Fall ihr
Instinkt an den richtigen Platz. Das hat die Natur schon sehr gut
eingerichtet.

Und jetzt sind diese armen Wesen bei einer Mutter wie mir gelandet. Aber aus der Milchproduktion aussteigen will ich auch nicht.
Ich erinnere mich an die Unterhaltung mit einer Kollegin vor ein
paar Monaten, die unumwunden zugab: »Nee, also Stillen würde
ich nicht. Da kriegt man ganz hässliche Brüste!«

Woraufhin ich sie entsetzt ansah: »Aber das ist doch so wichtig
für das Immunsystem der Kleinen wegen der ganzen Antikörper!«

»Das ist doch alles Quatsch! Ich glaube an die Kraft meiner Fußbodenheizung!«.

Sie war die Einzige, die sich jemals diesbezüglich vor mir geoutet
hat.

Damit bei mir die Milchproduktion in Gang kommt, soll ich mich
alle zwei Stunden für zehn Minuten an die elektrische Milchpumpe
hängen, egal, ob die Kinder die Milch dann trinken oder nicht.

»Wir können die Milch auch einfrieren. Für später!«, sagt eine der Krankenschwestern ehrfurchtsvoll, und wieder wird mir klar, dass es auf diesen grauen Krankenhausfluren nichts Wertvolleres gibt als Muttermilch. Und ich muss zugeben, dass es mich ein wenig mit Stolz erfüllt, wenn dieses cremefarbene Gold sich in den Flaschen sammelt.

In diesem Moment klingelt mein Telefon. Eine meiner Freundinnen ist dran, die auch vor Kurzem ein Kind bekommen hat. Mit verzweifelter Stimme schluchzt sie ins Telefon: »Ich glaube, ich habe zu wenig Milch. Meine Kleine schreit nur und trinkt kaum, und ich weiß gar nicht, was ich machen soll.«

Zwar bin ich erst seit wenigen Stunden im Milchgeschäft, fühle mich aber schon wie ein Profi: »Na, das ist doch ganz einfach«, trällere ich fröhlich und siegesgewiss ins Telefon, da mir die Lösung dieses Problems glasklar erscheint:

»Dann pumpst du einfach deine Milch ab und gibst sie ihr aus der Flasche zu trinken. Dann siehst du ganz genau, wie viel sie trinkt. Und dann merkst du auch, ob du zu wenig Milch hast, und kannst im Zweifel auf dieses Pulverzeug umstellen!«

Für einen Moment ist Stille am anderen Ende der Leitung, und dann sagt meine Freundin vollkommen angewidert: »Nein, das geht auf gar keinen Fall! Ich habe Angst vor einer Still-Verwirrung!«

Nun bin ich verwirrt und komme mir wieder so dämlich vor wie in der Schule, wenn mich meine Klassenlehrerin immer drangenommen hat, obwohl sie wusste, dass ich die Antwort auf ihre Frage garantiert nicht weiß.

Ich muss erst googeln, um zu verstehen, was das nun wieder sein soll. Um es aufzuklären: Da das Trinken aus der Flasche für ein Baby viel einfacher ist als das Trinken an der Brust, könnte das Baby schnell faul werden und in der Folge Mamas Brust verweigern.

Denn beim Flaschetrinken läuft die Milch fast schon allein in den Mund, während das Kind an Mamas Busen Schwerstarbeit mit seiner Kauleiste verrichten muss, um die Milchdrüsen auszupressen.

Ich versuche, meine Freundin weiter zu beruhigen: »Du, ganz ehrlich, glaubst du das wirklich? Alle Babys, die ich so sehe, saugen doch an allem rum, was nicht bei drei auf den Bäumen ist. Das ist doch so ein Reflex! Und ich kann mir das wirklich nicht vorstellen mit dieser Still- oder Saugverwirrung. Das hat sich bestimmt wieder irgend so ein Wichtigtuer am Schreibtisch ausgedacht, damit sein Name später in irgendwelchen Ratgebern zitiert wird!«

Aber meine Freundin ist sich ganz sicher: »Nein, Eva, das kannst du wirklich überall nachlesen, und meine Hebamme hat es auch gesagt. Saugen ist nicht gleich Saugen, und es ist es tatsächlich so, dass 20 Prozent der Babys die unterschiedlichen Saugtechniken nicht hinkriegen. Und ich will das einfach nicht! Ich will stillen und nicht die Flasche geben!«

Wieder fängt sie an zu schluchzen, und ich spüre durchs Telefon den Druck, der auf ihr lastet.

»Ähhhm«, fange ich vorsichtig noch mal an: »Ganz im Ernst, wenn dich das derart fertigmacht, dann versuche es doch einfach mal mit der Flasche. Ich bin mir wirklich ganz sicher, dass deine Kleine das hinkriegt und mit Sicherheit *keine* Still-Verwirrung bekommt. Die ist doch nicht doof! Und ganz abgesehen davon: Das ist doch so ein Urzeitding! Ich schwöre dir: Seit Millionen von Jahren saugen Menschen und Tiere Muttermilch auf – da macht das doch nix, ob da zwischendrin mal eine Plastikflasche dabei ist! Und ganz ehrlich: Ist doch egal, woraus die Kleine trinkt. Hauptsache, sie trinkt und nimmt zu! Meinst du nicht …?!«

Leider kann ich sie nicht überzeugen. Ihre Angst vor der Still-Verwirrung ist zu groß, und sie meint außerdem, sie hätte keine Lust auf dieses ganze Flaschengedöns mit Abkochen und Sauberhalten und diesem »ekligen Abgepumpe«. Gleichzeitig bricht sie erneut in Tränen aus, weil sie Angst hat, dass sie die Kleine nicht ausreichend ernähren kann.

Gerne würde ich ihr sagen, dass sie sich nicht so verrückt machen und nach dem Motto handeln soll: »Nich lang schnacken, Kopp in Nacken!« Rein mit der Milch – egal wie, Hauptsache, das Kind gedeiht. Aber so ist das im Kinderkosmos: Oft sind die Dinge, die für Außenstehende so leicht und einfach lösbar scheinen, für einen selber die kompliziertesten.

Und da mir nun auch nichts mehr einfällt, wie ich sie aus ihrem Milchdilemma befreien könnte, fällt mir nur noch ein, mich am Telefon mit den Worten zu verabschieden: »Na gut, dann drücke ich die Daumen, dass es wieder läuft bei dir!«

Im Nachhinein muss ich feststellen, dass das, was mich am meisten verwirrt hat, das Lesen von Ratgebern war. Vor allem in den ersten Wochen. Entweder habe ich überlegt, ob sie schreien, weil sie gerade einen Sprung machen oder ernsthaft krank sind, und habe sehr viel Zeit damit verbracht auszurechnen, in welcher Woche sie nach dem errechneten Geburtstermin nun eigentlich wären und was sie können oder gerade durchmachen – oder eben nicht. Auch hätte ich »Ferbern« eher der Abteilung Hairstyling zugeordnet, so, wie meine Friseurin immer sagt, sie hätte meine Haare jetzt »eingepainted« mit der »Tie dye«-Technik oder so ähnlich.

Aber das, was eigentlich ganz einfach ist, wird durch Ratgeber gerne verkompliziert. Und so lese ich, dass Herr Ferber ein Kinderarzt, Neurologe und »Schlafguru« aus Amerika ist, der in den Achtzigerjahren eine Methode entwickelt hat, die Kindern das Einschlafen erleichtern soll. Er geht davon aus, dass man Kindern abtrainieren kann, sich aufzuregen, wenn sie allein im Bettchen liegen, und dass sie in der Lage sind zu lernen, sich selbst zu beruhigen, auch wenn sie nachts aufwachen.

Ehrlich gesagt, glaube ich, der Kerl traut Babys zu viel zu, oder anders gesagt: Ich erinnere mich noch mit Schrecken an meine Kindheit, als ich in meinem dunklen Kinderzimmer Panik hatte, der Monsterhund würde unter dem Bett hervorkriechen und mich fressen. Also ich war jedenfalls nicht in der Lage, den Hund zu verscheuchen.

So, wie wir uns mit unseren Kindern verhalten, gibt es vielleicht irgendwann den Begriff »Imhofen« für Eltern, die ihre Kinder auch noch im Alter von acht Jahren durch die Gegend tragen. Hauptsache, sie sind ruhig!

Aber noch sind sie sowieso recht ruhig, und meine Augen huschen über drei Ratgeber gleichzeitig, die ausgebreitet vor mir auf dem Bett liegen. Irgendwann sagt Peter: »Hör doch einfach mal auf deine Intuition und nicht auf das, was da steht! Da steht doch auch überall was anderes!«

Aber bis ich es schaffe, einfach uns selbst zu vertrauen, dauert es noch ein paar Wochen, und vor allem in den ersten Tagen nach der Geburt jagt ein Highlight des Scheiterns das nächste.

Lektion 3: Trinkstreik!

Bis wir selber Kinder hatten, war uns gar nicht klar, auf welche unterschiedliche Weisen man als Eltern scheitern kann. Wir dachten eigentlich, dass man ein Kind so wie ein DSL-Modem der Telekom nach Hause geliefert bekommt und sich das Ding dann mit ein paar kinderleichten Handgriffen quasi selbst installiert. Wobei, wenn wir jetzt so darüber nachdenken, hätten wir schon früher stutzig werden müssen. So kinderleicht ist das mit diesen DSL-Modems nämlich nie. Wirklich nie! Der Hotline-Mitarbeiter hat noch gesagt, dass das sogar seine Oma könnte, und dann steht man da vor diesem Speed-port-Dings mit geschwollener Halsschlagader und verteufelt diesen Telekom-Futzi und seine Oma gleich mit.

So oder so – wir mussten feststellen, dass sich ein Kind nicht von selbst installiert und dass sich plötzlich viele Fallgruben auftun, die in einem Leben ohne Kinder niemals existieren! Nach ein paar Tagen als Neu-Eltern haben wir große Angst davor, mit einem der Kinder zu stolpern und es zu verletzen oder es einfach so fallen zu lassen. Oder ein Kind schubst das andere (wozu es noch gar nicht in der Lage ist), sodass es fällt, oder beide fallen gleichzeitig. Oder ein Besucher fällt beim Betrachten der Babys auf sie drauf oder oder … auf jeden Fall ist die Gefahr, dass irgendwer irgendwo hinfällt, sehr groß.

Und womit wir schon mal gar nicht gerechnet hätten, ist, dass selbst etwas Banales wie Trinken zu einer Gefahr werden kann. Oder besser gesagt das Nicht-Trinken.

Und zwischen meinen Beinen hängt immer noch der Katheter, was bedeutet, dass Peter nun auch noch freie Sicht auf mein Pipi hat. Könnte man diese durchsichtigen Beutel denn nicht wenigstens auf einer Seite mit Blümchen oder was auch immer bedrucken? Ich fand es bei Krankenhausbesuchen schon immer sehr befremdlich, freie Sicht auf fremdes Pipi zu haben. Apropos Pipi: Bisher haben die Krankenschwestern uns das Wickeln abgenommen, nun reißt eine schwer optimistisch dreinblickende Krankenschwester die Tür auf und ruft: »Wer von Ihnen beiden hat denn im Geburtsvorbereitungskurs ganz besonders gut aufgepasst? Der darf jetzt das erste Mal wickeln!«

So, wie sie das sagt, hört sich das an, als dürfte man sich am Wickeltisch ein Preisgeld abholen. Leider waren wir in keinem Geburtsvorbereitungskurs. Ich musste die meiste Zeit meiner Schwangerschaft flachliegen, und Peter fand die Vorstellung, meinen schwangeren Bauch mit Fingerfarbe anmalen zu müssen, doof. Aber jetzt guckt uns die Schwester an, als hätten wir unsere Hausaufgaben nicht gemacht. Offensichtlich fehlt uns für die vorbildliche Elternschaft der nötige Ehrgeiz. Bevor wir ihr antworten können, fällt sie die Entscheidung: »Junger Mann, kommen Se doch mal her und kieken, wie Ihre Tochter fein Pipi jemacht hat! Dit läuft schon mal! Ach, und da is ja auch dit erste Kacka! Kieken Se mal!«

Ich sehe, wie Peter zögernd an den Wickeltisch tritt und irritiert ist: »Was ist DAS denn?! Das ist ja ganz schwarz!«

»Sie haben ja wirklich jar keene Ahnung«, lacht die Krankenschwester und belehrt uns: »Dit heißt Mekonium oder auch Kindspech, weil pechschwarz. Dit is der erste Stuhl von der kleinen Maus. Aber nicht der letzte. Haha. Jetzt jedet erst richtich los!«

Ich blicke liegend zu Peter und der Schwester hinüber, die sich in der Ecke an der Wickelkommode zu schaffen machen. Der hellgraue Raum mit seinen ebenfalls hellgrauen Vorhängen wird von sanftem Sonnenlicht durchflutet. An der Wand hängt irgendein krankenhaustypischer Blumendruck in einem gelben Rahmen, und unten drunter steht der Tisch mit den Glückwunschkarten zur Geburt und einem Strauß langstieliger roter Rosen, den mir Peter zur Geburt geschenkt hat. Peter und die Krankenschwester haben mir den Rücken zugekehrt, ich sehe, wie das kleine Häufchen auf der Wickelkommode eines seiner roten, dürren Vogelbeinchen in die Luft streckt, rechts neben mir liegt Lilly in ihrem Wärmebettchen und schläft. Plötzlich wird mir klar, dass sich unser Leben mit Zwillingen in den nächsten Monaten weniger darum drehen wird, ob wir ihnen Kaschmirjäckchen in Crème oder Rosé anziehen und ob an den silbernen Beißringen ein Elefäntchen oder ein Mäuschen hängt, sondern mehr um die korrekte Farbe des Kackas, wie man vom Milchstau verknotete Brüste wieder entknotet und ob auch ja das Bäuerchen gemacht wurde. Und das Pipi! Da die Urinausscheidung am Anfang so gering ist und daher auch mühsam in der Windel zu finden, haben die kleinen Windeln für die Neugeborenen im Krankenhaus einen gelben Streifen, der sich bei Kontakt mit Urin dunkelgrün färbt. Wir haben uns in unserem ganzen Leben noch nie so viele Gedanken über körperliche Ausscheidungen gemacht wie in den letzten Tagen.

Vom Cover der Frauenzeitschrift auf dem Nachttisch guckt mich das braun gebrannte Bauchfrei-Model mit diesem professionellen »Love my job«-Blick an. Ich gucke an mir runter, und statt eines sonnengebräunten straffen Bauchs wie bei dem Model auf dem Cover sehe ich einen schlaffen, schlabberigen, weißen Riesenbauch, der so aussieht wie ein sehr, sehr alter Luftballon, dem die Luft ausgegangen ist. Ich erinnere mich an einen der Ärzte, der mich schon vor Wochen mit den Worten begrüßte: »Mann, Frau Imhof, sehen SIE fertig aus! Ich sag ja: Eine Schwangerschaft ruiniert die Schönheit.« Das sind Weisheiten, die garantiert in keiner dieser rosaroten Schwangerschaftsfibeln stehen.

Peter hat inzwischen fertig gewickelt und dafür von der Schwester einen zufriedenen Schulterklopfer bekommen. Schon kommt die nächste Schwester herein. Im Durchschnitt steht alle zwei Minuten irgendjemand in der Tür und hat eine tolle Idee oder bietet freundlicherweise Hilfe an. Man könnte ja meinen, dass das mit den Babys nicht so schwer sein kann, weil die ja ohnehin zu nix in der Lage sind als zu trinken, zu scheißen und zu schlafen. Aber nein, es ist wie in einem Trainingscamp vor der Fußballweltmeisterschaft. Sowohl für mich war schon jemand da zur Physiotherapie als auch für die Kleinen. Da wurden die Füße massiert, als ob sie gegen Brasilien antreten müssten. Aber das soll wohl bei Frühchen überhaupt zur Aktivierung dienen. Im Moment hängen sie nämlich ziemlich schlaff herum, und man kann offensichtlich nicht früh genug mit der Frühförderung anfangen. Schließlich soll ja aus denen noch mal was werden!

Schon steht die nächste Schwester in der Tür und stellt mit besorgter Miene fest: »Ihre Kinder wiegen zu wenig. Die müssen mehr trinken! Beide Kinder sind jetzt unter 2000 Gramm. Es wird bald gefährlich.«

Peter und ich gucken uns entsetzt an.

»Aber es ist doch normal, dass nach der Geburt das Gewicht erst mal runtergeht, und außerdem sind wir so stolz, dass unsere Zwillinge nicht auf die Frühchenstation mussten«, versuche ich, mich vorsichtig zu verteidigen.

»Dass sie noch nicht auf der Frühchenstation sind, heißt noch lange nicht, dass das auch so bleibt! Die Kinder MÜSSEN mehr trinken. Und zwar ab jetzt alle anderthalb Stunden!«

Wir schlucken beide. Jetzt müssen wir auch noch anfangen zu rechnen: Ein frisch geschlüpftes Baby soll in der ersten Woche fünf bis sieben Fläschchen mit je 70 ml Milch trinken. So steht es zumindest auf diesen Fertigmilchpackungen. In der zweiten Woche sind es schon 100 ml pro Flaschenmahlzeit. Und in der dritten und vierten Woche 135 ml. Lilly und Luisa haben es beide aber noch nicht über 20 ml geschafft. Meistens sind es sogar nur maximal 10 Milliliter. Wenn wir es nicht mal schaffen, dass unsere Zwillinge die empfohlene Trinkmenge eines Säuglings zu sich nehmen, wie sollen wir es dann nur schaffen, sie zu gefeierten Opernsängerinnen, Nobelpreisträgerinnen oder wenigstens erfolgreichen Schlagersängerinnen zu erziehen?

Wir haben das Gefühl, aus dem Club der fähigen Eltern verbannt worden zu sein, ehe wir überhaupt aufgenommen wurden. Zusammen stellen wir uns vor das Wärmebettchen und schauen uns die winzigen Bündel an. Sie haben beide die Augen zu. Eigentlich fast immer. Peter nimmt behutsam Luisa aus ihrem Bettchen und setzt sich mit ihr auf den Stuhl gegenüber unserer Betten. Ich nehme Lilly, hieve mich mit ihr auf mein Bett und lege sie mir auf die Brust. Ihr Kopf ist gerade mal so groß wie meine geballte Faust. Und die Fingernägel sind nicht mal stecknadelkopfgroß. Das kleine Häufchen schnauft auf mir und denkt gar nicht daran, aufzuwachen oder gar einen Schluck zu trinken. Mir kommen die Tränen, und ich fange an, ihr zuzuflüstern: »Warum trinkst du denn nichts? Kannst du nicht bitte bitte nur ein bisschen mehr trinken? Ich will nicht, dass sie dich hier wegholen und du an irgendwelchen Kabeln auf einer Frühchenstation hängst, wo ich nicht bei dir sein kann. Ich will das nicht. Hörst du? Bitte bitte, trink was!« Vom Nebentisch greife ich die Flasche mit der abgepumpten Muttermilch und schiebe sie ihr in den Mund. Aber statt mit einem Saugreflex zu reagieren, schläft sie einfach ganz friedlich weiter.

Peter hat seinen Kopf gesenkt und küsst den Minischopf von Luisa. Sie ist gerade mal so groß wie seine Hand. Damit wir die beiden wirklich alle anderthalb Stunden zum Trinken animieren, fange ich an, mit einem dicken Filzstift die genauen Zeiten auf DIN-A4-Papier zu schreiben, und hänge sie an die Wand. Die ist nun also tapeziert mit großen Uhrzeitzahlen: 7 Uhr, 8:30 Uhr, 10 Uhr, 11:30 Uhr, 13 Uhr, 14:30 Uhr, 16 Uhr, 17:30 Uhr, 19 Uhr, 20:30 Uhr, 22 Uhr, 23:30 Uhr, 0 Uhr, 1:30 Uhr, 3 Uhr, 4:30 Uhr, 6 Uhr. Dass zwischen 6 und 7 Uhr nur eine Stunde liegt, ist egal, da sie ohnehin immer zu wenig trinken. Damit wir diese Zeiten auch einhalten, stelle ich dazu beide Wecker unserer Handys. Ist das nicht echt psycho?

Wir dachten immer, die Babys lassen einen nicht schlafen durch ihr Geplärre. Aber die einzigen Teile, die hier Krach machen, sind unsere Handywecker.

Zwischen den Versuchen, Lilly und Luisa wenigstens drei Tropfen abgepumpter Muttermilch einzuflößen, versuchen wir zu schlafen. Da aber die Milchflaschenversuche allein immer schon 20 Minuten dauern, bleibt nicht mehr viel Zeit zum Schlafen. Als uns um 4:30 Uhr der Wecker daran erinnert, dass nun wieder Fütterungszeit ist, und wieder keine der beiden trinken will, befällt uns die Panik. Wir malen uns gegenseitig in den schrecklichsten Bildern aus, dass diese armseligen Kinder elendig verdursten, weil sie zu blöd sind zu trinken. Fast 700 000 Babys werden pro Jahr geboren, aber dass sich welche freiwillig verdursten lassen, wäre mir neu. Verzweifelt drücke ich auf die Klingel, um eine Krankenschwester zu rufen. Augenblicklich steht eine sehr entspannt wirkende Frau in der Tür, die original aussieht wie Whoopi Goldberg und auch noch spricht wie ihre deutsche Synchronstimme.

Ich fange ohne Umschweife an loszuplärren: »Siehie trihinken einfach nihix. Ich weiheiß nicht meher, was ich mahachen soll!« Während ich mit hängenden Schultern schluchzend mit der Flasche und Luisa auf dem Arm im Raum stehe, sitzt Peter ähnlich verzweifelt mit Lilly auf dem Bett.

Mit einer fröhlich-ruhigen Singsangstimme wendet sich die Schwester zunächst Luisa zu und ermahnt sie: »Luisa, was habe ich da von deiner Mama gehört? Du willst nichts trinken? Weißt du, was wir mit Kindern machen, die nichts trinken wollen, hmm? Die werden langsam ausgezogen!«

Sie nimmt mir das kleine Bündel aus dem Arm und legt es auf die Wickelkommode. Luisa hat die Augen fest zusammengepresst und verzieht das Gesicht. Auf meiner Stirn bilden sich lauter Fragezeichen, Peter und ich werfen uns irritierte Blicke zu und kapieren nicht, was diese Ausziehnummer soll.

»Gleich guckt dein nacktes Füßchen raus, das sage ich dir, Luisa! Schwester Naomi ist streng und versteht keinen Spaß«, droht sie mit einer gar nicht bedrohlichen, sondern sehr beruhigend wirkenden Glucksestimme. In dem Moment macht die kleine Luisa tatsächlich für ein paar Sekunden ihr kleines Schnäbelchen auf, saugt an der Flasche und pennt sofort wieder weg.

Schwester Naomi zwinkert uns zu, sagt verschwörerisch: »Denkt daran: Wenn sie nicht trinken wollen, dann kommt Schwester Naomi und zieht sie aus. Das hilft immer!«, und rauscht mit einem Lachen wieder aus dem Zimmer. Nun sind wir restlos verwirrt. Was war das für ein komisches Ritual? Wo soll das noch hinführen, wenn sie jetzt schon durch Ausziehen zum Trinken animiert werden? Wir sehen sie vor unserem geistigen Auge schon besoffen mit irgendwelchen Typen Strip-Poker spielen. Das darf auf keinen Fall passieren. Wir müssen uns eine andere Strategie überlegen.

Früher, als wir noch keine Kinder hatten, hätten wir über unser Milchtheater und diesen ganzen Heckmeck mit Handyweckerstellen inklusive der Panik, dass sie nicht genug trinken, einfach nur gelacht und gesagt: »Na, dann trinken sie halt später was. Irgendwann werden sie schon Hunger beziehungsweise Durst haben.« Aber als Neuankömmlinge im Elternkosmos ist das alles nicht so einfach, und die Panik hat uns zunächst befallen und lässt uns erst wieder etwas los, als uns unsere Hebamme erklärt, der Magen unserer Zwillinge sei momentan gerade mal so groß wie eine Haselnuss:

»Evalein, überleg doch mal, wie soll denn da eine ganze Flasche Milch reinpassen?!«, sagt sie mit einem für sie typischen liebevoll-beruhigenden Augenklimpern.

Doch für uns bleibt es weiterhin sehr aufregend. Später werden wir uns lachend daran zurückerinnern. Denn das Trinkproblem steht natürlich ganz am Anfang einer Aneinanderreihung von bunten Überraschungen, die einem im Leben als Eltern passieren.

Lektion 4: Krankenhauskoller

Beim ersten Kind oder, wie in unserem Fall, bei den ersten Kindern hat man ja keine Erfahrungswerte, auf die man zurückgreifen kann. Es heißt also Trial und Error. Man probiert es aus und weiß nachher, dass das eine im Zweifel eine schlechte Idee war. So funktioniert das. Deshalb ist das Scheitern als Eltern nicht nur nicht so schlimm, sondern sogar ein wichtiger Bestandteil des ganzen Prozesses.

Gleich zu Beginn des ganzen Abenteuers haben wir zum Beispiel eine Entscheidung getroffen, die wir so wohl auch nicht wieder treffen würden:

Wir sind nach der Geburt der Zwillinge noch eine ganze Woche im Krankenhaus geblieben.

Es ist unglaublich, wie viele ärztliche Pflichtuntersuchungen ein Kind durchläuft. Auch deshalb sind wir nach den ersten Tagen von dem ständig wechselnden Personal derart verunsichert, dass wir stets hin- und hergerissen sind zwischen Fluchtgedanken und dem Gefühl, für immer hierbleiben zu wollen, da wir es alleine mit den zwei Babys nicht geregelt kriegen.

Da war zum Beispiel die U2. Bisher dachten wir immer, das sei eine Band. Wir hatten einfach noch nie etwas über diese U-Untersuchungen gehört. Das sind diese Pflichtuntersuchungen, die jedes Baby bzw. Kind durchläuft. Die U1 wird direkt nach der Geburt durchgeführt, zur U2 muss man zwischen dem 3. und 10. Lebenstag, nach ein paar Wochen folgt dann die U3, und so geht es weiter bis zur U9, wobei die Abstände zwischen den Untersuchungen immer größer werden. Bei diesen Untersuchungen wird vor allem kontrolliert, ob sich das Kind altersgerecht entwickelt und ob es irgendwelche Auffälligkeiten gibt.

Es ist acht Uhr morgens, die Nacht war durch unser ständiges Weckergebimmel und die leidigen Milcheinflößversuche entsprechend nicht vorhanden, und Peter ist schon unterwegs Richtung Leipzig, da er Sendung hat. Mein Herz rast, und ich fühle, wie das Blut in meinen Schläfen pocht. Mit einem leichten Würgereiz denke ich daran, was ich machen soll, wenn die Kinder noch weiter abgenommen haben. Ich ziehe mich mühsam und durch die Kaiserschnittnarbe eingeschränkt an ihrem Wärmebettchen wie eine alte

Frau hoch und schiebe die Minibabys in ihrem Bettchen hinaus auf den Gang, als wäre es mein Rollator. Wie immer sind die beiden am Schlafen.

Das Zimmer, in dem die Untersuchungen durchgeführt werden, ist um die Ecke, und ich muss nur wenige Meter zu Fuß gehen. Im Wartezimmer steht direkt vor mir auch eine frischgebackene Zwillingsmutter. Als ich sie sehe, fällt mir auf, dass so eine Geburt ganz offensichtlich genau das Gegenteil ist von diesen Vorher-Nachher-Make-over-Shows im Fernsehen. Da sehen die vorher immer total grau, verlebt, aufgedunsen und verdammt müde aus. Und nachdem sie dann von diversen Stylisten, Hairdressern und Make-up-Artists bearbeitet wurden, sind sie quasi nicht wiederzuerkennen. Dann strahlen sie wie das blühende Leben in ihren neuen, auf den Leib geschneiderten Klamotten, den tollen Haaren und einem Teint, der wie gephotoshopped aussieht, aber echt ist.

Bei Geburten ist es andersrum. Diese Zwillingsmutter steht da in fleischfarbenen Stützstrümpfen, darüber trägt sie eine kurze Hose und ein graues T-Shirt, das über ihrem Bauch spannt, und selbst die Arme sehen aus wie eingegipst. In den Augen hat sich Blut gesammelt. Als ob sie meine Gedanken lesen könnte, sagt sie: »Es war eine Horrorgeburt. Und ich bin ein Elefant geworden!«

Ich weiß nicht, wie ich darauf reagieren soll, da fällt mein Blick auf ihre beiden Kinder, die mir ziemlich genau doppelt so groß vorkommen wie unsere. Statt mich mit einer Notlüge aus der Situation zu retten und so was zu sagen wie »ach was« oder irgendwas halbwegs Nettes, sage ich auch noch: »Das tut mir leid.« Schnell schiebe ich hinterher: »Aber schau mal, dafür hast du zwei gesunde, fitte Kinder! Bei meinen habe ich immer Angst, dass sie noch auf die Frühchenstation müssen, weil sie nix trinken.«

Doch leider wird es immer schlimmer. Sie bricht in Tränen aus und sagt schluchzend: »Nein, das ist alles scheiße. Ich bin alleinerziehend!«

In dem Moment wird sie aufgerufen und verschwindet im Untersuchungsraum, während ich mich fühle, als hätte ich beim Bewerbungsgespräch meinen Hosenstall offen gelassen. Wenn ich mich schon frage, wie wir das als Paar schaffen sollen, wie muss sich diese Frau fühlen?

Wir werden in das Untersuchungszimmer nebenan gerufen. Sämtliche Neu-Eltern stehen mit ihren Babys Schlange. Das ist Akkordarbeit. Ich habe große Angst vor der Waage und was passiert, wenn sie noch weiter abgenommen haben sollten. Aber zuerst wird der Kopfumfang gemessen und überhaupt vor allem an den Kindern herumgezuppelt. Sämtliche Werte werden in das gelbe Untersuchungsheft eingetragen, das jedes Kind zur Geburt bekommt. Und es wird abgeglichen, ob alles den statistischen »Normalwerten« entspricht. Wird hier vielleicht schon der Grundstein für spätere Mutti-Wettbewerbe gelegt? Entsprechen Lilly und Luisa der Norm?

Ziemlich abgefahren sieht es aus, als der Arzt die Reflexe der beiden testet. Vor allem der Schreitreflex ist extrem beeindruckend. Wer ein frisch geschlüpftes Kind zur Hand hat, sollte sich dieses Phänomen unbedingt anschauen: Wird das Baby aufrecht gehalten und kommt mit den Füßen auf eine feste Unterlage, zeigt es Schreitbewegungen bis zu einem Alter von etwa zwölf Wochen. Und das Wort »Schreiten« trifft es sehr genau. Denn es sieht ein bisschen aus wie ferngesteuert und als würde eine Mischung aus Topmodel und Wildkatze einen Gang entlangschreiten. Fast ein bisschen unheimlich. Als wäre das Laufen aus einem früheren Leben übrig geblieben. Wiederum sehr beliebt ist der Greifreflex. Sobald man einem Neugeborenen einen Finger hinhält, greift es zu. Da es ein Reflex ist, der immer beim Finger- oder Händehinstrecken ausgelöst wird, muss man sich auch nix drauf einbilden. Das machen also alle Babys bei jedem. Seit ich das weiß, erscheint die Geschichte, die mein Vater sehr oft erzählt, in einem völlig neuen Licht. Vor allem in größeren Familienrunden, wenn beispielsweise Tante Frieda Geburtstag hatte, pflegte er stets zu sagen: »Nach der Geburt hat die Eva meinen Finger genommen und fest zugepackt und NICHT (extrem betont) mehr losgelassen. Da hab ich gewusst: Die wird gut!« Gerne erzählt er auch davon, wie ich bei meiner Taufe die Kirche zusammengebrüllt habe. Er strahlt dabei übers ganze Gesicht, und ich wundere mich immer, dass ihm diese Situation offensichtlich überhaupt nicht peinlich war. Ganz im Gegenteil: Er erzählt es mit einem Stolz, als hätte ich ein Oxford-Stipendium ergattert.

Sollten unsere Zwillinge gleich mehr als 2000 Gramm auf die Waage bringen, wäre ich auch stolz. Aber zunächst kriegen sie Blut abgenommen. Der Arzt fragt mich, ob ich das ertragen könnte und ob ich nicht draußen warten wollen würde.

»Nein, auf gar keinen Fall. Wenn sie bald mit aufgeschlagenen Knien nach Hause kommen oder sich in der Pubertät tätowieren und piercen lassen, muss ich noch ganz andere Kaliber ertragen, oder?«, versuche ich möglichst cool mit einem Lachen zu antworten. Insgeheim will ich aber einfach meine Kinder nicht mit einem Wildfremden allein lassen. Ohnehin merke ich, dass ich langsam etwas abdrehe. Außer Peter würde ich am liebsten allen verbieten, diese kleinen Babys anzufassen, und ich erschrecke mich vor mir selber. Ich wollte nie so eine uncoole Zicken-Mutti werden. Hoffentlich kriegen wir erst mal keinen Besuch, denn wie schräg wäre das, wenn ich sagen würde: »Nein, bitte nicht anfassen oder auf den Arm nehmen!« Da aber momentan noch gar nicht absehbar ist, wann wir das Krankenhaus verlassen dürfen, ist das Thema Besuch zum Glück auch noch weit weg.

Nun piekst erst mal der Arzt mit einer Nadel in den Handrücken von Lilly und ich wundere mich, dass das überhaupt funktioniert, schließlich ist die Handfläche nicht größer als meine Daumenkuppe. Luisa ist als Nächste dran, und natürlich fangen sie beide an zu schreien. Das klingt allerdings so schwach wie das Krähen eines altersschwachen Hahns.

Zum Schluss wird gewogen. Ich halte die Luft an und ziehe verkrampft die Schultern hoch. Am liebsten würde ich das Ergebnis nicht hören wollen, aber da erschallt schon die Stimme des Arztes: »Na, das sind doch zwei kleine Prachtexemplare. Topfit! Und das Ganze bei 2000 und 2010 Gramm. Herzlichen Glückwunsch, Frau Imhof!«

Nun fühle ich tatsächlich, wie sich dieses große, warme Gefühl von Stolz in mir ausbreitet. Allerdings währt es nicht lange, denn kaum bin ich mit den Zwillingen wieder in unserem Zimmer, geht der Hungerstreik von vorne los. Und wieder hänge ich mich an die Melkmaschine, um ihnen anschließend mit bester Absicht ihre Flaschen in den Mund zu stecken. Und wieder trinken sie nur 10 Milliliter. Verzweifelt sitze ich auf der Bettkante, stütze meinen gleich platzenden Kopf auf meine Hand und frage mich, warum mir das alles so kompliziert vorkommt, was im Prinzip so simpel ist: schlucken, fertig! Meine Güte! Zum Glück kommt Peter nach der Sendung und versteht mein Problem nicht: »Was hast du denn? Wenn der Arzt dir schon gratuliert hat, ist doch jetzt alles gut?«

»Ja, und wenn sie jetzt wieder abnehmen?«

»Warum sollten sie jetzt wieder abnehmen, wo sie doch zugenommen haben? Du sagst doch immer, man soll positiv denken!«

»Ja, aber ich habe einfach Angst! Ich glaub, ich bin ein Psycho!«

Wir einigen uns darauf, den an die Wand gehefteten Zeitplan mit den Trinkmahlzeiten zu meiner Beruhigung genau einzuhalten, und das beruhigt mich – für ungefähr zwei Minuten.

Nach sechs Tagen kommt das erste Mal unsere Hebamme Anja ins Krankenhaus. Anja hat kurze, dunkelblonde Haare, eine sanfte Stimme und die Ausstrahlung eines grundgütigen Elfenwesens. Mein Vater würde sie »patent« nennen. Sie hat selbst Zwillinge und ist eine von diesen Vorzeige-Muttis, bei denen ich mich immer frage, wie die das nur hinkriegen. Bei ihr klingt immer alles so einfach. Aber gut, sie ist natürlich auch eine vom Fach. Nach einer Dreiviertelstunde in unserem Krankenhauskosmos stellt sie fest: »Ihr müsst hier raus. Und zwar besser heute als morgen. Sonst werdet ihr verrückt.« Und sie sagt es, als würden wir uns gleich James-Bond-mäßig alle miteinander an der Krankenhauswand abseilen.

Wir haben das Gefühl, dass uns hier keiner gehen lassen will, aber irgendwie ist sowieso ständig jemand anderes bei uns, und wir verlieren langsam den Überblick über das ganze Personal. Anja ist sich sicher: »Die sind natürlich vorsichtig, weil das Frühchen sind. Aber ich bin mir ganz sicher: Wenn ihr zu Hause seid, wird alles gut! Vertraut mir. Irgendwann ist es Zeit, das Krankenhaus zu verlassen. Sonst entlasst euch einfach selbst. Wirklich – es reicht hier jetzt.«

Aber werden wir es schaffen, all unsere Ängste wie Seifenblasen platzen zu lassen, und uns tatsächlich selbst entlassen?

Lektion 5: Die Null-Eltern mit ohne Vorbereitung

Wir fragen uns, ob nun wirklich der richtige Zeitpunkt ist, um aus dem Krankenhaus abzuhauen. Denn es gibt da einen ganz entscheidenden Unterschied: Das Problem ist ja, dass man zu Hause keine Notrufklingel hat und nicht einfach mal die Schwester nachts anklingeln kann. Und wir haben schlichtweg Angst davor, alles falsch zu machen, was man falsch machen kann.

»Das ist ganz normal!«, versucht uns Anja zu beruhigen. »Diese Angst haben alle frischgebackenen Eltern. Aber erstens müsst ihr sowieso irgendwann hier raus, und zweitens komme ich ja dann auch zu euch nach Hause!«

Noch nie war ich so unsicher wie in diesem Moment. Und mir fällt ein, dass wir nicht mal einen einzigen Strampler zu Hause haben. Wir haben uns einfach nicht getraut, überhaupt irgendwas anzuschaffen. Im Internet gibt es unzählige Checklisten und Tipps in Sachen Baby-Erstausstattung, aber wir konnten einfach nichts kaufen. Wir hatten so viel Angst, dass in der Schwangerschaft etwas schiefgehen könnte, dass wir nichts vorbereitet haben. Keine Wickelkommode, keine Bodys, geschweige denn Windeln. Einfach nichts, null Komma null.

Im Grunde sind wir also Null-Eltern!

Und mal wieder schleicht sich so ein Gefühl ein, als hätte man uns im Swingerclub ausgesetzt.

Anja redet beruhigend auf uns ein, dass das alles nicht so wild sei, und schreibt Peter eine Liste mit allem, was er einkaufen soll. Und ich tendiere dazu, leicht zu hyperventilieren, als ich sage: »Aber wir haben nicht mal so eine Wärmelampe! Dann erfrieren die doch!«

»Nee, das ist Quatsch. Ihr packt sie immer dick ein im Schlafsack. Weil sie Frühchen sind, verlieren sie sonst zu viel Wärme. Und ihr könnt sie mit einem Föhn warm anpusten. Das geht genauso. Ihr braucht keine Wärmelampe!«, erwidert Anja.

»Aber das steht doch überall!«

»Ja, weil sich heutzutage mit besorgten Eltern ziemlich viel Geld verdienen lässt. Aber wichtig ist, dass ihr euch locker macht. Und ich sage euch was: Die Kinder haben einen starken Überlebenswillen. Die sind nicht aus Zucker!«

Mit sehr weichen Knien laufen wir über den Krankenhausgang, um einen Arzt oder Ärztin zu fragen, ob wir gehen dürfen. Weit und breit ist niemand zu sehen, und das Pflegepersonal rennt gehetzt an uns vorbei. Im Aufenthaltsraum der Station klopfen wir gegen den Türrahmen, nehmen allen Mut zusammen und pressen hervor: »So, wir gehen dann jetzt.«

Nachdem wir den ganzen Papierkram erledigt haben, laufen wir mit unseren Zwillingen in ihren Babytrageschalen raus Richtung Parkplatz. Mit zitternden Händen schnallen wir sie im Auto an. Und was nun folgt, wird Peter auch Jahre später noch als die krasseste Autofahrt seines Lebens bezeichnen. Es sind circa 30 Minuten, die wir zum Teil über die Stadtautobahn bis zu unserem Haus fahren müssen. Eine Strecke, die Peter in den vergangenen Wochen circa 30 Mal gefahren ist. Doch diesmal ist es natürlich anders. Dieses Mal sitzen zwei sehr kleine Menschen in ihren Babyschalen auf der Rückbank. Peter fährt, als hätte er ein Fass mit Nitroglyzerin im Kofferraum. Auf der Autobahn werden wir von einem Trabbi überholt. Es ist der Wahnsinn. Zu Hause angekommen, werden wir dann aber mit einem wunderschönen Erlebnis entschädigt. Peters Eltern warten schon auf uns und sehen zum allerersten Mal ihre beiden Enkelkinder. Endlich sind wir zu Hause in unserem Nest. Es fühlt sich an, als wären die Kinder jetzt erst so richtig auf dieser Welt angekommen.

Aber zu Hause lauert schon die nächste Gefahr. Die Nachbarskatze. Anja sagt, jede Frau habe einen bösen Geist im Wochenbett. So nennt man die circa sechs bis acht Wochen nach der Geburt. Oft sei der böse Geist die eigene Mutter, die nun Oma ist. Oder die frischgebackene Mutter hat ein Problem mit der Schwiegermutter, bei der sie das Gefühl hat, sie nähme ihr das Kind weg. Ein bisschen wie in Grimms Märchen. Bei einer Freundin von mir war es ihre Schwester, die sie fast wahnsinnig machte, weil sie das Baby nicht mehr aus dem Arm geben wollte. Bei mir ist der böse Geist also eine Katze.

Zum Glück herrscht in den ersten sechs Wochen nach der Geburt Beschäftigungsverbot, bei einer Zwillingsmutter sind es acht Wochen. Es wäre für die Umwelt eine große Belastung, wenn sie mich ertragen müsste. Ganz abgesehen davon, wäre es für mich völlig undenkbar zu arbeiten, da ich die meiste Zeit entweder an der Milchpumpe hänge, die Kinder an ihren Flaschen hängen oder ich heule. Es sind Fontänen, die aus meinen Augen geschossen kommen. Und zwar völlig grundlos.

Unsere Hebamme sagt, eine Mutter hätte nach der Geburt einen Hormonclash. Sie würde die gesammelten Gefühle einer Pubertät (!) in wenigen Wochen durchleben, bei einer Zwillingsmutter sei es die doppelte Hormonmenge. Wenn das normal sein soll, wie fühlt sich dann bitte eine Wochenbettdepression an? Immerhin erklärt dieses Hormonfeuerwerk, warum mir unsere Nachbarskatze plötzlich vorkommt wie ein Löwe, der unsere Zwillinge fressen will. Es ist der Wahnsinn, dass dieses unschuldige Kätzchen plötzlich Panikattacken bei mir auslöst, als stünde der Terminator vor der Tür. Das gefleckte Tier, das ich immer so gern gestreichelt habe, darf nun nicht mehr zur Tür herein. Mein Vater hat mehrfach davor gewarnt, dass eine Katze für Neugeborene das Todesurteil bedeuten kann. Denn Katzen suchen die Wärme. Und nirgendwo sei es für eine Katze gemütlicher als in einem Babybett AUF einem Baby, sagt mein Vater. Nähert sich die Katze unserer Terrassentür, breche ich schon in Paniktränen aus und kriege Herzrasen.

Im Nachhinein muss ich noch oft über diese Episode lachen. Die Katze ist inzwischen wieder Dauergast bei uns und verbringt sehr viel Zeit damit, rumzumaunzen und nach Bröckchen zu geiern. Schon mehrere Male hat sie unseren – und sämtlichen Nachbarskindern – eine gewischt, wenn diese mal wieder ihren Schwanz so interessant fanden, dass sie ihn als Pinsel benutzen wollten. Hätte ich zum damaligen Zeitpunkt gewusst, dass diese Katze mal für blutige Kratzer auf den Armen meiner Kinder sorgen wird, wäre ich wahrscheinlich ohnmächtig geworden. Denn so ist das bei Eltern: Die Schmerzgrenze des Erträglichen wird im Lauf der Jahre immer etwas weiter gesteckt, und man lacht sehr oft über Dinge, die einem früher unlösbar kompliziert erschienen.

Und überhaupt ist wenige Tage nach der Geburt einfach alles extrem kompliziert. Ich staune darüber, was so ein menschlicher Tränenkanal leisten kann. Und dabei gibt es alle möglichen Sorten von Tränen! Bei jedem Geschenk zur Geburt, das uns überreicht wird, freue ich mich so sehr, dass ein Wasserfall an Freudentränen aus meinen Augen stürzt.

Ich erinnere mich aber auch noch sehr gut an den Moment, als unsere Hebamme Anja klingelt und ich sie tränenüberströmt mit den Worten empfange: »Ich will zu meiner Mama!«

Im Nachhinein kommt mir diese Szene vor wie aus einer schlechten Komödie, aber in dem Moment damals habe ich mich tatsächlich gefühlt wie ein kleines Mädchen, das sich einfach nur auf Mamas Schoß einkuscheln möchte. Und ich kann ihr nicht mal sagen, warum ich unbedingt zu meiner Mama will. Meine Mama wäre auch keine Hilfe gewesen, da sie zu diesem Zeitpunkt 600 Kilometer weit weg krank im Bett lag. Und so stehe ich wie ein kleines, zitterndes Hündchen schluchzend vor Anja, und sie guckt auf ihre liebe Art selbst wie ein Hund, nimmt mich in den Arm und sagt: »Das wird schon. Wir wollen doch alle manchmal einfach nur zu Mama!«

Und weil sie so lieb ist, geben meine Tränendrüsen glatt noch mal alles. Aber irgendwie hat dieser sonderbare Zustand auch etwas Lustiges. Vielleicht nicht direkt in diesem Moment. Aber schon sehr bald werden wir darüber lachen.

Das erste Jahr

Lektion 6: Solle mer se schreie lasse?!

Das Elternsein könnte so schön sein, wenn nur die Kinder nicht wären. Was haben wir uns, als wir selbst noch keine Kinder hatten, über diese durch violette Augenschatten gekennzeichneten, übermüdeten Eltern im Freundeskreis lustig gemacht. Für uns war klar: Diese Waschlappen-Eltern lassen sich von ihren hinterlistigen Babys schikanieren. Ganz abgesehen davon haben wir gedacht, dass diese Eltern garantiert irgendetwas falsch machen – sonst hätten die Kinder ja keinen Grund, dermaßen zu schreien! Aber nicht mit uns: Wir sind davon ausgegangen, dass unsere Kinder erstens keinen Grund zum Schreien haben werden und zweitens wir uns das einfach nicht gefallen lassen! Da muss man sie halt mal schreien lassen! Wir wollten getreu dem Motto meines Vaters handeln, der mit seinem hessischen Dialekt gerne Folgendes von sich gibt: »Mer mus se schreie lasse! Des is gut für die Lunge!«

Er brüstet sich auch gerne damit, ich hätte besonders laut und besonders viel geschrien und sei deshalb heute so gesund und gesegnet mit einem Lungenvolumen, das seinesgleichen sucht.

Da wir selbstverständlich anstreben, gesunde Kinder heranwachsen zu sehen, war bisher für uns klar: nicht zimperlich sein mit den kleinen Dingern und sie direkt auf die Härte des Lebens vorbereiten. Aber wie bei sämtlichen Themen rund ums Baby besteht auch hier eine größtmögliche Diskrepanz zwischen Theorie und Praxis. Die klaffende Lücke tut sich in unserem Fall exakt fünf Wochen nach der Geburt auf.

Es ist Mittwoch, der 5. September 2012. Genau heute wären sie geboren worden, wenn sie sich an den Termin gehalten hätten, den die Ärzte für sie ausgerechnet hatten. Peter hat wie immer schon um sieben Uhr das Haus verlassen, da er Sendungswoche in Leipzig hat. Der hat es gut, schießt es mir durch den Kopf. Da ich mich aber immer noch so durchgeknallt fühle wie direkt nach der Geburt, ist es wohl besser, wenn die Menschheit draußen noch eine Weile von mir verschont bleibt. Ich stehe in unserem Schlafzimmer und schaue in den Ganzkörperspiegel, der gegenüber von unserem Bett steht. Am Fußende unseres Betts steht das Zwillingsgitterbett. Es ist weiß, quadratisch, 1 Meter 20 auf 1 Meter 20 groß und beinhaltet die zwei Babys, die auf den für sie noch riesengroßen Matratzen etwas verloren aussehen. Sie liegen eng aneinandergekuschelt in der linken unteren Ecke auf einer der Matratzen. Insgesamt bildet unser Bett mit dem Zwillingsbett am Fuß eine Monsterbetteneinheit, die für kaum mehr sonst was im Raum Platz lässt. In der Ecke stehen noch zwei Schlafzimmerschränke, damit ist der Raum voll.

Meine Haare sind fettig, ich trage ein weißes Schwangerenshirt über meinem Still-BH und immer noch eine Schwangerschaftshose wegen der Kaiserschnittnarbe. Der angesagte Jeansschnitt ist ja leider exakt so tief, dass der Knopf genau mittig auf meiner Narbe platziert wäre. Gerade habe ich versucht, mich in eine meiner alten Jeans zu zwängen, aber keine Chance. Abgesehen davon, dass ich sie nicht mal über die Hüfte gezogen bekomme habe, wäre der Schmerz auf der Narbe nicht aushaltbar. Und ich frage mich, ob ich überhaupt jemals wieder so eine hippe Hose tragen kann oder für immer in diesen ausgeleierten jogginganzugähnlichen Schlabberhosen rumlaufen muss. Apropos Rumlaufen: Es fällt mir immer noch schwer, mich auch nur annähernd normal fortzubewegen. Wenn ich gehe, habe ich immer das Gefühl, meine Beine würden cowboyartig auseinanderklappen, und ich verwende sehr viel Kraft darauf, sie überhaupt irgendwie unter Kontrolle zu kriegen. Unsere Hebamme Anja sagt, das sei normal und der Körper habe sich nun mal durch das Gewicht der vergangenen Monate und den Druck auf die Beine verändert. Es ist ungefähr so, als hätte man mehrere Wochen im Sattel eines sehr dicken Pferdes gesessen. In meiner Jugend hatte ich mal zwei Pferde. Meine Eltern dachten, sie könnten mich so vor Drogen und bösen Jungs fernhalten. Dass sich im Reitstall aber auch stramme Burschen aufhalten, haben sie wohl nicht bedacht. Als mein Vater schließlich erfuhr, dass ich als Vierzehnjährige für einen der neunzehnjährigen Turnierreiter schwärmte, ist er augenblicklich in die Reithalle gestürmt und hat ihm vor aller Augen gedroht, er solle seine Finger von mir lassen, sonst würde er ihn wegen Verführung Minderjähriger anzeigen. Von da an hat mich keiner der Jugendlichen dort auch nur anzusehen gewagt geschweige denn »Hallo« zu mir gesagt, und ich wurde zwei Jahre lang ausgegrenzt. Meine Erinnerungen an das Reiten und seine Folgen sind also nicht die harmonischsten.

Aber nicht mal diese Zeit lief so unrund wie das jetzt hier. Dabei hatten wir uns das als Super-Eltern doch so einfach und flauschig vorgestellt. In unserer Theorie würde der heutige Tag so ablaufen: Die Wunderkinder schlafen sich erst mal richtig aus, damit sie fröhlich in den Tag starten können. So lange gehe ich in unser lichtdurchflutetes Bad, dusche und föhne mir die Haare, bis sie so seidig im Wind wehen wie in der Shampoo-Werbung. Anschließend ziehe ich mein weißes Sommerkleid mit Spitze an und packe einen Picknickkorb mit allerlei Fingerfood vom Garnelenspießchen bis zum Parmaschinken-Melonenschiffchen. Die Kinder wachen mit einem Lächeln im Gesicht auf, und ich ziehe ihnen liebevoll die Chloé-Kleidchen an, die wir von unserer italienischen Freundin Antonella zur Geburt bekommen haben. Peter trägt ebenfalls weiß, und zwar einen Leinenanzug und dazu sein unwiderstehliches James-Bond-Lächeln. Schließlich landen wir alle miteinander auf einer satt-grünen Wiese unter einem Apfelbaum, dessen reife Früchte wir als Nachtisch essen, und genießen die Zeit mit unseren kleinen Kuschel-Zwillingen. Es ist zu schön, um wahr zu sein. Aber zum Glück holt mich ein lautes Schreien wieder zurück vor den Schlafzimmerspiegel. Und als ob ein schreiendes Baby nicht ausreicht, fängt sofort das andere auch an. Und sie beschweren sich zu Recht, denn ich habe leider vergessen, Milch abzupumpen! Man kann ja auch nicht an alles denken bei den ganzen Garnelenspießchen und Parmaschinken-Melonenschiffchen. Also: zwei schreiende Babys, zwei sich langsam durch den Milchstau verknotende Brüste und dazu die Panik, dass Lilly und Luisa nun garantiert verhungern könnten oder zumindest ein Trauma davontragen, wenn sie nicht sofort gefüttert werden.

Aber ich will ihnen auf keinen Fall eine Flasche mit Fertigzeugs anrühren. Schließlich hat mir Anja oft genug mit vehementer Stimme beigebracht, dass die Großkonzerne hiermit den ersten Grundstein zu schlechter Ernährung und Krankheiten wie Diabetes und Fettleibigkeit legen. Da ich gerade nicht in der Lage bin, mir zu dem Thema eine eigene, vielleicht sogar andere Meinung zu bilden, schließe ich mich erst mal wieder an die Melkmaschine an. Da hänge ich jetzt circa zehn Minuten, während die Kinder munter weiterschreien. Warum sollten sie auch damit aufhören? Sie haben ja immer noch Hunger. Das wäre ja das völlig falsche Signal. Und ich muss sagen: Hut ab! Die beiden ziehen das konsequent durch. Obwohl ich da an meine Melkmaschine hängend alle tue, um sie aus der Ferne zu beruhigen. Lustige Bewegungen, Lachen und ganz viele Geräusche, von denen ich selbst nicht weiß, ob ich damit Tiere oder Küchengeräte imitieren will. Ist jetzt auch egal, weil es eh nicht geklappt hat. Ganz im Gegenteil. Ich spüre langsam, wie das Adrenalin durch meinen Körper schießt und anfängt, in meinem Kopf zu klopfen. Nun habe ich wieder ein schlechtes Gewissen, denn wenn das Adrenalin in die Milch übergeht, werden die Kinder nervös! Anja hat so oft gesagt, ich solle mir beim Abpumpen immer vorstellen, wie meine ganze Liebe in die Milch fließt. Das klappt im Moment nur bedingt.

Nach einer halben Stunde ist die Party dann aber vorbei, und die lieben, satten Kinder schlafen weiter. Wenn sie schlafen, sind sie doch am schönsten. Das wird sich auch später nicht ändern. Schlafende Kinder sind der wunderbarste Anblick, den es auf dieser Welt gibt. Es gibt nichts Vergleichbares. Auch heute noch sitzen wir oft an den Betten der schlummernden Kinder und sind beseelt von diesem Anblick und auch ein bisschen verwundert, dass diese engelsgleichen Geschöpfe so laut schreien können, dass man die Großbaustelle vorne auf der Straße nicht mehr hört.

Aber wir wissen ja auch, dass »morgen früh, wenn Gott will« jeder wieder geweckt wird, und dann warten neue, wunderbare Abenteuer auf die neuen Erdenbewohner und auch auf Mami und Papi.

Und was wir jetzt, einige Jahre später, ebenfalls längst wissen, ist, dass auf diese ganze Phase mit der Schreierei zwar definitiv keine Vergnügungssteuer berechnet wird, dass das alles aber früher oder später auch vorbeigeht und viiiiiiiel einfacher wird. Versprochen! Oder anders ausgedrückt: Es ist alles nur eine Phase. Dieser Satz hat auf jeden Fall etwas Beruhigendes. Oder?!

Außerdem gehören doch die »Mein-Kind-schreit-nur-noch-und-ich-kann-nicht-schlafen-Geschichten« zum Elternsein dazu. Und sie machen einen gleich viel sympathischer. Mütter, die ausgeschlafen aussehen und erzählen, dass ihr Kind nachts nie wach wird, sind einfach extrem unbeliebt. Ganz abgesehen davon, dass ich glaube, dass die sich vielleicht Ohropax in die Ohren stopfen, damit sie von dem Geschrei einfach nichts mitkriegen.

Wie auch immer – keine drei Tage, oder besser Abende, später rufe ich verzweifelt bei Anja an: »Anjaaaaa, ich habe Schreikinder zur Welt gebracht! Sie schreien BEIDE seit drei Abenden, und zwar exakt von 18 Uhr bis 0 Uhr! Das können die doch nicht machen!«

»Ach, Evalein, du hast bestimmt keine Schreikinder geboren. Denk dran: Das Schreien ist die einzige Möglichkeit der Kommunikation für die beiden! Sie können ja gar nicht anders. Das ist nun mal ihre Sprache!«

Entschuldigung, aber es ist uns ein Rätsel, warum die Natur Kinder so konstruiert hat, dass sie einen in den Wahnsinn treiben können. Forscher haben herausgefunden, dass Babygebrüll die Lautstärke von 120 Dezibel und mehr erreichen kann. Damit sind sie so laut wie ein Düsenjet! Ab 85 Dezibel sollte man übrigens am Arbeitsplatz einen Gehörschutz tragen. Wir überlegen, ob wir uns solche fetten Ohrenschützer bestellen sollen. Oder jemand erfindet endlich mal einen Schalldämpfer für Babys. Das muss doch möglich sein. Ich stelle mir jetzt schon die begeisterten Gesichter vor und wie alle Schreibaby-Eltern dieser Welt versuchen, als Erste an ein Exemplar zu kommen. Das ist eine Millionen-, ach was, eine Milliardenidee. Überall auf der Welt warten alle nur auf den »Schrei-Vorbei« oder »Brüllinator« – oder so ähnlich wird er heißen.

Da Peter wieder Sendungswoche hat, verbringe ich jeden Abend exakt von 18 bis 0 Uhr damit, abwechselnd die Kinder auf dem Arm durch die Gegend zu schaukeln. Sie wiegen circa zweieinhalb Kilo, und folglich ziehe ich jeden Abend ein sechsstündiges Sport-programm durch: Je nachdem, welches gerade lauter schreit, wird dieses von mir auf dem Arm hin und her gewiegt oder besser gesagt hoch und runter. Anja hat gesagt, dass sie das an ihr Dasein im Mut-terleib erinnern würde. Denn wenn Mutti läuft, geht es ja auch hin und her und hoch und runter.

Aber so sehr ich mich auch anstrenge, die Super-Mutti zu sein, es läuft einfach nicht. Das Einzige, was läuft, ist mein Schweiß. Zwi-schendurch beschimpfe ich Peter am Telefon: »Du bist da in Leipzig bei deiner Scheißarbeit, und ich muss den Scheiß hier alleine ma-chen! Ich hab so keinen Bock mehr!« Und während sich meine Stim-me in sopranartige Höhen schraubt, bleibt er ruhig und versucht zu beschwichtigen: »Wir rufen meine Mutter an. Sie kommt und hilft dir sofort!«

Worauf ich loskreische: »Nein! Ich brauche keine Hilfe! Ich schaff das auch allein!« Am liebsten würde ich ihm eine reinschlagen. Schon allein aus Neid, weil er bei der Arbeit ist. Denn die Vorstellung, wieder zu arbeiten, statt mich um diesen Pipi-, Kacka-, Kotz- und Schreikram zu kümmern, kommt mir wie Aussicht auf Urlaub vor. Und außerdem will ich vor meiner Schwiegermutter die glückliche Super-Mutti im weißen Spitzenkleid mit den glucksenden Wonne-proppen sein und nicht die zerrupfte Flodder-Frau mit den verknote-ten Milchstau-Brüsten. Aber schließlich gebe ich auf, weil ich einsehe, dass mein Supermutti-Traum nicht mehr zur Realität wird.

Lektion 7:
Die Schreibabys in der Federwiege ohne Kultur

Zum Glück ist Peters Mutter ein wahres Role Model von Schwiegermutter. Sie ist klein, schlank, durchweg liebenswert, emsig wie ein Kolibri und ausgestattet mit einer vornehmen Zurückhaltung. Wenn ich bedenke, dass eine meiner Freundinnen von ihrer Schwiegermutter (selbstverständlich ungefragt) Tipps zum sexuellen Umgang mit ihrem Sohn bekommt, wird mir immer wieder klar: Mann, hab ich ein Glück! Meine Schwiegermutter wird in den nächsten Wochen meine größte Leidensgenossin. Zusammen ziehen wir das allabendliche Sport-Brüll-Programm durch. Aber irgendwie wird es nicht besser. Obwohl wir sie nun pausenlos herumtragen, schreien sie trotzdem, als würden wir ihnen etwas antun. Dabei geben wir alles: Jede hat ein Kind auf dem Arm, und wir pendeln damit jeden Abend exakt von 18 bis 0 Uhr zwischen Wohn- und Schlafzimmer hin und her und schaukeln sie in unseren vom Muskelkater immer stärker verkrampften Armen auf und ab. Das hält die Zwillinge aber nicht vom Schreien ab.

Wir ziehen dieses Programm drei weitere Wochen durch, bis ich das Gefühl habe, es gibt gleich Tote. Ich ertappe mich beim gruseligsten und angsteinflößendsten Gedanken, den ich je hatte: Ich stelle mir vor, wie ich zusammen mit diesen zwei Schrei-Klößen aus dem Fenster springe. Darüber erschrecke ich so sehr, dass ich verzweifelt eine Kollegin anrufe, die auch gerade ein Kind bekommen hat. Bei ihr läuft alles so, wie ich es mir in meinen rosaroten Tagträumen ausmale. Neidisch gucke ich auf die perfekt vom Fotografen in Szene gesetzten Babyfotos, die sie mir parallel zu unserem Telefonat per E-Mail schickt. Ihr zartes Mädchen liegt schlafend zusammengekauert auf einem aus Federn drapierten Nestchen, trägt einen cremefarbenen Kaschmirstrampler und ein zartrosa Schleifenstirnband. Während ich versuche, das Gebrüll neben mir zu übertönen, und mich frage, wie lange wir dieses Telefonat wohl führen können, rät sie mir mit ruhiger Stimme, wir sollten uns unbedingt eine Federwiege anschaffen.

»Eine Wiege?! Wieso? Was soll das denn bringen?«, frage ich verzweifelt.

»Nein, keine normale Wiege. Eine FEDERWIEGE! Die hängt an einer Sprungfeder und schwingt hoch und runter. Und zwar brauchst du das Ding mit den Hängematten. Das haben zwei Freundinnen von mir mit Schreibabys gekauft, und seitdem ist Ruhe!«

»Das kann ich gar nicht glauben!«, brülle ich – mal wieder kurz vor dem Heul-Status – durchs Telefon.

Der Haken an der Sache ist, dass die Zwillingsvariante mit Zubehör fast 400 Euro kostet! Ich schaue mir das Teil im Internet an und kann nicht glauben, was daran so toll sein soll. In den Hängematten sind die Babys derart eingepfercht, dass sie sich nicht mal richtig bewegen können. Aber das soll ihnen angeblich das »Gebärmuttergefühl« zurückgeben. Das klingt alles mehr als spooky. Uns scheint es, als sei das Teil extra für die Über-Eltern von heute konstruiert worden. Wir bezweifeln diesen ganzen Hokuspokus und fragen uns, ob wir nicht einfach ein Zimmer schalldicht machen sollten und sie da reinstecken.

Und wieder wünschen wir uns eine Gebrauchsanweisung für diese zwei speziellen Exemplare herbei und fragen uns, warum bei uns eigentlich immer alles so kompliziert ist und bei den anderen so einfach? Keines der bei uns im Freundeskreis geborenen Kinder schreit so laut wie unsere.

Immerhin glaubt unsere Hebamme Anja, es läge nicht an unserer Unfähigkeit, sondern sei ein körperliches Problem. Sie guckt wie ein Hundewelpe, als sie zunächst jeweils ein Kind hochnimmt, dreht, wendet, horcht und dann feststellt:

»Die haben dolle Bauchweh, Evalein. Weißt du, bei denen sind die Gedärme einfach noch nicht ausgereift. Das ist ganz häufig der Fall bei Frühchen.«

Da sie uns nun auf Bauchgeräusche sensibilisiert hat, fällt es uns auch auf: Jeden Abend fängt es bei ihnen im Bauch an zu rumpeln, als würde man in einem alten Flugzeug sitzen.

Nach langem Zögern entscheiden wir uns schließlich für die Anschaffung der Federwiege, und da wir keinen weiteren Fehler machen wollen, bestellen wir die dafür vorgesehene Türklammer, eine Vorrichtung zum Anbringen an der Decke und das mobile Halterungsgestell gleich mit.

Zunächst bauen wir die Wiege mit ihrem mobilen Gestell im Wohnzimmer auf. Das Ganze sieht aus wie die Liebesschaukel, die ich neulich in der Doku über Swingerclubs gesehen habe. Aber wir sind voller Hoffnung, dass uns dieses Teil aus dem Sumpf des Scheiterns wieder herauskatapultiert.

Und tatsächlich: Kaum liegen die Babys darin und die Wiege fängt an, hoch- und runterzuschwingen, hören sie auf der Stelle auf zu schreien. Der große Haken ist allerdings: Das Ding hört sehr schnell auf zu schwingen. Im Prinzip funktioniert es nur, wenn man permanent danebensteht und es anstößt.

Nun haben wir zwar wenigstens nicht mehr das Gefühl, gleich einen Tinnitus vom Schreilärm um uns herum zu bekommen, aber wir halten es auch für unmöglich, den ganzen Tag neben einer Federwiege stehend zu verbringen. Sobald der »Schwingbeauftragte«

auch nur den Platz verlässt, um etwas zu essen oder kurz zur Toilette zu sprinten, geht das Gebrüll von vorne los.

»Wir müssen uns da was einfallen lassen«, argumentiert Peter zielorientiert und findet im Internet tatsächlich eine Federwiege mit Motor. Das wäre unsere Rettung. Nun haben wir aber diese ja schon angeschafft und sind auf keinen Fall bereit, noch mal so viel Geld auszugeben. Also rufen wir beim Hersteller unserer Federwiege an und fragen, ob auch sie Motoren für ihre Federwiegen hätten. Auf die Frage hin herrscht Stille am anderen Ende der Leitung, gefolgt von einem entsetzten Statement: »Nein! Da sind wir absolut dagegen. Bei uns ist alles Natur!«

Also kaufen wir unfassbarerweise tatsächlich noch eine zweite Federwiege von einem anderen Hersteller, da man den Motor nicht einzeln kaufen kann, und montieren deren Motor an unsere schon in Betrieb genommene Wiege.

Was nun folgt, hätten wir nie für möglich gehalten: Ruhe! Es irritiert uns allerdings, dass die Kinder lieber in diesem Teil hängen als auf unserem Arm. Mögen sie uns vielleicht nicht? Wir dachten immer, man lebe sich erst in der Pubertät auseinander. Dass das bereits nach wenigen Wochen geschieht, sehen wir als weiteres Indiz, dass wir es nicht draufhaben als Eltern.

Aber ganz ehrlich, unsere Maxime lautet: so wenig Schreien wie möglich, so viel Ruhe wie möglich, und da passt die motorisierte Federwiege einfach perfekt ins Konzept!

Als unsere Hebamme Anja zu Besuch ist, demonstriere ich ihr die wundersame Wirkung. Kaum entferne ich eins der Kinder aus seiner Schaukelhöhle, fängt es an zu plärren. Und lege ich es wieder hinein, ist augenblicklich Ruhe. Schließlich sieht auch Anja verdutzt ein: »Ja, ihr Lieben, den Kindern tut das enge Geschaukel wohl einfach gut, und wenn sie dort lieber sind als auf dem Arm, dann ist das eben so.«

Von da an leben unsere Kinder während der nächsten Monate in diesem Teil. Uns fällt es schwer, dieses eintönige Dasein zu akzeptieren. Wenn sie jetzt schon am liebsten nur abhängen, wie soll dann was Gescheites aus ihnen werden?

Wir kramen den letzten Funken Super-Elterntums hervor und spielen ihnen Mozart vor. Angeblich wirkt sich klassische Musik positiv auf die Entwicklung aus. Im Internet finden sich sogar Listen mit Musikauswahl, die Babys im Mutterleib (!) angeblich am besten gefallen. Wir fragen uns, ob mal jemand durch den Bauch hindurch gefragt hat oder auf welche Weise die Ungeborenen antworten. Aber gut, Hauptsache, es hilft!

»Die vier Jahreszeiten« von Vivaldi sollen auch ganz vorne auf der Hitliste der Jüngsten liegen. Unseren Kindern scheint es egal zu sein, was ihnen zu Ohren kommt, Hauptsache, sie sind in ihren Hängematten eingeklemmt. Und so nehmen wir sie nur noch zum Trinken heraus. Immerhin das funktioniert ganz gut, da wir sie auf gleichzeitiges Trinken trainiert haben. Dafür setzen wir uns auf den Rand des Sofas und legen ein Stillkissen um uns herum. Nun drapieren wir Baby Nummer eins auf der rechten Seite und Baby Nummer zwei auf der linken Seite, und zwar so, dass sie mit den Köpfen nach vorne zeigen (logischerweise). Und dann bekommen sie gleichzeitig jeder eine Flasche in den Mund gesteckt. So geht das alle zwei Stunden.

Der Rest der Zeit wird gefedert. Wenn sie wach sind, schmeißen wir ein paar Spielsachen in ihr Hängemattengehege, und unsere Konstruktion wird im Freundeskreis allmählich mit wohlwollenden »Ahs« und »Ohs« kommentiert. Einer unserer Freunde ist derart beeindruckt, dass er direkt ein Foto davon bei Facebook postet mit dem Text:»Elternsein für Fortgeschrittene. Die automatische Federwiege. Yeah!«

Als wir das sehen, spüren wir einen gewissen Stolz. Endlich haben wir mal was richtig gemacht! Gespannt warten wir auf unzählige Likes, doch der erste Kommentar macht alles zunichte:»An Kulturlosigkeit nicht zu überbieten. Die armen Kinder, die mit solchen Scheißeltern aufwachsen müssen. Früher wurden Kinder noch getragen. Heute schiebt man sie einfach in so ein Ding ab.«

Lektion 8: Die hängenden Labber-Luftballons

Die Wochen des Schreiens haben ihre Spuren hinterlassen: zum einen ist mein Bizeps praktischerweise durch das Sportprogramm ziemlich trainiert, zum anderen hat sich ein lila Rand unter meinen Augen breitgemacht dank des wenigen Schlafs. Überhaupt ist das Körpergefühl ein völlig anderes. Schon im Krankenhaus habe ich ja lernen müssen, dass ein »Kurz danach«-Schwangerschaftsbauch nicht viel anders aussieht als ein »Kurz davor«-Niederkunftsbauch. Ganz ehrlich: Habe ich ernsthaft gedacht, ich sähe wenige Wochen nach der Geburt so aus wie die Muttis auf Instagram oder irgendwelchen Blogs, die mit ihrem »After-Baby-Body« so aussehen, als wären sie nie schwanger gewesen, und sich in sanftrosa Licht ablichten lassen und dabei mit ihrem entzückenden Nachwuchs um die Wette strahlen?

Die Realität sieht doch etwas anders aus, zumal da ja noch die Sache mit dem Milch-Rumgesuppe ist. Nach drei Monaten als Milcherzeugerin bin ich von dem wenigen Schlaf und dem umständlichen

Abgepumpe mit dem Flaschenkram derart genervt, dass ich den großen Drang verspüre, die körpereigene Milchproduktion einzustellen. Aber schon ist da wieder das schlechte Gewissen, was mir in mein Ohr flüstert: »Du hast deine Kinder schon nicht an deine Brüste gelassen, und jetzt willst du sie schon nach drei Monaten den Produkten von profitgierigen Großkonzernen ausliefern?«

Denn das ist ja klar: Stelle ich die Produktion ein, müssen wir auf Pulvermilch umstellen, schließlich geht das mit dem Schnitzel und Burger essen – und was im Leben sonst noch so alles an Köstlichkeiten folgt – ja nicht von heute auf morgen. Aber diese Pulvermilch ist ein ganz böses Zeug, das hat uns Anja oft genug vorgebetet. Und das Pulvermilchuniversum ist kompliziert und durchtränkt von den hinterlistigen Verkaufsstrategien der Marketingabteilungen. Es gibt sämtliche Sorten, die man eigentlich gar nicht braucht, mit so merkwürdigen Namen wie HA, PRE, 1er-, 2er- und so weiter Milch. Da Peter alle möglichen Allergien hat, greifen wir zu »HA PRE«, auf keinen Fall aber, so lernen wir, dürfe man Folgemilch 2 oder 3 kaufen, weil die Großkonzerne da schon Kohlenhydrate oder gar Aromen beimischen, die den Grundstein dafür legen, dass unsere Kinder später zu dickbäuchigen Außenseiterinnen werden.

Aber natürlich wollen wir bei der Ernährung von Anfang an alles richtig machen und setzen erst mal auf das Teuerste. Wenn in diesem Eltern-Kind-Kauf-Universum etwas teuer ist, empfinden Eltern das in der Regel schon mal als sicheres Indiz für Qualität. Und für unsere Kinder wollen wir natürlich nur das Beste! Selbstverständlich kaufen wir die Flaschen für unsere Kinder ausschließlich in der Apotheke. Man denke nur an die schlimmen Gifte im Plastik der Billigflaschen! Dazu wird ein Vaporisator angeschafft. Das ist ein Teil, das in der Küche viel Platz wegnimmt und hässlich aussieht, aber tatsächlich praktischer ist als das Abkochen der Flaschen. Man drückt einfach auf einen Knopf, und sobald die Dinger keimfrei sind, piept es.

Und nun stehe ich also da — mit meinen strapazierten Brüsten — und bin ganz froh, dass da auch gar nicht mehr sooo viel rauskommt, sodass wir quasi gezwungen sind, auf das Pulverzeugs umzustellen. Aber mich plagt schon wieder das schlechte Gewissen. Ich glaube, ich hatte in meinem Leben noch nie so oft ein schlechtes Gewissen wie zurzeit. Es ist zum einen das Gefühl, versagt zu haben, weil ich es als Mutter nicht geschafft habe, richtig zu stillen, zum anderen die Tatsache, dass ich es nicht geschafft habe, die von der WHO empfohlene Stillzeit von sechs Monaten einzuhalten. Und mich beschäftigt noch eine Sache: Durch die Muttermilch sind wir so miteinander verbunden, dass sie ohne mich bisher ja gar nicht hätten überleben können! Und nun ist da dieses Stechen im Herz: als müsste ich mich von ihnen trennen. Und in gewisser Weise ist es ja auch eine erste Trennung, ein erstes Ablösen. Wenn ich mich jetzt schon so anstelle, wie soll das dann werden, wenn sie als Teenager nachts nicht nach Hause kommen oder schlimmer noch: sich mit irgendwelchen Typen durch unsere Betten wälzen?!

Bevor ich mich weiter in Gedanken über unsere Zukunft verstricke, werde ich beim Blick in den Spiegel mit der Gegenwart konfrontiert. Leider. Oder besser gesagt, ich werde mit dem konfrontiert, was mal da war und nun an mir herunterlabbert. Zwar bin ich froh, dass ich mir nicht länger die Brüste ausquetschen lassen muss, aber nun hängen auch sie an mir runter wie zwei alte Luftballons, denen die Luft ausgegangen ist. Mein Bauch bildet zusammen mit meinen Brüsten ein schlaffes Trio. Unserer Hebamme Anja berichte ich entsetzt von der Erschlaffung meines Körpers, doch sie ist sich ganz sicher: »Das gibt sich wieder. Glaub mir. Der Körper bildet sich zurück, und da kommt auch wieder was rein. Aber das braucht seine Zeit. In einem Jahr hast du deinen alten Körper wieder zurück!«

Ich frage mich, wie in diese Brüste wieder was reinsoll, wenn man nicht was reinstopft, aber gut, ich versuche, ihr mal zu vertrauen. Trotzdem macht mich der Zeitfaktor ganz wuschig. »In einem Jahr? Nee, oder?!«, antworte ich entsetzt. Die ganzen Heidi Klums und sonstigen Model-Mamas sehen alle kurz nach der Geburt aus, als hätte ihr Bauch mit dem Kinderkriegen gar nichts zu tun, und ich soll mich mit dem Labberkram abfinden?!

Andererseits habe ich mal in irgendeinem Klatschblatt gelesen, dass eines dieser Hyper-Models aus Brasilien ihr Baby extra fünf Wochen zu früh per Kaiserschnitt hat holen lassen, damit sie keine Schwangerschaftsstreifen am Bauch bekommt. Das finde ich so perfide, dass ich dann doch lieber labbere. Niemals hätte ich für einen straffen Bauch mit der Gesundheit meiner Kinder gespielt. Und unsere Hebamme Anja meint, ich müsse da nun einfach mal durch: »Mann, Eva, du hast Zwillinge auf die Welt gebracht. Was denkst du denn? Das ist hier doch kein Spaziergang!«, sagt sie belustigt.

Dennoch blicke ich nicht gerade begeistert auf meine ausgeleierten Brüste oder besser gesagt auf das, was von ihnen noch übrig ist, und ertappe mich bei dem Gedanken, ob ich nicht doch hätte einfach früher Abstillen sollen. Aber schnell ermahne ich mich innerlich und denke an die Antikörper und die Immunabwehr und verwerfe meine ganzen abtrünnigen Gedanken wieder. Ganz abgesehen davon ist es ohnehin längst zu spät dafür, und was hängt, hängt halt.

Und nun versuche ich, mir mantramäßig Sätze wie »Dafür hast du zwei gesunde Kinder zur Welt gebracht« einzureden und mich nicht weiter mit meinem Körper zu beschäftigen. Und ganz ehrlich: Im Nachhinein betrachtet, hatte Anja tatsächlich recht. Nach einem Jahr saß alles wieder mehr oder weniger an Ort und Stelle. Ganz abgesehen davon, dass es nun mal der Schwerkraft geschuldet ist, dass sich der ganze Körper mit dem Alter Richtung Boden orientiert – ganz egal, ob man Kinder auf die Welt gebracht hat oder nicht.

Und Kinder haben auf den Körper und eventuelle Eitelkeiten ohnehin einen ganz wunderbaren Effekt. Die Welt dreht sich nämlich plötzlich nicht mehr um das eigene Selbst, sondern in erster Linie um sie. Und das ist ein Geschenk. Es klingt so abgedroschen, wenn Leute sagen: »Genieß die Zeit, sie geht so schnell vorbei. Und Kinder geben einem so viel!« – aber es stimmt. Denn Kinder sind ein bisschen wie Hunde, die ihren Herrchen gefallen wollen. Selbst wenn sie bockig sind und widerspenstig, im Grunde genommen wollen sie nichts mehr, als ihren Eltern gefallen. Und spätestens wenn sie das erste Mal Sätze sagen wie »Mama, ich hab dich lieb«, löst das ein Feuerwerk an Glücksgefühlen aus.

Lektion 9: Mamma mia, ihnen schmeckt's nicht!

In fast keinem Bereich kann man bei der Aufzucht des Nachwuchses so grandios scheitern wie bei dem Thema Ernährung. Bevor wir anfangen, mit unseren Kindern wie auf dem Basar um die Anzahl von Lollis und Gummibärchen pro Tag zu feilschen, steht erst mal der Übergang von der Melkmaschinennahrung zu fester Nahrung an.

Und ehrlich gesagt, bleibt da zum Glück kaum Zeit, denn nun steht die sogenannte Beikosteinführung auf dem Programm, und das ist mindestens so kompliziert, wie es klingt.

Anja hat uns dafür schon den perfekten Plan ausgearbeitet. Und zwar mit genauen Anweisungen, wann wir welches Gemüse und wann welches Obst einführen sollen. Einführen klingt ja schon nach irgendwas zwischen Sexualkunde und Beipackzettel: »Bei der Beikosteinführung ist es ganz wichtig, dass ihr selber kocht! Und auf keinen Fall diese Gläschen, das ist wie Dosenfutter«, hören wir ihre mahnenden Worte in unseren ehrfurchtsvoll lauschenden Ohren klingen. Nach dem vierten Monat soll man anfangen mit der Beikosteinführung, da vorher der Darm noch nicht fit genug ist, um feste Nahrung zu verdauen. Wir warten extra noch einen Monat länger, weil unsere Zwillinge einen Monat zu früh auf die Welt kamen. Da wir, wie alle Eltern, für unsere Kinder natürlich nur das Beste wollen, schaffen wir uns den extra für die Baby-Beikostzubereitung entwickelten Dampfgarer für über 100 Euro an.

Und was machen unsere Zwillinge? Sie spucken ausnahmslos alles aus, was damit gekocht wurde. Nach einer Woche Möhrchen wäre es laut Plan eigentlich Zeit für das nächste Gemüse, aber in dieser einen Woche hat nicht mal ein Quadratzentimeter Möhrchen den Darm unserer Kinder durchwandert. Und während die Babys aus unserem Bekanntenkreis mit ihren von Karotten orangerot gefärbten Bäckchen alle aussehen, als kämen sie gerade vom Urlaub auf dem Bauernhof, bleiben unsere Berliner Großstadtsmog-Babys dank der Fertigmilch aus der Packung bleichgesichtig.

Nun also – nach knapp sechs Monaten des Elterndaseins – befürchten wir, dass unsere Zwillinge niemals die glückselig machende Wirkung eines Wiener Schnitzels erleben werden oder die rettende Wirkung eines scharfen Döners nach einer durchzechten Partynacht, weil sie ihr Leben lang nichts anderes zu sich nehmen werden als weißes Milchpulver, aufgelöst in lauwarmem Wasser.

Seit Wochen springen uns beim Einkaufen die verheißungsvoll klingenden Menüs der Gläschenhersteller in die Augen, und mal ehrlich: Klingt »Gemüsereis mit Bio-Hühnchen« oder »Mais mit Kartoffelpüree und Bio-Pute« nicht eindeutig verlockender als diese schnöde, ungewürzte Möhrenpampe, die wir ihnen seit Wochen irgendwie in den Mund zu schieben versuchen? Ganz abgesehen davon gibt es sogar eines unserer Lieblingsessen von nahezu allen Anbietern – schon ab dem vierten Monat: Spaghetti Bolognese!

Allerdings trauen wir uns nicht, unseren guten Vorsätzen in den Arsch zu treten, und nun steht erst mal der 70. Geburtstag von Tante Ingrid bevor. Da können wir natürlich auf keinen Fall mit Fertiggläschen anrücken, sondern wollen als Vorzeigeeltern mal richtig zeigen, was unsere Möhrenpampe kann. Extra zu diesem festlichen Anlass haben wir den Mädchen blütenweiße Kleidchen samt zartroséfarbener Kaschmirjäckchen und den dazu passenden Strumpfhosen gekauft. Einmal aussehen wie die Kinder aus dem »Modernen Lifestyle-Magazin für die Familie« und nicht wie die Flodders! Normalerweise kaufen wir ausschließlich gemusterte Kleidung, weil man darauf die Flecken nicht so sieht.

Schon auf der Anreise überlegen wir, ob wir aufgrund mehrerer synchroner, unerfindlicher Schreiattacken vielleicht einfach wieder umkehren sollten, und sind schon nervlich angeschlagen, als wir den Landgasthof irgendwo zwischen Darmstadt und Wixhausen erreichen. Immerhin blühen wir beim Passieren des Ortsschilds wieder ein bisschen auf. Ich frage mich, wer zur Hölle auf die Idee kommt, einen Ort »Wix«hausen zu nennen? Und »Darm«stadt klingt auch nicht bedeutend attraktiver. In Bayern gibt es tatsächlich Orte, die Ficker, Kitzler oder Tittenkofen heißen. Und die liegen gar nicht mal weit auseinander.

Als wir endlich auf dem Parkplatz des Restaurants ankommen, macht sich von hinten auch schon wieder ein lauter werdendes Brüllen im Auto breit. Aber wir vertrauen darauf, dass alles gut wird. Auf diese Zwillinge muss doch einmal Verlass sein! Wie die Engelchen sehen sie aus in ihren frisch gestärkten Kleidchen, als wir sie auf dem Arm über die Schwelle des Restaurants tragen. Voller Stolz packen wir pünktlich zum ersten Gang unseren mitgebrachten, selbst dampfgegarten und liebevoll in Minitupperware abgefüllten Möhrenbrei aus und würden gern der gesamten Tafel mitteilen, wie wichtig es ist, dass Babys auf keinen Fall Konservenessen, sondern Selbstgekochtes − ohne Geschmacksverstärker, alles bio! − vorgesetzt bekommen, und wie gerne wir stundenlang in der Küche stehen, statt einfach ins Supermarktregal zu greifen. Wir verkneifen uns nur deshalb unseren Kommentar, weil wir ja nicht so oberlehrerhaft-missionarisch daherkommen wollen.

Als wir gerade hochmotiviert parallel ansetzen, unseren beiden Babys die Löffel mit Möhrenmatsche in den Mund zu schieben, passiert ein kleines Wunder. Statt den Mund − wie sonst immer − zuzupressen, machen sie ihn brav auf und lassen sich das Möhrengemüse reinschieben. Wir gucken uns halb verzückt und halb verwundert an und wollen gerade in einen Jubelapplaus ausbrechen, als sich die Situation doch noch wendet. Beide Babys spucken wasserpistolenähnlich ihren Möhrenbrei in hohem Bogen raus, der in einem fetten Flatscher auf Gesicht und Kragen des blütenweißen Hemds von Onkel Klaus landet. Für einen Moment scheint der Raum zu erstarren. Onkel Klaus ist ein sehr konservativer Mann. Peter und ich werfen uns einen entsetzten Blick zu und schütteln resigniert die Köpfe. Gleich wird Onkel Klaus lospoltern und sich darüber aufregen, dass wir unsere Kinder nicht im Griff hätten. Aber stattdessen wischt er sich den Möhrensabber mit der Haltung eines Generals aus dem Auge, und die gesamte Gesellschaft fängt laut an zu lachen. Seitdem gibt es bei uns Spaghetti Bolognese aus dem Gläschen. Und zwar dreimal am Tag.

Im Allgemeinen ist dieses ganze Essensthema bei Kindern natürlich ein extrem heißes Eisen, und wie heißt es so schön?! Nichts wird so heiß gegessen, wie es gekocht wird! Was haben wir uns verrückt gemacht über unsere Unfähigkeit, den Kindern unser selbst zubereitetes Essen schmackhaft zu machen! Dabei hätten wir uns viele Nerven sparen können, denn natürlich ist auch die »Spaghetti-Bolognese-im-Gläschen-Sucht« nur eine Phase.

In einer etwas späteren Phase gehen Eltern gelegentlich dazu über, einen Wettbewerb um das am schönsten drapierte Essen auszutragen. Denn neben der Anzahl der besuchten frühkindlichen Förderungskurse besteht vor allem unter Müttern ein Konkurrenzkampf, wer seinen Kindern das gesündeste Essen in der größtmöglichen Dekorationskunst darbietet. Ganz wichtig ist, dass man das dann auch bei Instagram und Co. postet, denn was bringt das Dasein als Super-Mutti, wenn es niemand erfährt?! Und so stehe auch ich in der Küche und fange an, mit Backausstechern Sternchen aus Toast und Käse auszustechen und diese dann in das jeweils andere Loch zu stopfen. Wir haben ein Buch geschenkt bekommen, in dem gleich ganze Kunstwerke zum Abendbrot und Frühstück für die Kinder aus Gemüse, Obst und sonstigem Essbaren nachgelegt werden. Da ist von Chagall bis van Gogh alles dabei.

Wir probieren uns aktuell in Gesichtern. Da wird mit einem Glas eine runde Form aus einem Toastbrot ausgestochen, und dann werden Augen aus Beeren und Haare aus Gurkenstreifen gelegt. Es ist ja überhaupt der Wahnsinn, was wir Eltern heute alles machen, um der Brut irgendeinen Gemüsestängel in den Rachen zu schieben. Ich erinnere mich noch sehr genau an die Pausenbrote, die ich früher bekommen habe: Meistens waren es schon etwas ältere Graubrotscheiben mit zu viel Butter in der Mitte und einer leicht ranzigen Salami drauf. Manchmal gab es auch diese dünnen Schokoladenblättchen als Belag. Und dann hat das Ganze stets nach dem Rasierwasser meines Vaters geschmeckt, weil er sich immer vor dem Broteschmieren eine Ladung »Old Spice« oder »Cool Water« mit beiden Händen aufs Gesicht geklatscht hat. Das Brot wurde dann einfach in eine Butterbrottüte gesteckt – fertig!

Das dürfte den ganzen Ernährungs- und Elterncoachs von heute sauer aufstoßen. Die Butterbrottüte von damals nennt sich heute »Lunchbox« und sollte zurechtgeschnitzte Radieschen in Rosenform enthalten oder wenigstens ausgestochenes Obst in Sternchenform. Da kann man nur froh sein, wenn die mühevoll hergestellten Kunstwerke nicht beim nächsten Wutanfall vom Tisch gefegt werden.

Ich könnte jetzt der guten alten Zeit hinterhertrauern und anführen, dass auch ohne Sternchenobst aus mir jemand geworden ist, der sich zumindest bemüht, halbwegs gesund zu essen. Aber ehrlich gesagt, gibt es uns natürlich ein beruhigendes Gefühl, sobald wir es geschafft haben, den Kindern irgendetwas Gesundes unterzujubeln. Das erzeugt jedes Mal ein bisschen das Gefühl des Erfolgs von früher, wenn man von der Klassenlehrerin eine Klassenarbeit mit einer guten Note zurückbekam.

Wir sind zum Beispiel sehr dankbar für die Erfindung des Spiralschneiders. Das ist dieses Ding, mit dem man auch aus Zucchini oder Karotten Spaghetti herstellen kann. Das Teil gibt es schon für unter 20 Euro zu kaufen, und mit dieser kleinen Wunderwaffe können wir unsere Kinder überlisten: Denn unglaublicherweise essen sie diese Art von Spaghetti tatsächlich gern. Sogar roh! Sie nennen sie »Schlangenmöhren«. Und wenn wir einzelne Möhrenstücke auf ein Holzstäbchen spießen und behaupten, das seien »Möhrenlollis«, kommt das verrückterweise auch an. Aber natürlich müssen es zwischendrin auch mal »echte« Lollis sein.

Übrigens gab es bei mir als Kind eine Süßigkeitenschublade, in der so viel drin war, dass es teilweise schon alt wurde. Ich bin der festen Überzeugung, dass ich deshalb heute noch nicht sehr viel Wert auf Süßes lege. Und deshalb fliegt bei uns auch oft Süßes rum. Was allerdings auch daran liegt, dass wir nebenbei noch zwei Fachgeschäfte für Gummibärchen betreiben. Eine klassische Konversation ist mittlerweile:

Kinder: »Wir wollen MEHR Gummibärchen!«

Eltern: »Nein, jetzt hattet ihr doch schon genug!«

Kinder: »Nur halten!«

Eltern: »Okay! Aber wirklich nur halten!«

Und dann passiert es, dass sie sich einen Gummibärchenvorrat anlegen und die Dinger in irgendwelchen Behältern durch die Gegend tragen. Und sie essen sie tatsächlich nicht! Ganz im Gegenteil: Nach ein paar Tagen oder sogar schon Stunden ist das Fruchtgummizeug schon wieder uninteressant geworden, und man kann es irgendwann unauffällig in den Schrank zurückräumen. Auch beim Thema essen lernen wir: Tricksen hilft!

Lektion 10:
Ich will nie wieder zurück nach Westerland

Nirgendwo schmeckt das Essen so gut wie im Urlaub. Vor allem, wenn man nicht kochen muss. Überhaupt klingt das Wort Urlaub sehr verheißungsvoll. Endlich raus aus dem Trott, den Kopf frei kriegen von Job und Alltag, am Meer liegen, lesen, abhängen, essen und die Laken zerwühlen. Das Kuriose ist, dass das, was früher (also ohne Kinder) Urlaub war, sich mit Kindern ins Gegenteil von Urlaub umkehrt, denn allein das Packen nimmt Dimensionen eines Umzugs an. Bei unserer ersten Reise haben wir vor allem bei der Wahl der Unterkunft einen ganz entscheidenden Fehler gemacht, der den ganzen Urlaub quasi zum Scheitern verurteilte.

Es ist Samstag, die Zwillinge sind knapp neun Monate alt, und wir freuen uns seit Wochen auf unsere erste große Reise. Wir wollen mit dem Auto nach Sylt. Schon länger stelle ich mir vor, wie die Kleinen in maritim blau-weiß gestreiften Jäckchen fröhlich im Sand buddeln, während Mama und Papa ebenso maritim gekleidet mit einem Glas Prosecco daneben im Strandkorb sitzen und sich an ihrer perfekten Familie erfreuen. Maritim ist momentan allerdings nur die Farbe unserer Augenringe, während wir gehetzt versuchen, unser Gepäck noch irgendwie in den Kofferraum zu stopfen.

Peter schwitzt und stöhnt: »Es passt nicht. Wir haben nicht mal die Hälfte drin, und der Kinderwagen muss auch noch rein. Ich muss noch mal los und eine Dachbox kaufen.«

»WAS? Das kostet uns locker zwei Stunden!«, entgegne ich entsetzt. »Außerdem sind diese Boxen auf der Autobahn total nervig. Die sind voll laut durch den Fahrtwind, und das Auto liegt damit ganz schlecht auf der Straße«, nörgle ich rum und versuche, auf diese Weise vor allem noch irgendwie zu verhindern, dass wir mit so einem ultrahässlichen Sarg auf dem Dach über die Nobel-Insel Sylt fahren.

Aber die Box muss angeschafft werden, da wir weder unsere Jahresration an Windeln zu Hause lassen WOLLEN noch den Zwillingskinderwagen zu Hause lassen KÖNNEN. Wir einigen uns darauf, dass Peter die billigste Box (circa 150 Euro) kauft, die er kriegen kann, und dass wir uns beim nächsten Packen mehr disziplinieren.

Mit Wehmut denke ich an die Zeit zurück, als ich für drei Tage mindestens fünf paar Schuhe eingepackt habe. Nun lautet die Devise: so sparsam wie möglich und statt Koffer nur noch Taschen packen. Denn Koffer sind sperrig und nehmen zu viel Platz weg. Taschen bekommt man immer irgendwie unter. Im Zweifel lässt sich auch noch was in den Fußraum der Rücksitze stopfen, also um die Zwillinge drumrum, schließlich haben sie ja noch keine langen Beine, die sich daran stören könnten. Hauptsache, die Nasen sind nicht zugestapelt und die Kinder haben Luft zum Atmen.

Als vorbildliche Eltern wollten wir eigentlich die Zeit des Vormittagsschlafs abpassen zum Losfahren, damit sie möglichst lange schlafen, aber durch unsere Dachboxenaktion verschiebt sich nun alles um zwei Stunden nach hinten. Natürlich schlafen sie völlig übermüdet auf dem Sofa ein und werden genau in dem Moment wach, als wir versuchen, sie behutsam in ihre Babyschalen umzutopfen. Da sie nun völlig unausgeschlafen sind, ist das Doppelgeschrei enorm, und ich entscheide mich, hinten im Auto zwischen ihnen Platz zu nehmen. Wir müssen also wieder das Gepäck umräumen und nun den Vordersitz vollstapeln, sodass ich mich hinten in die Mitte quetschen kann. Was das für ein Bild sein muss! Papa sitzt vorne und fährt, und Mutti beugt sich abwechselnd zu dem schreienden Kind zu ihrer linken Seite und zu dem plärrenden Bündel zu ihrer rechten Seite und versucht, mit »Sssscccchhhh«-Lauten die Situation wieder unter Kontrolle zu bringen. Bei diesem Anblick hätte mein kinderloses früheres Ich verächtlich mit dem Kopf geschüttelt: Wie kann man sich von zwei neun Monate alten Babys derart auf der Nase herumtanzen lassen? Da steckt man ihnen einfach einen Schnulli in den Mund und setzt sich natürlich vorne hin und nicht hinten wie so eine arme Glucke. Kein Wunder, dass die Kinder völlig verzogen werden!

In der Theorie ist das alles immer so einfach. In der Praxis steuern wir nach einer Stunde Dauergebrüll einen Rastplatz an. Sie sind endlich eingeschlafen, und ich klettere bei laufendem Motor (bloß keine Geräuschveränderung herbeiführen, damit sie nur ja nicht aufwachen) von der Rückbank über die Mittelkonsole nach vorne. Wir wollen vermeiden, die Autotür aufzumachen, denn auch das könnte unsere kostbare Fracht irritieren. Wir müssen unbedingt verhindern, dass sie in den nächsten zwei Stunden aufwachen, und dafür muss Mutti sich eben auch mal ein bisschen verrenken.

Wir sind noch nicht auf der Höhe von Hamburg, da zieht ein verdächtiger Geruch durchs Auto. »Warum machen die eigentlich immer genau dann, wenn man es überhaupt nicht gebrauchen kann?«, frage ich eher rhetorisch. Meistens haben sie genau dann die Hose mit »groß« voll, wenn man es nach Stunden des Loskommenwollens endlich aus der Haustür geschafft hat. Schrecklich, diese Kacka-Geschichten. Sie gehören zum Elternsein dazu wie der Streit bei lange verheirateten Ehepaaren. Dieser ganze Fäkalkram geht uns so was von auf die Nerven. Es gibt ja Paare, die verbringen morgens die Zeit gemeinsam im Bad. Heißt: Die eine hockt auf dem Klo, während sich der andere die Zähne putzt und umgekehrt. Absolut unvorstellbar!

Nun hat also eines unserer Kinder die Windeln voll, und wir wollen es zum Wickeln nicht wecken. Die Alternative wird sein, dass es einfach nachher schreit, denn auf einen zu lange nicht gewickelten Hintern folgt ein wunder Po. Aber bis zum nächsten Geschrei genießen wir die ruhigen Minuten.

Kurz vor Niebüll geht das Gebrüll wieder los. In Niebüll sind wir fast am Ziel. Denn dort fährt in 20 Minuten der nächste Autozug, der uns auf die Insel bringt. Aber schaffen wir es rechtzeitig dorthin, oder werden wir ihn verpassen? Wir müssen noch mal auf einen Rastplatz fahren, um Lilly zu wickeln und den Gestank aus dem Auto zu vertreiben. Aber es ist weit und breit weder ein Rastplatz noch eine Tankstelle in Sicht. Zum Glück sehen wir ein Schild, das zu einem Autohof führt. Bei diesen Autohöfen hat man ja grundsätzlich das Gefühl, kostbare Reisezeit zu verschenken, weil es immer ewig dauert, bis man die Dinger von der Autobahn aus angefahren hat.

Schon von Weitem sehen wir die Reklame für eine Burgerkette in die Luft ragen, daneben die riesengroße Tankstelle und wiederum daneben eine Autowaschanlage. Wir halten zunächst in einer der Parkbuchten. Da ich mich vor Rastplatztoiletten ekele, entscheide ich mich dafür, das stinkende Kind auf dem Rücksitz zu wickeln. Eine Freundin von mir hat eine derart ausgeprägte Phobie vor öffentlichen Toiletten, dass sie ihre vierjährige Tochter bei Autofahrten lieber ins Auto pinkeln lässt, als eine öffentliche Toilette aufzusuchen.

Ganz so weit ist es bei uns noch nicht, aber trotzdem bin ich mittlerweile Profi im Wickeln auf der Rückbank. Also zwänge ich mich wieder hinten zwischen die beiden Kinder, die inzwischen wenigstens wieder aufgehört haben zu brüllen und irgendwelche unverständlichen Laute von sich geben. Ich nehme Lilly aus der Babyschale heraus und lege sie mir ausgestreckt auf die Beine. Sie guckt mich munter an. Das Wickeln auf den Knien funktioniert überraschend gut. Ich schaffe es sogar, die Windel mit den Exkrementen zu entfernen, ohne dass die ganze Scheiße herausfällt und sich im Auto verteilt. Der Gestank ist allerdings wirklich übel. Dass solche kleinen unschuldigen Wesen dermaßen stinken können, ist immer wieder unglaublich.

Ein Blick auf die Uhr verrät uns, dass der Autozug inzwischen ohne uns abgefahren ist. Da der nächste erst wieder in gut einer Stunde fährt, kommen wir auf die – im Nachhinein sehr schlechte – Idee, mit den Kleinen durch die Waschanlage zu fahren. Wir fanden es nämlich beide als Kinder immer sehr aufregend, durch die tosenden Riesenbürsten zu fahren und den Schaum an den Scheiben herunterlaufen zu sehen, ohne dabei nass zu werden. Der Lärm, das Rauschen und die schaumigen Wassermassen hatten etwas Gemütliches, wenn man in seiner Autohöhle hindurchbugsiert wurde. Wir denken: Was uns gefallen hat, wird wohl auch unseren Kindern einen großen Spaß bereiten. Was dann folgt, gleicht allerdings eher einem Psychofilm. Kaum trifft der erste Strahl unsere Autofenster, kreischt Lilly hysterisch los. Und es ist nicht einfach das typische Babygebrüll. Luisa stimmt augenblicklich mit ein. So ein Waschgang dauert bekanntlich mehrere Minuten, und es gibt kein Zurück mehr. Wir reißen unsere vor Todesangst jaulenden Babys aus ihren Schalen und versuchen, sie irgendwie zu beruhigen: »Plitsch platsch, guck mal, wir sind in einer Autowaschanlage! Das Wasser kommt doch gaaar nicht hier rein!«, versuche ich mit lautem Singsang zu vermitteln.

Und Peter stimmt ein: »Das ist lustig, Kinder! Jetzt wird unser Auto gaaaanz sauber!«

Aber unsere Worte dringen gar nicht bis zu ihnen durch. Mit weit aufgerissenen Augen krallen sie sich an uns fest und schreien um ihr Leben. Luisa hängt sich an meinen Hals wie eine Würgeschlange und zittert von Kopf bis Fuß. Lilly schreit immer hysterischer und ringt verzweifelt nach Luft. Wir sind völlig entsetzt und reden weiter wild auf unsere Babys ein. Doch es hilft nichts. Die Minuten ziehen sich wie Stunden, und wir befürchten, dass sie uns gleich beide kollabieren. Als endlich das riesige Föhnteil auf unserer Motorhaube andockt und die Tropfen vom Auto fegt, sind die Zwillinge immer noch gellend am Schreien. Als wären sie plötzlich vom Teufel besessen, kreischen und krallen sie und schlagen gleichzeitig wild um sich.

Als wir endlich herausfahren dürfen, bräuchten wir dringend einen Schnaps. Aber es hilft ja nichts. Da wir nicht im Auto übernachten wollen, fahren wir weiter in Richtung des Sylt Autoshuttle und singen in Dauerschleife dieses Kinderlied »Aramsamsam«. Wer denkt sich eigentlich so einen »Text« aus? Aber wahrscheinlich hat es irgendwas pädagogisch Wertvolles und fördert die Sprachentwicklung. Um die letzten Kilometer ohne größere Schreiattacken zu überstehen, singen wir lauthals wie in einer Karaoke-Bar mit: »Aramsamsam Aramsamsam gulli gulli gulli gulli gulli ramsamsam.« Aber am Ende helfen nur noch unsere Handys mit den Teletubbies. Und wieder tun wir etwas, von dem unser früheres, kinderloses Ich maximal entsetzt wäre: Damit auch ja jede ihren eigenen Bildschirm hat, verdrehe ich meinen Körper Richtung Rückbank, halte Peters Handy rechts und meins in der linken Hand und mache ihnen gleichzeitig eine Folge von Tinky-Winky, Dipsy, Laa-Laa und Po an. Und in dieser Stellung mitsamt verdrehtem Oberkörper und vom Halten lahm werdenden Armen harre ich aus, damit die Kinder bloß nicht wieder anfangen zu schreien.

Früher hätte ich gesagt: »Wie bitte? Wie kann eine Mutter ihre neun Monate alten Babys mit dem Handybildschirm ruhigstellen? Das geht doch nicht! Und dann auch noch diese Verrenkungen?«

Und sicherlich sind Psychologen entsetzt, dass wir unseren neun Monate alten Kindern schon das Handy unter die Nase halten. Aber ehrlich gesagt, haben wir gerade die Wahl zwischen doppeltem Dauerschreien oder einem zufriedenen Synchronglucksen, und da entscheiden wir uns doch für Zweiteres – Hauptsache, wir haben unsere Ruhe! Und es funktioniert tatsächlich. Glücklich über diesen Etappensieg werfen wir uns verschwörerische Blicke zu.

Im Ferienappartement angekommen, geht der Spaß erst richtig los. Wir dachten, wir sind ganz schlau und buchen ein Appartement in der Innenstadt von Westerland, damit wir sämtliche Restaurants um uns herum haben und schnellstens erreichen können. Unser Plan war, dass wir mit unserer Babyphone-App die Kinder abends, wenn sie schlafen, alleine lassen und uns wenigstens zwei Stunden diesem Babyuniversum entziehen können. Das Appartement ist sehr schön eingerichtet – man könnte sagen im »modern-maritimen Stil«. Es ist zwar nur 45 Quadratmeter groß, aber alles ist hell und offen. Wir stolpern durch die Eingangstür und blicken direkt rechts auf eine kleine Küchenzeile. Vor uns liegt der offene Wohn- und Essbereich mit einem bodentiefen Fenster und einem kleinen Balkon. Wir blicken statt auf Meer zwar auf andere Häuser, aber die umherfliegenden Möwen erinnern uns ständig daran, dass das Meer nicht weit weg sein kann. Eine Wendeltreppe führt in den Schlafbereich. In den Raum passt gerade mal das Doppelbett für uns, und daneben stehen zwei kleine Reise-Kinderbettchen. Daran angrenzend liegt das winzige Bad. Es ist zwar alles klein und eng, aber saniert mit

Laminatboden. An den Wänden hängen Bilder von Leuchttürmen und sonstigem hanseatischen Zeugs. Im Wohnbereich liegt ein Kuhfell auf dem Boden, und Kissen mit großen Sternen zieren das Sofa. Alles ist in Sandfarben, Blau und gedämpftem Rot gehalten, aber das Wichtigste ist, dass die Wohnung so zentral liegt. Wir haben nur leider nicht bedacht, dass um uns herum, Wand an Wand sozusagen, ja noch andere Menschen ihren Urlaub verbringen möchten. Und worauf freuen sich Urlaubshungrige am meisten, wenn sie endlich am Ziel sind? Genau: ausschlafen, faulenzen und einfach mal NICHTS tun. Und was machen kleine Babys am liebsten? Genau: auf keinen Fall ausschlafen und alles andere als ruhig sein.

Schon beschleicht uns ein ungutes Gefühl: Schließlich wollen wir noch Tante und Onkel Vossi treffen. Und wenigstens vor ihren Pateneltern sollen sie sich benehmen. Ist das denn zu viel verlangt?!

Auf irgendeiner dieser Ratgeberseiten im Internet habe ich gelesen, dass im elften Monat erste Wutanfälle auftreten können. Und ich frage mich, warum unsere Töchter genau zwei Monate früher damit anfangen und dann auch noch genau den Zeitpunkt des Urlaubs wählen, um mit ihren Wutanfällen zu starten!? Die eine weckt mit ihrem undefinierbaren Gebrüll die andere, und wir können es nicht fassen: »Wie viel Uhr ist es?«, frage ich halb schlafend Peter.

»Oh Gott! 4 Uhr 30!«, antwortet er entsetzt.

»Wie bitte?« Mir wird in dieser Sekunde ganz schummerig. Zu Hause schaffen wir wenigstens bis 6 Uhr, aber 4 Uhr 30 Urlaubsaufstehenszeit bedeutet, dass einem den ganzen Tag schlecht ist vor Müdigkeit.

Schnell springe ich auf und mache zwei Flaschen fertig. Ich halte sie gleichzeitig in die Babybettchen und erwarte ein zufriedenes Nuckeln und einkehrende Stille, aber meine Hände werden nur rüde beiseitegeschlagen, und das Schreien geht ungebremst weiter. Ich bin entsetzt über diese Dreistigkeit. In diesen ganzen Ratgebern steht immer so was nach dem Motto »Machen Sie sich keine Vorwürfe, wenn Ihr Baby schreit, bla bla«. Entschuldigung! ICH soll MIR keine Vorwürfe machen? Warum sollte ich mir Vorwürfe machen? DIE sollen SICH mal bitte Vorwürfe machen! Das hier ist unser Urlaub, und was fällt diesen Rotzgören eigentlich ein, hier mitten in der Nacht ganz Westerland zusammenzubrüllen? Peter und ich gucken uns an, und wir tun uns einfach nur leid. Er fährt im Bett hoch und ruft: »So geht das nicht. Ehe sie alle aufwecken und sich die Leute noch über uns beschweren, gehe ich jetzt mit denen spazieren.«

Das macht mich noch viel rasender: »Wie bitte? Du kannst doch jetzt nicht mit denen rausgehen? Das sind nun mal Babys, und die schreien halt gelegentlich! Lass sie doch!«

»Eva, wirklich nicht! Ich habe jetzt keine ruhige Minute mehr. Ich MUSS jetzt hier raus mit denen.«

Jetzt kippt auch noch die Stimmung zwischen uns.

»Du bist schon wie meine Mutter«, höre ich mich sagen. »Die denkt auch die ganze Zeit darüber nach, was die Nachbarn denken könnten.«

Aber es hilft nichts. Leicht in Panik zieht Peter Lilly aus ihrem Bettchen, und ich hüpfe zu Luisa, damit er sich unterstützt fühlt. Schnell Jacken und Mützen drüberziehen, und schon ist er aus der Tür. Typisch syltmäßig fängt es an zu regnen. Keine fünf Minuten vergehen, und ich greife schuldbewusst zum Telefon: »Peeeeter, es tut mir so leid! Du musst doch nicht jetzt da draußen im Sturm rumlaufen!«

»Doch, das muss ich! Ich gehe jetzt Brötchen holen!«

Gerne möchte ich ihm sagen, dass um fünf Uhr garantiert noch keine Bäckerei offen hat, aber da hat er schon aufgelegt. Während ich vor lauter schlechtem Gewissen nicht mehr einschlafen kann, rennt Peter mit den schreienden Babys noch anderthalb Stunden in Westerland City rum, bis die erste Bäckerei öffnet.

Als sie endlich wieder zurückkehren, lachen sie mich an mit ihren von der Seeluft geröteten Pausbacken. Nun freuen wir uns auf ein Familienfrühstück. Wie in der Werbung soll es sein. Die zwei Kleinen sitzen brav in ihren Kinderstühlchen am Tisch und erfreuen sich an ihren frischen Croissants, während Mama und Papa entspannt an ihrem frisch gebrühten Bohnenkaffee nippen. Die Ferienwohnung verfügt über zwei Plastikhochstühlchen von IKEA. An diesen Stühlchen hängen ein paar Gurte, um die Kinder festzuschnallen. Wir halten das aber für übertriebenen Helikopter-Eltern-Quatsch und setzen sie einfach so auf die kleinen Hochsitze. Diese Anschnallerei ist außerdem viel zu umständlich und die Kinder sehr ... äh propper, sodass die Gurte eh spannen. Wir sind der festen Überzeugung, dass ein Herausfallen unmöglich ist. Während Peter das Besteck aus einer Schublade der Küchenzeile kramt, beuge ich mich runter zum Kühlschrank, um die Erdbeermarmelade und die Joghurtgläschen für die Babys rauszuholen. In dem Moment hören wir einen dumpfen Knall, gefolgt von einem durchdringenden Geschrei. Zum Glück beträgt der Abstand zwischen Küchenzeile und Tisch nur ungefähr drei Meter. Luisa ist tatsächlich aus dem Hochstuhl geplumpst. Wir gucken uns an und brüllen entsetzt auf.

Peter reißt Luisa vom Boden hoch, und wir reden pausenlos auf sie ein, um sie zu beruhigen, während Lilly uns aus ihrem Hochstuhl dabei beobachtet. Und dabei übrigens nicht angeschnallt ist.

Als sich Luisa endlich wieder etwas beruhigt, fragen wir uns, ob wir nun ins Krankenhaus fahren sollten. Aber da sie weder kotzt noch ihr Kopf irgendwie anschwillt, entscheiden wir uns dagegen.

Ich greife zum Telefon und rufe meine Mutter an. Und natürlich hat sie eine Erklärung parat: »Das hätte ich euch gleich sagen können. Die Kinder fühlen sich nicht wohl! Das ist das Reizklima! Das ist doch bekannt, dass man mit Babys nicht an die Nordsee fährt!«

Ich bin kurz vorm Amoklaufen. Ich dachte immer, Meeresluft sei gesund. Ungläubig gebe ich »Sylt Baby Reizklima« bei Google ein und erhalte sofort den passenden Eintrag: »Hebamme warnt vor Urlaub auf Sylt.« Na toll! Beim genauen Durchlesen stellt sich aber heraus, dass sich der Foreneintrag auf Schwangere, die durch das Reizklima wohl Fehlgeburten oder Frühgeburten erleiden können, bezieht.

Unsere Kinder sind allerdings tatsächlich so unentspannt wie nie zuvor. Wir schaffen es, uns während der zwei Wochen von 4:30 Uhr Aufstehenszeit auf 4:50 Uhr hochzuarbeiten. Aber mehr ist nicht drin. Wären wir nur in Berlin geblieben! Während dort bei 25 Grad die Sonne scheint, sitzen wir bei 18 Grad im Regen. Und dazu noch das Reizklima!

Einzig unser Plan mit der Zweisamkeit beim Abendessen geht einigermaßen auf. Sobald die Kinder schlafen, schmeißen wir unsere Babyphone-App an und schleichen uns aus dem Haus. Klar, diverse Male schlägt das Ding Alarm, und wir sprinten abwechselnd zurück in die Ferienwohnung, um festzustellen, dass nicht unsere Kinder schreien, sondern nur die Möwen vor dem Fenster. Kein Scherz! Aber trotzdem bringt uns die Zweisamkeit am Abend ein Stück weit wieder nach vorne. Wir freuen uns jeden Tag über das kleine Zeitfenster, das wir nur für uns haben. So schaffen wir es sogar, länger als zwei Minuten am Stück am Meer zu sitzen. Und wir entdecken übrigens ein neues Lieblingsessen. Sylter Pannfisch. Das sind verschiedene Fischsorten in Senfsoße, serviert in einer Pfanne. Warum die Sylter in ihren Speisekarten bei dem Wort »Pannfisch« auf das »f« verzichten, bleibt uns ein Rätsel. Wie so vieles, was mit Kindern und deren Erziehung zu tun hat. Am Ende unseres zweiwöchigen Aufenthalts sind wir auf jeden Fall vom frühen Aufstehen und der nervlichen Anspannung, was die Nachbarn angeht, so was von fertig, dass wir nur noch eins wollen: endlich Urlaub!

Lektion 11: Urlaub auf der Arbeit

Eltern, die zwei Kinder in unterschiedlichem Alter haben, sagen immer, dass vieles beim zweiten Kind entspannter wird. Mit Zwillingen kennt man so was nicht. Man hat zwei Kinder, aber keinerlei Erfahrungswerte. Die Chance, mit seinen Entscheidungen danebenzuliegen, ist also fair auf beide Kinder verteilt. Bei Krankheiten ist es besonders extrem. Als unsere Kinder zum ersten Mal gehustet, gekotzt oder aus der Nase geblutet haben, waren wir mit den Nerven völlig am Ende. Denkt man anfangs noch bei jedem Kratzer: Oh Gott, sie hatten doch ihr ganzes Leben noch vor sich, wandelt sich das irgendwann bis hin zu einem gleichgültigen: Das ist völlig normal.

Jetzt wissen wir, dass für hustende Kinder und Winterreifen quasi die gleiche Regel gilt: von Oktober bis Ostern. Spätestens wenn man in diesem Zeitraum mal in einer Kita war, ist ein hustendes Kind quasi so was wie ein klapperndes Schutzblech – nervt zwar, aber irgendwann hört man das gar nicht mehr. Und wir wissen auch, dass Kinder ständig irgendwo runterfallen, hängen bleiben oder sich den Kopf stoßen. Schnell haben wir von erfahrenen Eltern gelernt, dass man nicht am Geschrei erkennt, ob es etwas Ernsthaftes ist, sondern daran, ob Blut fließt.

Aber bis wir so entspannt mit den »Auas« unserer Kinder umgehen konnten, mussten wir noch einige denkwürdige Momente erleben.

Unsere Kinder sind elf Monate alt, als ich einen Fehler mache, der mich nervlich garantiert fünf Jahre meines Lebens gekostet hat. Lilly und Luisa sind gerade etwas erkältet, und ich bin zunächst froh, dass ich vor ihren triefenden Nasen davonlaufen kann, und freue mich auf ein paar erholsame Tage, in denen ich »nur« arbeite. Und die Rotznasen sind sehr weit weg, denn ich arbeite in Köln, und wir leben in Berlin.

Und nun steht also wieder einer meiner Arbeitseinsätze bevor, und ich packe vorfreudig meinen kleinen Koffer für die anstehenden drei Tage in Köln. Es ist Sonntagnachmittag, und ich höre, während ich Pullis zusammenfalte und einen Rock einpacke, aus dem Nebenzimmer ein leichtes Husten von der einen Tochter, gefolgt von einem Hatschi der anderen Tochter.

»Oh je, ich glaube, die Kinder werden krank!«, schiebt Peter mit belegter Stimme hinterher.

»Ach was, das ist bestimmt nur ein Schnupfen«, versuche ich, ihn abzuwimmeln.

»Wenn die Kinder krank werden, dann schaffe ich das nicht allein. Dann musst du dableiben«, fährt er tonlos fort.

Sofort wird mir übel, und ein Film fährt vor meinem inneren Auge ab, wie ich meinen Chef jetzt anrufen muss, um ihm am Sonntagnachmittag mitzuteilen, dass ich heute Nacht nicht zur Arbeit kommen kann. Denn mein Dienstbeginn fürs Frühstücksfernsehen ist nachts um drei Uhr, und die Begeisterung über eine Krankmeldung dürfte sich in Grenzen halten.

»Sorry, aber ich sage doch nicht die Arbeit ab, nur weil die mal kurz husten?«, sage ich, mittlerweile schon leicht genervt.

Irgendwie schaffe ich es, das Haus zu verlassen, und mache mich auf den Weg zum Flughafen. Es ist ein befreiendes Gefühl, ohne das ganze »Kinderwagen und Co.«-Equipment loszuziehen, und ich trage sogar hohe Schuhe, was im Alltag mit Kindern für mich unmöglich ist. Auf High Heels noch ein Kind auf dem Arm durch die Straßen zu balancieren (am besten noch über Kopfsteinpflaster) schaffen nur Frauen wie Victoria Beckham. Aber in irgendeinem Klatschblatt habe ich mal gelesen, sie würde sich Botox in die Füße spritzen lassen, damit sie den Schmerz nicht spürt. Ganz abgesehen davon, hat sie wahrscheinlich ohnehin immer eine Entourage hinter sich herdackeln, die im Zweifel Kind UND Schuhe übernehmen.

Als ich am Flughafen ankomme, fangen meine Füße schon ohne ein Kind auf dem Arm an wehzutun, und ich frage mich, wie Frauen es überhaupt schaffen, in High Heels vorwärtszukommen. Also ich kriege es jedenfalls nicht hin und muss an den superpeinlichen Augenblick denken, als ich einmal auf so einem Schicki-Häppchen-Event während der Eröffnungsrede vor allen Leuten mit meinen Schühchen über eine Treppenstufe gefallen bin und der Länge nach auf dem Boden landete.

Aber nun konzentriere ich mich auf meine Landung im Sender. Die Kinder waren fünf Monate alt, als ich das erste Mal wieder im Fernsehstudio stand. Ich kann mich noch sehr gut an das Telefonat mit meiner Mutter erinnern, als ich ihr voller Vorfeude berichtete, dass ich nun wieder arbeiten gehe.

Sie meinte völlig entsetzt: »Wie? Arbeiten? Du hast doch jetzt zwei Kinder!«

Woraufhin ich lachend antwortete: »Äh, ja, aber die haben doch auch einen Vater! Peter kann doch auf sie aufpassen!«

Ihre Reaktion: »Die armen Kinder!«

Das war sehr lustig. Inzwischen ist sie besonders stolz auf ihren Windeln wechselnden Schwiegersohn, aber bis dahin war es für sie unvorstellbar, dass ein Mann »so etwas« macht.

Wir teilen uns Kinder und Job fifty fifty auf, und ich fühle mich oft hin- und hergerissen zwischen Arbeitstier und Glucke: Bin ich bei der Arbeit, denke ich mit Wehmut an meine kleinen süßen Wonneproppen, die ich gerne an mich kuscheln möchte. Dann sind sämtliche Schrei-, Kotz- und Kacka-Attacken vergessen. Na ja, bis auf diesen einen Vorfall, als ich dummerweise einen weißen Rock anhatte und mich beim Wickeln ein Durchfallstrahl traf. … Wenn ich zu Hause bin und den ganzen Tag angesabbert werde, denke ich daran, wie schön es wäre, nur mal kurz am Schreibtisch sitzen zu dürfen. Andererseits muss ich zu Hause keinen Sport mehr machen, denn im Prinzip sind Zwillinge wie ein Dauersportprogramm.

Aber am geschilderten Tag bin ich hochmotiviert, als ich nachts um drei Uhr die Rolltreppe in das Gebäude meines Arbeitgebers hochfahre. Mit dem Schreiben der Texte und Schminken muss ich so früh anfangen, damit ich zu Sendungsbeginn um sechs Uhr auch wirklich fertig bin. Das Gebäude ist so groß, dass man sich sehr leicht darin verläuft, und die Blumenbouquets am Eingang sollen mit Sicherheit ein Wohlfühlgefühl herstellen und über die Nüchternheit des kalten Lichts hinweghelfen, das erbarmungslos auf mein noch ungeschminktes Gesicht fällt. Ich krame in meiner Handtasche und suche die weiße Karte, die ich am Eingang auf ein Feld halten muss, damit sich die Tür öffnet. Leider finde ich sie nicht. Zum Glück ist unser Empfang rund um die Uhr besetzt, und ich versuche, möglichst ausgeschlafen aus der Wäsche zu gucken, als ich zu dem Security-Mann sage: »Guten Morgen. Entschuldigung, ich habe meine weiße Karte vergessen, würden Sie mir bitte die Tür aufmachen?«

»Nein, das darf ich nicht. Was wollen Sie denn hier?«

»Na, arbeiten!«, sage ich etwas verwundert. »Was soll ich denn sonst nachts um drei hier machen?«, versuche ich mich noch zu rechtfertigen und schiebe schnell hinterher: »Ich bin doch der Wetterfrosch! Und wenn Sie mich nicht reinlassen, dann gibt es gleich kein Wetter!« Während ich diese Sätze formuliere, denke ich schon: Mann, Eva, wie kann man sich nur selbst als Wetterfrosch bezeichnen?! Noch dazu als Frau?!

In dem Moment fängt der Kollege an zu lachen und sagt: »Ach so! SIE sind das, Frau Imhof! Im Fernsehen sehen Sie ganz anders aus!«

Er öffnet mir die Tür, und mit einem zerknirschten Lächeln laufe ich Richtung Redaktion. Mit »anders« meinte er natürlich so was wie »nicht so scheiße wie jetzt«.

Aber egal, wie geht dieser Spruch noch mal, den man so gerne auf rosa Postkarten liest?! »Hinfallen … Aufstehen … Krone richten … Weitergehen!«

Als ich mich nach einer Stunde Texteschreiben auf den Weg von der Redaktion Richtung Maske mache, lasse ich fatalerweise mein Handy auf meinem Schreibtisch liegen. Als ich nach 50 Minuten mit einem renovierten Gesicht und dick übertünchten Augenschatten an meinen Platz zurückkehre, sehe ich auf meinem Display die Anzahl der verpassten Anrufe. Da steht: »Peter (5).«

Es ist inzwischen kurz nach 4:30 Uhr, und der letzte Anruf war um 4:15 Uhr. Soll ich nun zurückrufen? Und wenn er wieder eingeschlafen ist? Und überhaupt: Was kann los sein, dass mich mein Mann mitten in der Nacht so oft anruft? Sofort ist mir wieder übel, aber ich muss mich auf die Sendung vorbereiten. Ich beschließe, die Anrufe zu ignorieren, und mache einfach meinen Job weiter. Um

5:55 Uhr klingelt er mich wieder an, und ich gehe einfach nicht ans Telefon.

Schließlich bin ich in fünf Minuten live auf Sendung. Aber nun mache ich mich so verrückt, dass mir auch mein mantramäßiges »Bleib professionell«-Gefasel nicht mehr hilft. Ähnlich schlecht ging es mir nur an meinem Premierentag als Wetterfee bei RTL, als ich kurz vor der Sendung auf dem Klo mit meinem Pfennigabsatz im Gully stecken geblieben bin. Das ist kein Witz! Ist irgendjemandem schon mal aufgefallen, dass sich auf Toiletten kleine Gullys befinden? Bis dato dachte ich immer, so etwas gibt es nur auf der Straße. Aber natürlich sind solche Gullys wichtig, falls mal ein Unglück passiert und die Toilette überschwemmt wird. Damals habe ich zusammen mit einer Kollegin den Schuh mitsamt Gitter aus der Verankerung gerissen, und wir konnten im letzten Moment noch den Absatz befreien, sodass ich es gerade noch rechtzeitig ins Studio geschafft habe.

Und nun stehe ich ähnlich aufgeregt im Studio. Mir ist plötzlich so schlecht, dass mir für einen kurzen Moment schwarz vor Augen wird und ich das Grollen meiner Gedärme durch Gehüstel zu übertünchen versuche.

Die Sendung dauert zweieinhalb Stunden, und ich mache mein Handy aus, da ich Angst habe, sonst sowohl als Mutter zu versagen (ich kann aus Köln in diesen Minuten sowieso nicht helfen) als auch als Wetterfrosch (aus bereits genannten Gründen).

Als die Sendung um 8:30 Uhr zu Ende ist, mache ich mein Handy an und rufe direkt Peter an, ohne die Mailbox abzuhören, weil ich ehrlich gesagt Angst vor den darauf gesprochenen Nachrichten habe.

Wenn Peter sehr angestrengt ist, räuspert er sich ständig beim Sprechen. Er geht sofort dran, im Hintergrund höre ich Babygeschrei, und er schießt ohne Umschweife los: »Du musst SO-FORT nach Hause kommen. Die Kinder brauchen ihre Mutter. Ich schaff das nicht allein! Und du warst die ganze Nacht nicht erreichbar!«

»Entschuldige, aber ich hätte heute Nacht sowieso nicht fliegen können, und von hier aus wäre ich auch keine Hilfe gewesen!«, versuche ich mich zu verteidigen.

Aber Peter redet ungebremst weiter: »Eva, komm SOFORT NACH HAUSE! Die Kinder haben garantiert Keuchhusten oder so was und so einen komischen Ausschlag. Das sind bestimmt die Windpocken!«

»Aber jetzt bin ich doch gerade erst hier angereist, ich kann doch nicht schon wieder …«

Er unterbricht mich: »Doch, das kannst du! Es geht um Leben und Tod!«

Wieder bin ich hin- und hergerissen. In diesem Moderatorenbusiness hat man ja auch ständig Angst, seinen Job zu verlieren, wenn man einmal absagt oder krank ist. »Weißt du was? Ich schreibe jetzt erst mal unsere Kinderärztin an. Vielleicht kann sie uns helfen, oder du gehst dort mit den Kindern mal vorbei …« Irgendwie kriege ich ihn halbwegs beruhigt und verfasse sofort eine E-Mail an unsere Kinderärztin:

»Liebe Frau Dr. Rambow,

wir haben ein kleines Problem. Ich bin gerade in Köln zum Arbeiten, und die Kinder sind sehr krank, und wir machen uns große Sorgen. Mein Mann meint, sie könnten eventuell Keuchhusten und Windpocken gleichzeitig haben. Nun kann ich das von hier aus nicht beurteilen, aber wäre es möglich, dass Sie mal nach ihnen gucken, oder soll er mit den Kindern vorbeikommen? Es wäre ganz lieb, wenn Sie uns schnellstmöglich helfen können. Es ist ein absoluter Notfall!«

Schon wenige Minuten später kommt ihre Antwort:

»Liebe Frau Imhof,
ich halte es für sehr unwahrscheinlich, dass die Kinder an Keuchhusten und Windpocken erkrankt sind, da sie gegen beide Kinderkrankheiten geimpft wurden. Die Windpockenimpfung haben wir ja kürzlich erst gemacht. In sehr, sehr seltenen Fällen kann es trotzdem zu einer Erkrankung kommen, das halte ich aber wie gesagt für sehr unwahrscheinlich. Wenn Sie unsicher sind, schaue ich mir die Kinder natürlich gerne an.«

Für einen kurzen Moment ist es herrlich, einfach nur in der Redaktion zu sitzen, E-Mails zu tippen und diese positive Antwort zu lesen.

Sofort rufe ich Peter an und berichte von der erleichternden Nachricht, doch dann machen wir uns beide Sorgen, sie könnten sich vielleicht die Hühnergrippe oder ein anderes Todesvirus eingefangen haben. Während unseres Telefonats schreit es durchgängig im Hintergrund, und ich spüre, wie mein Mama-Ich siegt und ich nun auch nur noch nach Hause will.

Sofort eile ich zum Flughafen.

Lektion 12: Das Nasenspray-Attentat

Entspannter wäre es gewesen, ich hätte einfach meinen Job weitergemacht, aber irgendwie hätte ich das nicht gekonnt. Als ich zu

Hause ankomme, bietet sich mir ein interessantes Bild. Im Garten steht Peter und ruckelt mit einer Hand an unserem Doppelkinderwagen. Er ist ganz zerzaust mit dunklen Augenringen und geröteten Augen vom fehlenden Schlaf. Aus dem Kinderwagen hört man ein heiseres Bellen, das sich mit einem mühsamen Schnaufen und Schreien abwechselt.

Sofort sprinte ich zum Kinderwagen und schaue in die triefenden Augen unserer bleichgesichtigen Kinder. Sie sehen ein bisschen aus wie diese Puppen aus Horrorfilmen.

»Die Nase ist ja ganz zugeschwollen! Sie brauchen dringend Nasenspray!«, stelle ich fachmännisch fest. »Unsere Ärztin sagt immer: Die Nase muss frei sein – weil dann auch der Weg zum Gehörgang frei ist und es dann keine Mittelohrentzündung gibt«, erkläre ich und renne ins Haus, um das Nasenspray zu suchen.

Unsere Hausapotheke ist immer unvollständig, und alles steht durcheinander herum. So sehr ich auch versuche, Ordnung zu halten, es funktioniert einfach nicht. Neben unserem Apothekenschränkchen haben wir außerdem eine kleine Box in der Küche stehen mit der zweideutigen Aufschrift »family drugs«, in der ich aber nur abgelaufene Aspirin, Pflaster und Mullbinden finde, und im Bad fliegen außerdem noch sämtliche Medikamente in einem Kulturbeutel rum. Dazwischen fische ich noch eine Kinderzahnbürste, einen meiner Nagellacke und eine kleine Tube Kunstblut für Halloween heraus. Aber wo ist das Nasenspray? Und warum finde ich eigentlich nie das, wonach ich suche, sondern immer nur unnütze Sachen, die ich zu einem anderen Zeitpunkt wiederum nicht finde, wenn ich sie suche?

Genervt renne ich rüber ins Schlafzimmer und bin erleichtert, als ich gleich mehrere Nasensprays an unserem Bett stehen sehe. Ohne genauer hinzuschauen, schnappe ich mir ein Fläschchen und sprinte wieder zurück zum Schauplatz des Elends.

Zu diesem Zeitpunkt weiß ich noch nicht, dass ich leider gerade eine falsche Entscheidung getroffen habe.

Ich spüre, wie mir die Frühschicht mit nur vier Stunden Schlaf pro Nacht ebenfalls die Farbe aus dem Gesicht gezogen hat und wir alle miteinander wohl aussehen, als könnten wir sofort als professionelle Erschrecker in der Geisterbahn anfangen.

Es gibt wohl kaum ein Baby oder Kleinkind, das sich gerne Nasenspray in die Nase sprühen lässt, Hustensaft schluckt oder sonstige Arznei artig zu sich nimmt. Bei unseren Kindern ist es extrem schwer, ihnen irgendwas einzuflößen, da sie in der Regel sofort anfangen, um sich zu schlagen, sobald wir nur ansatzweise mit der Flasche in die Nähe ihrer Gesichter kommen.

Nun besinne ich mich auf eine Taktik, die mein Vater so ähnlich immer bei Wespen anwendet. Er kann sie mit der flachen Hand erledigen und kommentiert dies stets mit den Worten: »Man muss nur schneller schlagen, als sie stechen können.«

In meinem Fall muss ich nun einfach schneller sprühen, als die Zwillinge schlagen können, und versuche, ihnen blitzschnell das Zeug reinzujagen. Nach dem Motto »viel hilft viel« haue ich ihnen auf jeder Seite drei Stöße in die Nase. Allerdings wehren sie sich natürlich trotzdem und brüllen, als hätte ich ihnen einen Stromschlag verpasst.

Also so extrem haben sie noch nie auf das Zeug reagiert. Ich schaue mir verwundert die Flasche genauer an und fange augenblicklich an zu schreien: »Oh Gott! Das ist das Nasenspray für Erwachsene! Peter, ich dreh durch! Ich habe unsere Kinder vergiftet! Oh Gott! Das ätzt ihnen jetzt bestimmt die Nase weg!«

Mir wird so schlecht wie noch nie zuvor in meinem Leben, und ich warte nur darauf, zusehen zu können, wie sich die Nasen langsam auflösen. Mit Schrecken muss ich an eine ehemalige Kollegin denken, die behauptete, ihr Exfreund hätte so viel gekokst, dass sich seine Nasenscheidewand aufgelöst habe. So ein Nasenspray für Erwachsene in Überdosierung für diese kleinen Babys hat bestimmt eine ähnliche Wirkung.

»Peteeeer, wir müssen sofort was tun!«, schreie ich weiter, und er fängt an, die Nummer unserer Ärztin zu wählen, aber es meldet sich nur der Anrufbeantworter. Ich habe das Gefühl, Kinderarztpraxen sind grundsätzlich derart überfüllt, dass es dort selten jemand schafft, überhaupt ans Telefon zu gehen. »Mach irgendwas«, flehe ich Peter an, und er ruft einen befreundeten Arzt an. In voller Panik sause ich immer wieder um den Kinderwagen herum, rede auf die Kinder ein und versuche, mit der Taschenlampenfunktion meines Handys ihre Nasen auszuleuchten. Aber ihre Nasenlöcher sind zu klein, um eine Veränderung erkennen zu können.

Peter stellt das Telefon auf laut und schildert seinem Freund Tom, der auf Nieren spezialisiert ist, unser Problem. Er fragt ganz entspannt: »Haben sie gekotzt?«

»Nee!«, sagt Peter.

»Und was machen sie jetzt?«, fragt er.

»Sie sehen aus wie bewusstlos!«, falle ich ein, worauf er meint: »Meint ihr nicht, dass sie vielleicht einfach eingeschlafen sind? Seid froh, dass sie ruhig sind, und solange sie sich nicht übergeben, müsst ihr euch keine Sorgen machen!«

Nachdem wir uns durch mehrmaliges Horchen an ihren Nasen versichert haben, dass sie ruhig und gleichmäßig atmen, geht unser Puls langsam wieder in den Normalzustand über. Wir vergleichen die Nasenspray-Fläschchen und stellen fest, dass die Packungen fast identisch aufgemacht sind, und fragen uns, warum diese Pharmakonzerne auf die Kindervariante nicht wenigstens ein paar Smileys drucken. Sonst sind doch Kinderprodukte auch immer so aufgemotzt, dass sie das »Unbedingt-haben-wollen«-Gefühl auslösen. Im Nachhinein mussten wir noch sehr lachen über unsere Nasenspray-Panikattacke. Nach unserer maximalen Angst um die sich auflösenden Nasenscheidewände passierte einfach NICHTS. Solange wir auch vor dem Kinderwagen warteten – sie schliefen sich einfach mal richtig aus, und die Aktion hatte den einzigen Effekt, dass sie endlich wieder durchatmen konnten.

Ganz abgesehen davon, sind das natürlich sowieso Peanuts.

In den folgenden Monaten fallen unsere Kinder noch diverse Treppen runter, und abgesehen von einem riesigen Geschrei und ein paar Beulen und blauen Flecken blieben sie völlig unbeschadet. Natürlich fühlen wir uns als Eltern jedes Mal gescheitert, wenn so etwas passiert, aber es ist völlig unmöglich, jeden Schritt seiner Kinder millimetergenau zu verfolgen und sie vor jedem Leid zu beschützen. Ganz abgesehen davon, müssen sie natürlich lernen, dass es wehtut, wenn sie irgendwo runterfallen. Denn wenn sie nicht wissen, dass es schon wehtut, wenn sie vom Sofa auf den Boden fallen, wie sollen sie dann jemals lernen, die Gefahr von Höhe einzuschätzen? Nicht dass sie sonst später noch auf die Idee kommen, sie könnten fliegen, und sich aus dem Fenster stürzen.

Wichtig ist vor allem unser Potpourri an Trostmöglichkeiten. So haben wir diverse Kühlpads und Packungen in unterschiedlichen Zuständen von Kühlschrank-kalt bis Gefrierfach-gefroren. Außerdem findet man bei uns Pflaster in allen Variationen für sämtliche Gemütszustände. Da ist vom Piratenaufdruck über Streifen und

Punkte bis hin zum Eisköniginnen-Look alles dabei. Und außerdem haben sich unsere Hände mit der Zeit zu heilenden Zauberhänden transformiert. Dieses Ritual haben wir von unserer Freundin Mimmy gelernt. Dazu muss man den Kindern verschwörerisch ankündigen, die Zauberhände würden ihnen nun den Schmerz nehmen, anschließend werden die Hände kräftig aneinandergerieben und schlussendlich dem Kind auf das »Aua« gelegt. Die Wirkung ist erstaunlich und unbedingt empfehlenswert.

Außerdem haben wir inzwischen gelernt: Solange kein Blut fließt, nach Prellungen niemand kotzt oder bei Stürzen irgendwelche Gliedmaßen verdächtig verdreht sind oder seltsam vom Körper weghängen, kann es so schlimm nicht sein. Dennoch ist es natürlich jedes Mal ein großes Hallo, wenn etwas passiert, und natürlich lässt sich auch meistens nicht genau erkennen, wie schlimm es um die Kinder wirklich steht, da die Lautstärke des Brüllens selbst bei einer kleinen Schnittwunde den Eindruck erweckt, der Finger müsse jeden Moment abfallen.

Das zweite Jahr

Lektion 13: Die Drecksstrumpfhosen von Terminal A

Kurze Zeit später steht unser Sommerurlaub an. Wir sind sehr erleichtert, dass unsere Zwillinge weder Schnupfen noch Husten haben und auch keine sonstigen Beeinträchtigungen unsere Ferien negativ beeinflussen könnten. Außer natürlich den angeborenen Beeinträchtigungen wie zum Beispiel, dass sie zu früh aufwachen, in Restaurants die Gläser umkippen oder vor dem Kasperle Angst haben, der ja nun mal leider die Hauptrolle in dem Stück spielt, für das man eine Stunde in der Schlange vor dem Theater an der Strandpromenade gestanden hat.

Nein, sonst ist alles wunderbar, und wir sind hochmotiviert! So ein Urlaub wie unser Sylt-Fiasko kommt uns nicht noch mal ins Haus. Wir sind uns ganz sicher: Wir haben aus unseren Fehlern gelernt, und es kann nur sensationell werden. Denn wir gehen das Ganze komplett anders an: Statt Sturm und Regen gibt es Sonnengarantie, denn es ist Juli, und wir fliegen nach Mallorca. Und wir freuen uns bereits seit Wochen, dass wir dieses Mal nicht acht Stunden im Auto eingepfercht sein werden, sondern gerade mal ein Drittel der Zeit im Flugzeug sitzen. Und das ist doch überschaubar! Und vor allem haben wir bei der Wahl der Unterkunft gelernt und eine einsame Finca irgendwo im Nordosten der Insel gemietet. Noch dazu treffen wir vor Ort unsere Freunde Patzy und Florian, die zu dem Zeitpunkt bereits einen kleinen Sohn haben, und von daher sind wir uns sicher, dass das der beste Elternurlaub ever wird. In unseren Träumens sehen wir uns entspannt am Strand liegen, so wie früher! Nur mit dem Unterschied, dass insgesamt vier niedliche kleine Kinder vor uns mit ihren Förmchen im Sand graben werden, während wir mit dem Saft aus frischen Kokosnüssen auf sie anstoßen. Ich sehe mich sogar mit einer Frauenzeitschrift oder einem entspannenden Buch daliegen. Und überhaupt lässt die Aussicht auf das Abhängen in irgendeiner Strandliege mit einem Palmendach über dem Kopf meinen Körper Massen von Glückshormonen produzieren.

Am Abend vor der Abreise scherzen wir noch kühn über unglückliche Paare, die sich vom Frühstück bis zum Abendessen anschweigen und stumm kauend voreinander sitzen. Es ist immer ein bisschen unangenehm, wenn man im Restaurant neben einem solchen Paar sitzt, da die Kälte, die zwischen den beiden herrscht, rüberzukriechen scheint. Ein Drittel aller unglücklichen Paare trennt sich nach dem Sommerurlaub, sagen die Statistiken.

Wie gut, dass wir nicht nur miteinander glücklich sind, sondern außerdem das große Glück haben, von unseren zwei niedlichen Kindern in den Urlaub begleitet zu werden.

Und niemals hätten wir es für möglich gehalten, dass wir auch bei dieser Reise scheitern könnten.

Der Abreisemorgen ist zwar hektisch, die Stimmung ist aber noch bestens. Es ist genau 6 Uhr 18, und wir versuchen, uns zwischen den umherstehenden Koffern, Bauklötzchen und Stofftieren eine Schneise Richtung Kaffeemaschine zu schlagen. Schnell schieben wir uns einen Toast zwischen die Zähne und überlegen lachend, ob es wohl okay wäre, wenn wir gleich im Flieger ein Piccolöchen kippen, um auf die erste Flugreise mit unseren elf Monate alten Zwillingen anzustoßen.

Kinderlose halten einen ja für bekloppt, wenn man denen erzählt, dass bereits das morgendliche Kaffeetrinken zu einem Sportereignis wird. Schaffen wir es, um 6 Uhr 30 schon einen Kaffee in der Hand zu halten, klopfen wir uns gegenseitig lobend auf die Schulter.

Früher hätte ich ja allein für meine Schuhe einen extra Koffer gebraucht. Jetzt ist dafür kein Platz mehr. Stattdessen muss Babyequipment – zwillingsgemäß in doppelter Menge – mit. Allein 28 Bodys (kurzarm und langarm – man muss ja für jedes Wetter gerüstet sein auf Mallorca im Sommer ...), Hosen, Jäckchen, Pullis, Strümpfchen, Strumpfhosen, Sonnenhüte und Mützen in allen Variationen von baumwolldünn bis schwafwollwarm, zwölf Flaschen für dieses Fertigmilchzeugs, zwei Packungen Fertigmilch (den Rest kann man ja vor Ort kaufen), 48 Windeln für die ersten Tage (ich rechne mit sechs Windeln pro Baby in 24 Stunden), acht Schnuller, ebenso viele Stoff- und Spielviecher, Wind- und Wettercreme, Sonnencreme, Zahnungscreme, Popo-Wundcreme, Zäpfchen gegen Bauchweh, Zäpfchen gegen Fieber – um nur einen kleinen Auszug der Kleinkram-Liste zu nennen.

Um zehn Uhr hebt unser Flieger Richtung Mallorca ab. Wir werden also gleich von einem Taxi abgeholt und sind sehr stolz, daran gedacht zu haben, vorher telefonisch zwei Kindersitze geordert zu haben. Normalerweise ist ein Taxi nämlich nur mit einem Kindersitz ausgestattet. Leider fliegen wir nicht direkt von Berlin nach Mallorca, sondern müssen in München noch mal umsteigen, da die Direktflüge so teuer gewesen wären wie ein ganzer Last-Minute-Urlaub mit all inclusive. Später werden wir merken, dass das Umsteigen noch unsere geringste Sorge hätte sein müssen.

Zunächst einmal wollen wir natürlich alles richtig machen und füllen die Nuckelflaschen der Kinder mit Milchpulver. Da Flüssigkeiten im Handgepäck verboten sind, verzichten wir auf das Mitnehmen von Wasser oder Apfelschorle und suchen lieber noch ein paar Schnullis zusammen. Dass Babys bei Start und Landung mit dem Druck in den Ohren nicht klarkommen und mit ihrem Gebrüll ganze Sitzreihen an den Rand des Amoklaufs bringen, hat vielleicht der eine oder andere selbst schon erfahren. In der Hektik finden wir die Schnullerbänder nicht, ich schmeiße schnell ein paar Kinderbüchlein in meine Handtasche, packe noch zwei Decken (es könnte ja kalt werden im Flieger – die Klimaanlage!) UNTER meinen Arm und ein Kind AUF meinen Arm und hetze zum Taxi. Peter versucht, unsere beiden Koffer, den Zwillingskinderwagen, die Wickeltasche und das andere Kind unbeschadet von der Haustür bis zu unserem Transportmittel zu hieven, da kommt ihm schon der Taxifahrer halb lachend, halb mitleidig dreinblickend entgegen mit den Worten »Ich hab auch zwei kleine Kinder, kein Problem!« und versucht, ihm das Kind abzunehmen, das sogleich lautstark zu brüllen anfängt.

»Jaaaa, sie ist ein Papakind. Vielleicht besser den Kinderwagen?«, versuche ich aus dem Hintergrund, den Lärmpegel herunterzureden, und hoffe insgeheim, sie möge sich doch bitte im Teenageralter ihre Antihaltung gegenüber fremden Männern bewahren.

Immerhin beruhigt sie sich beim Autofahren schnell wieder, und am Flughafen gibt es beim Einchecken nur eine kurze Diskussion darüber, ob wir mit dem Kinderwagen bis zum Einsteigen fahren wollen oder ihn direkt über das Sperrgepäck einchecken. Wir entscheiden uns für die bequeme Variante, weil wir uns ausmalen, dass die Kinder dann brav am Gate im Kinderwagen sitzen bleiben und die eine Stunde bis zum Einsteigen fröhlich mit uns warten.

Dem ist natürlich nicht so, denn sobald wir uns mit ihnen einen Platz gesucht haben, geht es auch schon los: Sie winden sich auf ihren Kinderwagenplätzen und fangen zunächst sachte an zu quengeln. Als wir sie angeschnallt lassen, geht das Quengeln in Gebrüll über, was uns zu unangenehm wird, schließlich werden wir mit diesen Menschen noch den Flug nach München verbringen müssen, und wir wollen niemandem auf die Nerven gehen. Also schnallen wir die Zwillinge los, und sie fangen augenblicklich an, auf allen vieren auf dem Boden herumzurutschen. Lilly krabbelt sogleich Richtung Zeitschriftenregal, bedient sich und greift zielsicher zum Hustler. »Ich wusste gar nicht, dass es den noch gibt«, kommentiert Peter.

»Nein, Lilly, nicht die Zeitschriften anfassen!«, versuche ich, sie zu ermahnen, und setze sie wieder fünf Meter weiter weg in die andere Richtung. Aber sofort steuert sie wieder in Richtung des Zeitschriftenständers. Das Hinrobb- und Wegtragespiel spielen wir die nächsten 50 Minuten miteinander, und falls irgend jemand mal einen Test machen möchte, wie dreckig die sauber aussehenden Marmorböden an Flughäfen sind, so sollte er ebenfalls dieses Spiel mit einem Krabbelkind spielen und danach Proben von Händen und Knien nehmen.

Luisa krabbelt ebenfalls die ganze Zeit umher und interessiert sich mehr für die Schnürsenkel unserer Mitreisenden, was Peter wiederum ins Schwitzen bringt. Beide versuchen wir uns abwechselnd bei den anderen Passagieren mit dem Satz zu rechtfertigen: »Wir haben eben zwei sehr lebhafte Kinder!«

Die zwei umherkrabbelnden Kinder ernten auf jeden Fall belustigte Blicke, und wir werden gefeiert mit Sätzen wie: »Zwillinge! Was für eine Arbeit! Ich bewundere Sie! Und dass Sie so gelassen bleiben!«

Lektion 14: Unser erster Flugzeugabsturz

Wir bleiben nur gelassen, weil wir ein Schreikonzert verhindern wollen. Also im Prinzip ist es eine Mischung aus Faulheit und dem Bedürfnis, keine weitere Unruhe auf dem Flughafen zu stiften. Als unser Flug zum Boarding aufgerufen wird und wir unsere Kinder vom Boden einsammeln, folgt der erste Schreck: Die Finger sind komplett schwarz, und die hellen Strumpfhosen sehen aus, als hätte man damit ein Jahr lang jeden Tag Staub gewischt. Wir gucken uns entgeistert an, und ich muss an meine Mutter denken, die nun sagen würde: »Was lasst ihr die Kinder auch da auf dem Boden rumkrabbeln? Das geht doch nicht! Am Flughafen sind alle möglichen Keime aus der ganzen Welt! Und was sollen die anderen Leute denken! Also, irgendwo muss eure antiautoritäre Art auch ihre Grenzen haben!«

Zum Glück ist meine Mutter nicht dabei, denke ich noch, da wird Peter ungemütlich: »So können wir nicht in dieses Flugzeug einsteigen. Wir müssen ihnen ganz dringend die Hände waschen und die Strumpfhosen wechseln!«

In dem Moment fällt mir ein, dass ich vergessen habe, Wechselkleidung in die Handgepäcktasche zu tun. Nun müssen wir mit diesen völlig verdreckten Kindern ins Flugzeug steigen. Aber das mit dem Händewaschen kriegen wir zum Glück auf der Flughafentoilette noch hin.

Als wir endlich auf unseren viel zu schmalen Plätzen im Flugzeug sitzen, zugepackt mit unseren Babys, Taschen und Decken, stürmt sogleich die freundliche Flugbegleiterin heran:

»Es tut mir sehr leid, aber da stimmt etwas nicht. Sie dürfen nicht nebeneinandersitzen. Darf ich mal bitte Ihre Bordkarten sehen?«

Bevor wir darüber nachdenken können, ob das eine Vorsichts-maßnahme gegenüber den Mitreisenden sein soll, die zwei Babys in einer Reihe nervlich nicht ertragen könnten, klärt sie uns auf: »Das Problem ist, dass in einer Dreierreihe nur vier Sauerstoffmasken hängen. Also die vierte ist eben zusätzlich für EIN Baby. Aber wenn wir in Not geraten, hätten wir keine weitere Sauerstoffmaske für das andere Baby. Bei Ihrer Buchung ist etwas schiefgelaufen. Sonst hät-ten wir Sie natürlich darauf aufmerksam gemacht. Wir sind von nur einem Kind ausgegangen.«

Somit wird Peter mit seiner braven Luisa fünf Reihen nach hin-ten versetzt. Den Platz neben mir belegt ein sehr großer, runder Mann – Typ Sumo-Ringer. Links neben mir sitzt ebenfalls ein recht stattlicher Herr, der natürlich die Armlehne besetzt, und ich ein-gequetscht dazwischen mit dem sabbernden, verdreckten Baby, für das ich jetzt weder Ablenkung zum Spielen habe – denn die Wickel-tasche hat Peter mitgenommen – noch etwas zu trinken, da ich ja zu diesem Zeitpunkt davon ausgehe, Flüssigkeiten mit an Bord zu nehmen sei generell verboten.

»Entschuldigung«, rufe ich, wild entschlossen, die coole Mutti zu geben, der Flugbegleiterin zu: »Hätten Sie wohl etwas warmes Was-ser für die Flasche?« Dabei wedele ich mit meinem Milchpulver rum.

»Ja, natürlich«, antwortet sie salbungsvoll.

»Das ist ja wirklich doof, dass man keine Flaschen für die Kleinen mitnehmen darf«, schiebe ich entschuldigend hinterher.

»Wieso? Klar dürfen Sie das!«, sagt sie lachend. »Mit Kindern dür-fen Sie doch alles! Arznei, Flaschen, Brei, gar kein Problem! ALLES!«

»WAS?!?« Vor Erstaunen fällt mir fast das Baby vom Arm.

Ich male mir aus, welche Drogen oder Bombenmischungen man in einer Wickeltasche schmuggeln könnte. Aber ich komme nicht lange zum Nachdenken oder gar weiterreden. Denn dem Kind gefällt die Enge nicht. Leicht panisch wühle ich in meiner Handtasche und versuche, nach einem Schnulli zu graben, der doch da irgendwo stecken muss. Aber Handtaschen sind wie Mülleimer. Sie verschlucken alles und darin vermengt sich der Inhalt zu einem Wirrwarr, aus dem man kaum wieder das herausfischt, was man gerade sucht, sehr wohl aber alles andere Unbrauchbare wie Parfumproben oder Brezelreste.

Wir sind kurz vor dem Abflug. Die Flugbegleiterin gibt mir einen weiteren Gurt, mit dem man das Baby an den eigenen Gurt anschnallt, und während ich mich beim Angurten abmühe, ruft Peter mir mit seinem Engelchen von hinten gut gelaunt zu: »Na, Schatzi, alles klar?«

Wenigstens kann ich Lilly gerade noch rechtzeitig vor dem Losrollen die Flasche in den Mund stecken, sodass sie Ruhe gibt. Für gefühlte zwei Sekunden. Denn kaum werden wir auch nur ansatzweise von der aufgenommenen Geschwindigkeit in die Sessel gedrückt, geht es los. Und es ist nicht das normale Schreien eines Babys. Die Tonlage sorgt dafür, dass es einem in den Ohren vibriert. In dem Moment beugt sich der Dicke neben mir rüber und sagt: »Jetzt weiß isch, woher ich Se kenne! Isch denk schon die janze Zeit drüber nach – Se sin doch die vom RTL!«

In München können wir aus unerfindlichen Gründen erst mal nicht landen und ziehen noch ein paar Kreise, sodass die Wahrscheinlichkeit, dass wir unseren Anschlussflug nach Palma verpassen, immer größer wird.

Als wir mit Ohrensausen von dem Landungsgebrüll unserer Zwillinge in München aus dem Flieger steigen, erwartet uns bereits eine Flugbegleiterin und ruft: »Schnell, Sie müssen rennen. Sonst verpassen Sie Ihren Flug!«

»Und was ist mit dem Kinderwagen?«, ruft Peter, während er mit Luisa auf dem Arm und der Babytasche über der Schulter hinter der Airline-Mitarbeiterin herstürmt.

Ich höre, wie sie ruft, dass der Kinderwagen schon ankommen würde und wir uns nun wirklich beeilen müssten.

Ich japse nach Luft, während ich mit meinen Decken, meiner Handtasche und mit meinem Baby hinterherrenne und sehe, wie der Abstand zwischen ihnen und mir immer größer wird. Es ist wie in einem dieser klassischen Albträume, in denen man rennt und rennt und sich dabei nicht von der Stelle bewegt. Der Münchner Flughafen hat lange Gänge, und irgendwann sehe ich die anderen nur noch als kleine Punkte am Ende des Gebäudes. Als ich auch endlich am Gate ankomme, wird mir schwarz vor Augen, und ich schaffe es gerade noch so auf meinen Sitzplatz im Flugzeug. Wir wurden bereits ausgerufen, und alle Insassen dieses Flugs starren uns an.

Ich versuche, den Blick nicht schweifen zu lassen und einfach nach unten auf das Kind auf meinem Schoß zu gucken. Als hätte es ausnahmsweise den Ernst der Lage erkannt, ist es ganz ruhig und guckt mich mit seinen blauen Kulleraugen mitleidig an.

Wie konnte nur wieder so viel schiefgehen, obwohl wir uns ganz sicher waren, dass diese Reise so lustig wie ein Ausflug in den Freizeitpark wird?

Erneut sitze ich eingeklemmt zwischen zwei massigen Männern und Peter so weit weg von mir, dass wir uns nicht miteinander verständigen können. Erschöpft und enttäuscht starre ich auf die dunkelblaue Rückseite des Lederimitat-Sitzes vor mir und frage mich, wieso wir eigentlich nicht ein einziges Mal in diese dämlichen Flugbestimmungen für das Fliegen mit Babys geguckt haben.

Andererseits muss ich darüber fast schon lachen. Nun sitze ich hier auf diesem Sitz mit dem verdreckten Baby und habe weder eine Trinkflasche (meine ist leer bzw. alt) noch einen Schnulli (der ist in meiner Handtasche endgültig verschollen) oder sonstige »Babyberuhigungsmöglichkeiten« zur Hand. Und zu meinem großen Erstaunen ist das gar nicht schlimm. Weder stürzt die Maschine ab noch verdurstet das Kind innerhalb der zwei Stunden Flugzeit von München nach Mallorca. Es schläft einfach ein. Ich schaue ungläubig auf das friedlich schnaufende Bündel auf meinem Schoß und weiß plötzlich gar nicht mehr, wohin mit mir. Ich habe weder etwas, worüber ich mich aufregen kann, noch bin ich gestresst oder in der misslichen Situation, das Kind beruhigen zu müssen.

Wenn eine Frau zur Mutter wird, ist sie durch ihr Kind so abgelenkt, dass sie manchmal sich selbst darüber vergisst. Und so fühle ich mich unwohl, obwohl ich diese zwei Stunden des Nichtstuns schlicht genießen könnte.

Lektion 15: Die Unfall-Finca

Egal, ob man mit Kindern in die Sonne fährt oder eine Expedition zum Polarkreis macht – eins ist sicher: Nichtstun gibt es nicht. Als wir in Palma landen, höre ich von hinten Luisas Schreie bis zu mir durchdringen, aber ich vermeide es, mich umzudrehen, weil ich Angst habe, die Fracht auf meinem Schoß könnte aufwachen und ebenfalls losbrüllen. Als wir beim Aussteigen die Seeluft einatmen und die knallige Mittelmeersonne auf unserer Haut spüren, macht sich bei uns die Vorfreude auf die kommenden Tage breit. Allerdings müssen wir eine Sache doch noch mal diskutieren:

»Nach dem Gebrüll gerade bin ich einfach nur froh, dass wir auf die einsame Finca fahren. Ohne Mist, in ein Appartement geh ich nie wieder!«, verkündet Peter entschlossen.

Darauf antworte ich entschieden: »Du, ganz ehrlich: Das sind halt Kinder! Ich verstehe nicht, warum wir immer auf die anderen Rücksicht nehmen sollen. Können nicht Erwachsene auch mal auf die Bedürfnisse von Kindern Rücksicht nehmen …?«

Als ich seinen Gesichtsausdruck wahrnehme, der sich irgendwo zwischen Entsetzen und Resignation befindet, stampfe ich meine Ansätze, eine Grundsatzrede gegen die Kinderfeindlichkeit und für den Freiheitsdrang von Kindern halten zu wollen, wieder ein. Schweigend reihen wir uns in die lange Schlange vor dem Mietwagencounter ein, und nach den üblichen Diskussionen darüber, welcher Mietwagen mit welcher Ausstattung denn nun von uns reserviert wurde, kann es endlich losgehen in unsere Traum-Finca.

Wir schlängeln uns mit unserem Suzuki Vitara durch die Urlaubslandschaft, über enge Sträßchen bis hin zu einer Kreuzung, von der wir nicht glauben können, dass es hier noch irgendwo überhaupt ein Haus geben soll. Aber wir folgen brav unserer Wegbeschreibung, fahren über einen verlassenen Feldweg, gefühlt Richtung Mars, und landen tatsächlich plötzlich vor einem großen Eisentor, hinter dem sich ein kleines Stück vom flachen Dach unserer Finca erahnen lässt. Zwei hellbraune Hühner kreuzen von rechts unseren Weg, und wir halten vor dem großen Tor an, steigen aus und wirbeln eine große, helle Staubwolke auf.

Unsere Freunde Patzy und Florian sind bereits seit zwei Tagen mit ihrem Sohn Ben, der ein halbes Jahr älter ist als die Mädchen, auf der Finca, und Florian kommt uns – eine Flasche Cava schwingend – lachend entgegen. Er sieht gut aus, entspannt und leicht gebräunt. Er trägt eine Pilotenbrille, rote Shorts, Zehensandalen und ein hellgraues T-Shirt. Nun erscheint auch Patzy, die eigentlich Patricia heißt, mit Ben auf dem Arm. Sie trägt ein gelbes kurzes Strandkleid, und ihre langen blonden Haare wehen im Wind. Sie hat früher keine Party ausgelassen und war eines dieser hotten Girls, auf das jeder Junge stand. Seit sie Mutter ist, hat sie einen leichten Putzfimmel und wischt entweder zu Hause Boden oder Bad oder an Bens Mund oder Händen rum. Außerdem ist sie von der Angst besessen, Ben könnte sich erkälten, weshalb er meist schwitzt in seinen Fleece-Jacken. Das Beste an ihr ist, dass sie um ihre leicht hysterischen Anwandlungen weiß und ihre Zwänge stets selbstironisch kommentiert.

Wir freuen uns sehr auf unseren gemeinsamen Urlaub und fallen uns alle miteinander um den Hals. Florian fängt direkt an, die Vorzüge der Finca zu loben: »Alter, wir haben einen Grill direkt neben dem Pool!«, sagt er und klopft Peter dabei ganz männermäßig auf die Schulter.

Und Patzy wirft direkt ein: »Boah, dieser Pool nervt mich schon total! Da müssen wir echt aufpassen, dass die Kinder nicht reinfallen!«

Beim ersten Rundgang machen wir außerdem einen weiteren Gefahrenherd aus: Um von der Terrasse mit dem Grill und dem Pool ins Wohnzimmer zu gelangen, muss man außen am Haus drei Stufen nach oben gehen. Die Stufen sind aus grobem Stein gehauen und haben sehr scharfe Kanten. Zum Glück ist oben ein kleines Türchen, und wir einigen uns darauf, dass wir das immer geschlossen lassen, damit die Kinder von oben nicht die Treppe runterfallen können. Unsere Kinder können noch nicht laufen, und Ben rennt einfach drauflos, sodass er mehr hinfällt oder über irgendwas stolpert, als dass er läuft.

Es ist sowieso unglaublich, wie gefährlich der normale Alltag und vor allem Alltagsgegenstände werden, sobald man mit kleinen Kindern unter einem Dach lebt: Da müssen Steckdosen gesichert, Gitter an Treppen angebracht und Tischkanten gepolstert werden, da von diesen harmlosen Gegenständen plötzlich eine tödliche Gefahr ausgeht. Wobei wir uns mal wieder fragen, warum Kinder so dämlich konzipiert wurden, dass sie von Steckdosenlöchern genauso magisch angezogen werden wie von Treppenstufen.

Und so hat auch dieser Aufenthalt auf Mallorca die Bezeichnung »Urlaub« nicht verdient, denn das, was wir erleben, hat mit Erholung relativ wenig zu tun.

Meine Traumvorstellung vom süßen Nichtstun im Liegestuhl und den brav davor spielenden Kindern sieht in der Realität so aus: Die Zeit, die ich liegend am Stück mit meiner Klatschzeitschrift auf dem Liegestuhl verbringe, beträgt maximal zwei Minuten am Stück. Denn ich habe in meinen Träumen natürlich nicht bedacht, dass die Kinder Hunger und Durst haben (circa alle zehn Minuten), ihnen Gräten und sonstige Reste im Hals stecken bleiben (ständig), sie eingecremt werden müssen (ständig), sie auf ihrem Gummiboot im Wasser hin und her gezogen werden wollen (immer), sie ihre nassen Badeschlüppis wechseln müssen (ständig), ihnen die (Schwimm-)Windeln gewechselt werden müssen (ständig) und wir ihnen zwischendrin hinterherrennen müssen, da sie sonst ins Wasser fallen könnten.

Als wir uns am nächsten Tag trauen, unsere Finca zu verlassen, und einen Ausflug ans Meer wagen, stellen wir auch dort fest, dass der Urlaub, wie wir ihn bisher kannten, so nicht mehr existiert. Aber ganz ehrlich, stundenlang am Strand liegen, lesen, nichts tun, schlafen, ein Glas Rosé trinken und dabei langsam braun werden, wird total überbewertet. Viel hipper ist es, große Taschen voll mit Schaufeln, Eimern und Förmchen, diversen Handtüchern und Tuben mit Sonnencreme Faktor 50 rumzuschleppen. Und weil die Kinder noch zu klein sind, um eine ordentliche Sandburg zu bauen, übernehmen wir das natürlich auch noch. Da erschafft man wenigstens was und liegt nicht nur nutzlos rum.

»Weißt du noch, wie wir uns auf dem Oktoberfest abgeschossen haben?«, sagt Peter lachend zu Florian.

»Und jetzt hocken wir hier im Sand wie die Deppen!«

Wir fangen alle an zu lachen und einigen uns darauf, dass es gut ist, dass wir schon so viel gefeiert haben und uns nun dieser neuen Aufgabe im Elternuniversum widmen.

Gegen Abend kehren wir erschöpft von der Sonne und dem Burgen bauen auf unsere Terrasse zurück und lassen uns auf die Sitzgarnitur fallen. Wir machen eine Flasche Cava auf und stoßen auf uns und unsere Kinder an.

Peter und Florian klopfen sich gegenseitig auf die Schulter, und wir alle sind glücklich, dass wir diese gesunden Kinder um uns haben. Die Kleinen krabbeln um uns herum, und wir versuchen, ihnen durch »Nein« und »Nicht zum Wasser!« klarzumachen, dass sie gar nicht erst auf die Idee kommen sollen, den circa acht Meter entfernten Pool anzusteuern. Aber auch hier werden sie von der Gefahr magisch angezogen, und wir sind so mit Tischdecken und Hin-und-Her- und Hinterher-Gerenne beschäftigt, dass wir nicht merken, wie Luisa in die andere Richtung davonkrabbelt.

Florian schmeißt Gambas und Fleischstücke auf den Grill, die wir eben noch schnell im Supermarkt gekauft haben, und wir wollen uns gerade das erste Krustentier in den Mund schieben, als uns ein durchdringender Schrei die Panik in die Glieder treibt. Sofort renne ich in Richtung des ohrenbetäubenden Geschreis und sehe Luisa wie einen Maikäfer am Ende der steinernen Treppe liegen. Auf ihrer Stirn entwickelt sich ein Ei, und etwas Blut tropft aus einer Schürfwunde.

Augenblicklich fange auch ich an, hysterisch zu schreien, was dazu führt, dass Luisa sich erschreckt und noch lauter brüllt. »Das Kind muss sofort ins Krankenhaus! Vielleicht hat es innere Blutungen!«, kreische ich, als wäre sie von einem Laster überrollt worden.

Inzwischen sind die anderen herbeigeeilt, stehen um uns herum, und ich versuche, durch «Sch…schh«-Laute und wildes Hoch-und-runter-Schaukeln mein Kind wieder zu beruhigen.

Peter holt Eis aus unserem Kühler für den Sekt, schlägt es in ein Handtuch ein und presst es dem schreienden Kind auf die Stirn. »Wir warten jetzt mal ab, ob sie kotzt, und wenn nicht, dann fahren wir auch nicht ins Krankenhaus. Da müssten wir immerhin bis nach Palma! Das ist doch mehr Stress, als dass es irgendwas bringt«, stellt Peter nüchtern fest, und glücklicherweise beruhigt sich das Baby wieder, während ich es immer noch nicht fassen kann, dass wir es bei all unserem Aufgepasse nicht geschafft haben zu verhindern, dass Luisa die Treppe hochklettert bzw. runterfällt.

Aber so ist das Leben mit kleinen Kindern. Das sorglose und unbeschwerte Gefühl von damals, als wir noch keine Kinder hatten, bleibt verschlossen in der Kiste der Wehmut. Aber das Verrückte daran ist: So unmöglich das Aufkommen von jeglicher Romantik auch ist, während man sich ein Zimmer mit zwei schnarchenden Babys teilt – es ist trotzdem das Beste, was uns je passiert ist!

Denn nichts ist gemütlicher, als mit so einem kleinen Wesen zu kuscheln, und kein Geld der Welt wiegt ein offenes Kinderlachen auf. Mit Kindern können wir die Welt selbst wieder mit Kinderaugen sehen und uns mit unseren oft oberflächlichen Problemchen selbst nicht mehr so wichtig nehmen. Kinder sind eine wunderbare Ablenkung. Vor allem, wenn sie einen dazu bringen, sich als Prinzessin zu verkleiden und mit Krone einkaufen zu gehen, sich von ihnen schminken zu lassen oder als Pferd auf allen vieren durch die Wohnung zu traben und zu wiehern.

Lektion 16: Das böseste Gummibärchen der Welt

Alle Kinder haben Wutanfälle, vor allem im Alter zwischen anderthalb und drei Jahren. Es gibt im englischsprachigen Raum dafür sogar extra den Begriff *terrible twos*. Wobei das mit dem *terrible* ja immer relativ ist. Man kann das Ganze auch positiv sehen. Kinder mit Wutanfällen eröffnen einem eine völlig neue Welt an wunderbaren, unvergesslichen Erfahrungen. Wutanfälle bereichern jede Familie um Geschichten, die man nie vergisst und die man den Kindern dann in ihrer Pubertät im Beisein von Familie und Freunden genüsslich aufs Brot schmieren kann. Wir freuen uns schon darauf, wenn eines unserer Mädchen ihren ersten Freund hat und wir noch mal in aller Ausführlichkeit erzählen können, was zum Beispiel passiert ist, als wir es einmal gewagt hatten, das Brötchen der Kleinen nicht quer, sondern längs aufzuschneiden … es war ein wahres Feuerwerk.

Auf diesen Ratgeberseiten im Internet steht, man solle sich für die Kinder zum Beispiel einen Boxsack zum Abreagieren anschaffen oder »Wutzettel«, die man an den Kühlschrank heftet und die das Kind mit voller Wucht in den Abfall werfen darf, wenn es »richtig wütend« ist. Unsere Kinder würden eher den ganzen Kühlschrank umwerfen, als einen Wutzettel abfallgerecht zu entsorgen. Aber wir sind stolz darauf! Stolz auf ihre Energie, die ihnen vielleicht eines Tages den Ehrgeiz verschafft, Nobelpreisträgerinnen zu werden. Oder wenigstens die Schule abzuschließen.

Es ist überhaupt faszinierend, was Kleinkinder so in Rage bringen kann, dass man das Gefühl hat, sie laufen gleich Amok. Zum Beispiel ein Brot, das ihnen statt »mit ohne Rand« mit Rand serviert wird oder ein Stückchen Wurst, das ihnen ohne Pelle serviert wird, sie die »Schale« aber lieber selbst abpulen wollten. Ein großes Gefahrenpotenzial geht von Dingen aus, die sie nicht bekommen (Supermarktkasse!), oder auch von völlig harmlos erscheinenden Dingen wie Gummibärchen.

Was eine Minitüte Gummibärchen anrichten kann, erleben wir an jenem sonnigen Tag Anfang März. Wir sind zum Spielen bei einer Freundin eingeladen, und alle Anwesenden kriegen sich gar nicht mehr ein vor Entzücken über unsere putzig aussehenden Zwillinge im Partnerlook. Sie tragen bunte Blumenkleidchen und sehen aus wie kleine Engel mit ihren Locken und den blauen Kulleraugen. Der Spielenachmittag neigt sich dem Ende zu, und damit der Abschied nicht so schwerfällt, dürfen sie sich noch eine kleine Packung Gummibärchen aus einer großen Box mit sehr vielen Minipackungen aussuchen.

Die Mutter der Spielfreundin versucht es zunächst pädagogisch wertvoll: »Ihr nehmt eine Packung, und die teilt ihr dann miteinander. Okay?! Sonst ist das zu viel Zucker für eure kleinen Zähne!«

Bei dem Wort »teilen« wird uns beiden schon leicht schlecht. Kleine Kinder und Teilen. Das passt irgendwie nicht. Vielleicht hat das die Natur so eingerichtet. Die kleinen Menschlein sollen eher lernen, ihre Beute zu verteidigen und auf diese Weise ihr Überleben zu sichern. Bei der Nahrungsbeschaffung ist das ja noch nachvollziehbar, aber bei dem ganzen anderen Kram, um den sie sich streiten?!

Ein Eisköniginnen-Tretroller ist wohl in den seltensten Fällen die Rettung vor dem sicheren Tod – nein, da geht es ums Prinzip. Wobei: So abwegig ist das übrigens gar nicht. In *Zurück in die Zukunft Teil 2* hat so ein Ding Marty McFly sehr wohl das Leben gerettet. Okay, es war ein Hoverboard und kein Eisköniginnen-Tretroller, aber letztlich ist da ja gar kein Unterschied!

Kein Wunder also, dass alle Kinder, bei denen wir zu Besuch waren, erst mal rumgezickt haben, als unsere Kinder mit deren Puppenwagen, Piratenschiff oder Hüpfball spielen wollten. Alle Eltern kennen die Situationen, in denen sie vor versammelter Besuchertruppe mit Engelszungen auf ihr Kind einreden: »Lass doch Lilly auch mal damit spielen, sie gibt es dir doch dann wieder. Lilly gibt dir doch auch immer ihr Spielzeug« (was natürlich gelogen ist).

Besonders ausgeprägt ist dieses Verhalten übrigens bis vier Jahre. Danach verlagern sich die Verhaltensmuster. Was nicht heißt, dass es langweiliger wird.

Zurück zu den Gummibärchen – sich einfach eine Tüte auszusuchen, ist natürlich nicht möglich. Das würde dem Thema ja auch nicht gerecht werden. Für uns Erwachsene mögen es nur Gummibärchen sein, aber für Kinder sind es GUMMIBÄRCHEN. Beim Versuch, das zu verstehen, bringt Peter auch gerne das Beispiel von erwachsenen Frauen beim Schlussverkauf im Designer Outlet. Und so geht es in Sachen Gummibärchen-Beschlagnahme gleich richtig zur Sache:

»Nein, das ist meine!«, sagt die eine Tochter, und die andere fügt an: »Is will Cola!«

»Nein, Kinder, Cola gibt es schon mal gar nicht. Und ihr habt ja gehört. Wir nehmen EINE Packung und teilen die kleinen süßen Bärchen auf, okay?!«

»Neeeeinnn«, sagen sie nun beide abwechselnd und stampfen mit dem Fuß auf.

»Kinder, benehmt euch! Sonst gibt es gar keine!«, versucht Peter mit der nötigen Strenge zu formulieren, und wir spüren förmlich, wie die Stimmung kippt.

In dem Moment sagt die andere Mutter dankenswerterweise: »Na, wisst ihr was. Das mit dem Teilen üben wir noch. Aber so lange dürft ihr euch doch jede eine Packung aussuchen. Seid ihr damit zufrieden?!«

Während wir erleichtert sind, dass uns nun ein Wutanfall sehr wahrscheinlich erspart bleibt, und halb verunsichert über die Inkonsequenz dieses Einlenkens, fangen die Zwillinge an, in der Box zu wühlen.

»So, Kinder, dann entscheidet euch JETZT. Wir müssen dann auch los!«

»Mmmhhh«, höre ich nur unter weiterem Geraschel der Tüten.

»Will sauer und das hier!«, sagt Lilly, und Luisa stimmt mit ein: »Is auch. Is auch!«

Nun werde ich ungehalten: »Kinder, geht's eigentlich noch?! Erst solltet ihr euch EINE Packung teilen, und jetzt wollt ihr jeder ZWEI Packungen mitnehmen? So geht das nicht! Wenn ihr euch nicht SOFORT jede für EINE Packung entscheidet, gibt es hier gar nix mehr!«

Die drumherum stehenden Personen, die gerade noch voller Entzücken ob der niedlichen kleinen Mädchen waren, verstehen langsam, dass hinter jeder noch so süßen Fassade ein sehr starker Wille schlummern kann, der sich im Ernstfall weder von gesellschaftlichen Benimmregeln, Lärmschutz oder Schamgrenzen beeindrucken lässt.

Nach langem Wühlen und Überlegen schaffen wir es schließlich, dass die eine Tochter das Haus mit einer Packung saurer Gummibärchen verlässt und die andere mit ganz normalen Gummibärchen. Schon hier hätte ich stutzig werden sollen, aber ich bin einfach nur froh darüber, dass wir aus dieser Situation ohne größere Schreierei entkommen sind. Wir fahren mit dem Fahrstuhl zwei Stockwerke nach unten, und ich schiebe den Buggy aus der Tür, während die Mädchen, auf ihre noch geschlossenen Gummibärchen-Tüten starrend, neben mir hertrotten. Kaum sind wir zwei Meter aus der Tür, sagt die eine zur anderen:

»Hattu sauer? Is nich! Is hab normahal!«

Und ich füge schnell und mit extra Frohsinn in der Stimme hinzu: »Das ist doch schön. Dann könnt ihr ja was tauschen!«

Diejenige mit den sauren Gummibärchen guckt erst auf ihre Tüte, dann auf die Tüte der anderen und dann zu mir hoch und sagt entsetzt:

»Is will auch normal!«

»Schätzelein, wirklich nicht. Ihr habt doch ewig da gestanden und euch die Sachen ausgesucht, jetzt musst du auch dabei bleiben. Wir können da nicht wieder hoch und die Dinger umtauschen. Aber du kannst ja welche von deiner Schwester haben. Dann tauscht ihr eben welche miteinander!«

Die Antwort ist ein sehr entschiedenes »NEIN!«. Gefolgt von einem »Doch zurückgehen!«.

Woraufhin ich ebenso entschieden antworte: »Nein. Wir gehen jetzt nach Hause. Basta!«

Was jetzt folgt, kann man sich im Prinzip wie eine Art Tanz vorstellen. Neulich lief so eine Doku im Fernsehen über Capoeira. Diese Tanzkunst ist ja eine Mischung aus Kampf und Tanz und wird deshalb auch Kampftanz genannt. Das, was wir da im Fernsehen gesehen haben, sah so ähnlich aus wie das, was wir hier gerade erleben. Nur dass das in unserem Fall wahrscheinlich nicht ganz so ästhetisch aussieht. Es beschränkt sich vor allem darauf, dass die Kinder mich abwechselnd anspringen oder mit hochrotem Kopf an mir zerren, sodass wir uns so wenig wie möglich von der Stelle bewegen können. Und sie lassen sich von nichts und niemandem, und erst recht nicht von Papa, von ihrem Plan abbringen, eine ganz große Vorstellung hinlegen zu wollen.

Wie gesagt, eine detaillierte Schilderung dieses Vorfalls wollen wir uns aufsparen, bis die Kinder im Teenageralter sind und es größtmöglich peinlich finden, wenn ihre Eltern solche Geschichten auspacken.

Nur so viel: Während wir auf dem Weg nach Hause besagten Tanz aufführen, meint noch ein durch den Lärm aufgeschreckter Passant, eine Runde mittanzen zu wollen, und erkundigt sich erschrocken: »Was machen Sie denn mit Ihrem Kind?«

Woraufhin ich schwitzend antworte: »Wie bitte? Fragen Sie doch mal, was das Kind mit mir macht?!« … Und dann fallen noch ein paar Worte wie »Teufel« und »Exorzist anrufen«, worauf der alte Mann schnellstmöglich das Weite sucht.

Lektion 17: Ein Wutanfall kommt selten allein

Das Positive an Wutanfällen ist, dass sie so plötzlich verschwinden wie sie aufgetaucht sind. In unserem Fall wäre es besser gewesen, das Kind hätte noch auf der Promenade aufgehört zu schreien. Das hätte uns einiges an Scham erspart. Aber Hauptsache, es hört überhaupt irgendwann auf zu schreien. Völlig verschwitzt schließen wir mit den immer noch wild zappelnden Wesen die Haustür auf, und sobald wir zu Hause sind, fangen sie bitterlich an zu weinen.

»Tsuldillung. Is wollte das nis!«, tönt es aus den rot verheulten Gesichtern.

Sie teilen sich auf, die eine klammert sich an ihre Mama wie ein Koalabär an seinen Eukalyptusstamm und die andere an ihren Papa, und beide schluchzen immer wieder laut auf.

Aber so leicht lassen wir uns nicht einlullen! Denn wir sind immer noch wütend und antworten: »Ja, danke auch, dass ihr uns da draußen so blamiert habt. Wieso musste das denn jetzt sein wegen dieser Scheiß-Gummibärchen? Ich fasse es echt nicht!«, sage ich und ärgere mich direkt über das »Scheiß« in meinem Satz.

Aber augenblicklich wird mein Mama-Herz natürlich doch weich, und das doppelte heulende Etwas tut mir leid. Wie kann sich ein so unschuldig wirkendes Wesen innerhalb von Sekunden in einen solchen Ekelzwerg verwandeln und wieder zurück? Welcher Idiot hat das Betriebssystem von Kleinkindern eigentlich eingerichtet? Da ist aber gründlich was schiefgelaufen!

Wir versuchen uns einzureden, unsere Kinder seien einfach außergewöhnlich charakterstark. Denn nun merken sie, dass sie nicht ein Körperteil von Mama bzw. Papa sind, sondern eigenständige Wesen. Die Profis nennen es »Ich-Bewusstsein«. Als Peter sich kürzlich bei meinem Schwager über die »Lebhaftigkeit« unserer Kinder beschwerte, meinte der: »Na besser, als wenn sie Eckentrommler sind.« Das scheint ein Begriff aus dem Rheinischen zu sein, und damit sind Kinder gemeint, die nur so in der Ecke sitzen und vor sich hin trommeln. Und nein, solche Kinder wären uns in der Tat nicht lieber. Nur manchmal vielleicht.

Unsere Kinder sind wohl einfach nur wahnsinnig intelligent. Und zwar so intelligent, dass sie sich halt lautstark beschweren, wenn eine Banane von der »falschen« Seite geschält wurde, wenn sie überhaupt geschält wurde, wenn sie in Stücke geschnitten wurde oder wenn sie noch zu ist. Anders gesagt: Wir sind als Eltern in diesem Stadium zum Scheitern verurteilt, da wir gar nicht anders können, als alles falsch zu machen.

Und wie wir aus diversen Gesprächen mit anderen Eltern wissen, sind unsere Kinder nicht die einzigen, die sich aus Prinzip immer genau für das Gegenteil von dem entscheiden, was wir ihnen anbieten, inklusive anschließenden lautstarken Protesten.

Und oft genug sind auch wir zum Glück noch in der Beobachterposition und können andere Eltern bemitleiden, deren Kinder sich vor dem Süßigkeitenregal an der Supermarktkasse auf den Boden werfen und mit der Stirn auf den Steinboden schlagen. Und ganz ehrlich … es tut so gut, das mal von der anderen Seite aus beobachten zu dürfen. Man muss diese Momente genießen. Denn schon sehr schnell kann sich das Blatt wieder wenden. Denn heutzutage gibt es definitiv mehr Wutanfallauslösermöglichkeiten als früher.

Wie zum Beispiel diese Minieinkaufswagenautos im Supermarkt. Die gab es früher gar nicht. Jetzt gibt es so einen tollen Schnickschnack. Doch leider steht immer, also wirklich IMMER, ein Wagen zu wenig da. Nach diversen Scharmützeln im Eingangsbereich diverser Supermärkte versuchen wir nun, diese kleinen Einkaufswagenautos weiträumig zu umfahren oder die Kinder in dem Moment, wenn wir sie passieren, mit irgendetwas abzulenken. Das Gleiche müssen wir übrigens unter anderem auch bei den kleinen elektrischen Wackelautos und Pferdchen machen, in die man Münzen einwerfen muss, oder bei diversen verrosteten alten Berliner Spielplätzen. Wir sind mittlerweile Meister der Ablenkung geworden. So funktioniert Magie! Durch Ablenkung. Wir sind wie Siegfried und Roy. Aber manchmal haben auch wir unsere kleinen unkonzentrierten Momente, und ZACK haben die Kinder die Einkaufswagenautos entdeckt, und der Supermarkteingang wird zur großen Bühne, auf der ein Drama aufgeführt wird, das seinesgleichen sucht.

Und schon liegt wieder mindestens eine auf dem Boden und trommelt wild mit den Fäusten und schreit so laut, dass ich am liebsten eine Runde Ohropax an alle Umstehenden verteilen würde. Denn dummerweise stehen die Einkaufswagen und die Einkaufswagenautos ja immer dort, wo auch die Kassen angrenzen, die Obst- und Gemüsetheken UND die Bäckertheke.

Überall ist zu lesen, man solle seine Kinder durch die Wutanfallzeit »begleiten«. Ja, natürlich begleiten wir sie! Es bleibt einem auch gar nichts anderes übrig, oder soll ich sie auf dem Supermarkt-Parkplatz stehen lassen und einfach wegfahren? Das ist ja tatsächlich vor Kurzem in Japan passiert, als die Eltern eines siebenjährigen Jungen ihm eine Lektion erteilen wollten und ihn am Straßenrand stehen ließen. Als sie nach wenigen Minuten wieder zurückkehrten, war der Bursche schon im angrenzenden Wald verschwunden, und sie haben ihn erst nach einer Woche wiedergefunden. Der Kleine hat es tatsächlich geschafft, sich ganz allein eine Woche im Wald durchzuschlagen. Kaum zu glauben, wo Eltern es heutzutage oft nicht mal mehr zulassen, dass ein Kind alleine zur Schule läuft.

Ein anderer Rat im Umgang mit Wutanfällen ist auch, man solle den Raum verlassen, wenn man es gar nicht mehr aushält. Da sie sich dann die Köpfe blutig schlagen und ich mir nicht sicher wäre, ob sie sich nicht am Ende noch aus Versehen umbringen, halte ich auch diesen Rat in unserem Fall für wenig hilfreich.

Gerne wird auch dazu geraten, man solle sich bei mehrmals täglichen intensiven Wutanfällen professionelle Hilfe suchen. Und wie soll die aussehen? Vielleicht sollten wir irgendwelche Antiaufregungsmittel schlucken. Ansonsten ist das mit der professionellen Hilfe natürlich totaler Quatsch. Denn: Verrückt bleibt verrückt! Ob da nun ein Therapeut danebensteht oder nicht! Oder glaubt irgendjemand, der- oder diejenige Herr oder Frau Therapeutin sei in der Lage, die Banane »richtig« zu schälen? Wir kommen zu einem sehr erhellenden Schluss, wenn wir uns die Gründe vergegenwärtigen, die zu einem Wutanfall oder zu einem Tränendrama führen. Zusammengefasst gab es neben den bereits aufgeführten Auslösern bei uns zu Hause die schlimmsten Wutanfälle, weil:

die Hexe bei Hänsel und Gretel nicht verbrannt werden soll, weil sie doch »lieb« sei (WTF?!),

— die Spaghetti, die klein geschnitten werden sollten, nun doch wieder »ganz« sein sollen,

— wir im Naturmuseum nicht alle ausgestopften Tiere mit nach Hause nehmen können (sondern natürlich gar keins),

— die Zahnpasta weiß ist und nicht rosa,

— das Trampolin eines Spielplatzes erst für Kinder ab drei Jahren zugelassen ist und sie mit zwei Jahren noch nicht darauf dürfen,

— sie sich nicht alleine anziehen können, aber bei jeglichem Versuch der Hilfe noch mehr ausrasten,

— es nicht möglich ist, ein Kleid über eine Winterjacke DRÜBERzuziehen,

— sie das Futter, was man im Streichelzoo für die Tiere kaufen kann, doch lieber selber gegessen hätten, nachdem sie es schon verfüttert hatten,

- es nicht möglich ist, dass der kleine Plastikhut einer Playmobil-Figur auf den Kopf einer großen Puppe passt,
- das gerade abgebissene Eis doch wieder ganz sein soll,
- die Gesichtscreme nicht geeignet ist, um den Boden damit zu wischen,
- und schließlich die Tampons nicht aus der Plastikhülle geschält werden dürfen und auch nicht in einer Brotdose mit in den Kindergarten genommen werden dürfen.

Diese Liste könnte von allen Eltern sicher noch um einige Verrücktheiten ergänzt werden, aber glücklicherweise lernen wir schon bald, dass wir das Scheitern hinnehmen müssen. Wir können weder die Streichelzootiere dazu bringen, ihr Futter wieder hervorzuwürgen, noch die Spaghetti wieder »ganz« zaubern oder irgendwie versuchen zu erklären, warum zweijährige Mädchen nicht mit einer Packung Tampons in den Kindergarten gehen sollen.

Die einzige – und simple – Strategie ist: atmen, aushalten und während der Wutanfälle versuchen, an etwas Schönes zu denken. Wir haben vorsichtshalber noch den Nachbarn Bescheid gesagt, dass sie sich gerne überzeugen können, dass unsere Kinder aus freien Stücken so schreien und nicht, weil sie gerade gefoltert werden.

Wichtig ist: Auf keinen Fall nachgeben, weil die kleinen Biester sonst merken, dass ihre Wutstrategie Erfolg hat und im Zweifel immer häufiger zu dieser Maßnahme greifen.

Ein großer Trost kann sein: Nach ihren Wutanfällen zeigen sie in der Regel große Reue und sind mehr als anhänglich. Da fallen sogar Sätze wie: »Da hab is ganz ssssön Stress emacht.«

Außerdem nehmen diese Ausnahmesituationen zum Glück mit fortgeschrittenem Kindesalter ab.

Und schließlich ist es natürlich auch kein Wunder, dass die Kinder sich nicht benehmen, wenn die Eltern es schon nicht können. Denn wer flucht bei uns zu Hause immer noch am schlimmsten? Genau: Mutti!

Und da Kinder sich ALLES, aber auch ALLES von ihren Eltern abschauen, ist es kein Wunder, dass unsere Kinder die schlimmsten Schimpfwörter aussprechen können, bevor sie es schaffen, »bitte« und »danke« zu sagen.

Lektion 18: »Oh Fuck!«

Es war uns früher gar nicht bewusst, wie oft wir fluchen. Erst seit unsere Kinder uns ständig zurechtweisen, ist es uns so richtig klar geworden. Aber noch sind wir nicht so weit. Noch befinden wir uns in einem Stadium, in dem sie mit diesen ganzen Schimpfwörtern glücklicherweise nichts anfangen können. Zumindest bilden wir uns das ein. Also schimpfen wir erst mal weiter munter vor uns hin. Beim Autofahren, kleinen Zeh am Bettpfosten anhauen, neuen Pickel auf der Stirn entdecken und und und – und eigentlich ständig bei den kleinsten, eigentlich schimpfunwürdigsten Ereignissen. Wie wir feststellen mussten, benutzen wir Schimpfwörter ja auch bei Gelegenheiten wie »scheiße, ist das ein geiles Wetter heute«.

»Du dummer Wichser! Arschloch! Ich dreh durch!«, höre ich mich schreien und merke, wie mein Aggressionspotenzial gleich durch die Autodecke bricht. Ich stehe seit gefühlt zehn Minuten vor einer Ampel, habe mich ausnahmsweise ordnungsgemäß eingereiht, und nun will dieser tiefer gelegte rote Opel-Arsch so schlau sein und einfach mal an allen vorbeifahren, um sich ganz vorne reinzumogeln, und ich soll ihn auch noch reinlassen? Ich spüre, wie mein Blut meine Halsschlagader hervortreten lässt, fahre so dicht auf meinen Vordermann auf, dass ich seine ängstlichen Blicke schon durch seinen Rückspiegel sehen kann, und brülle weiter: »Dich lass ich hier garantiert nicht rein, du dummes Arschloch, (und wieder:) du Wichser!« Und ich bin kurz davor, in Mike-Tyson-Manier auszusteigen und dem Idioten mindestens das Ohr abzubeißen, als mich ein breites, belustigtes Kinderglucksen aus meiner Wut herausreißt: »Mamaaa, Wixäääär«, höre ich Luisa breit kichern, und Lilly schiebt besorgt hinterher: »Mama, du daurig?«

»Nein, ich bin nicht traurig«, entgegne ich und versuche, wie ein Engel zu säuseln, »der Mann da neben uns hat versucht, sich hier reinzudrängeln, und das hat mich gerade ein bisschen wütend gemacht.«

Nicht auszudenken, wenn Peter mit im Auto gewesen wäre. Aber dann wäre ich sehr wahrscheinlich nicht so ausgerastet, da ich weiß, dass er kaum etwas mehr hasst als meinen Fahr- und Brüllstil. Deshalb lässt er mich auch so gut wie nie ans Steuer. Ganz abgesehen davon, dass ich gerne mal mit der Tür den einen oder anderen Pfosten streife, findet er meine sprachlichen Aussetzer ungefähr so anziehend, wie wenn ich ihm vorschlagen würde, im Swingerclub »Zwanglos III« vorbeizuschauen. Da fahren wir öfters dran vorbei und sind uns ausnahmsweise einig, dass es uns rätselhaft bleibt, warum die nicht wenigstens mal ihren Eingang herrichten. Das Ding sieht aus, als sei seit den Sechzigerjahren nicht mehr renoviert, geschweige denn geputzt worden. Was das wohl für Leute sind, die da gerne verkehren? Während ich noch krampfhaft versuche, mein Kopfkino auszuschalten, höre ich vom Rücksitz die nächste Frage. Luisa, immer noch glucksend: »Ein Wixäääär? Der macht?« Und augenblicklich mich, wieder engelsgleich säuselnd: »Du, Luisa, das ist ein Schimpfwort, und der macht gar nix, das sagt man halt so, und das war auch gerade nicht so toll, dass die Mama das gesagt hat.«

Und damit sie nicht weiter Fragen stellen kann, mache ich schnell ihr Lieblingslied »Als unser Mops ein Möpschen war« an, drehe es laut und fange noch lauter an mitzusingen und denke parallel an mein Lieblingsschimpfwort »Fuck«, das mal fast einen Eklat verursacht hätte.

Angefangen hat es, als die Zwillinge ungefähr anderthalb Jahre alt waren. Wir sind in Ober-Ramstadt, dem Ort, in dem ich aufgewachsen bin. Als ich noch klein war, schmückte es sich mit einem Schild am Ortseingang, auf dem stand: »Das Tor zum Odenwald. Beheiztes Freibad.«

Das Haus meiner Eltern liegt am Feldrand auf einem Hügel mit Blick auf einen Feldweg, auf dem wir als Kinder immer gerodelt sind. Damals wäre es undenkbar gewesen, dass immer irgendwelche Eltern dabei gewesen wären, um aufzupassen. Alles, was uns damals gesagt wurde, war: »Wenn es dunkel wird, kommst du wieder nach Hause!« Und die älteren Nachbarskinder passten auf die Jüngeren auf. Mein Kindergarten war direkt neben diesem Feldweg, und kein einziges Kind hatte irgendwelche Einschränkungen durch Lactoseintoleranz, Allergien oder Glutenunverträglichkeit.

Heutzutage sitzen wir auf Elternabenden im Kindergarten, wo anderthalb Stunden darüber diskutiert wird, ob es sinnvoll ist, für die Kindergartengruppe einen extra Kühlschrank anzuschaffen, um die ganzen Extrawürste bzw. Extrajoghurts zu kühlen.

Früher war diese ganze Elternwelt noch einfacher gestrickt. Das merken wir vor allem bei diesem Besuch bei meinen Eltern, als die neue Elternwelt auf die alte Elternwelt trifft. Nach einem halben

Tag haben wir es geschafft, meine Mutter an den Rand des Durchdrehens zu bringen: »Aus der Küche!«, höre ich sie in einer schrillen Tonlage rufen. Meine Mutter hat strenge Prinzipien, und Kinder haben zu gehorchen. Egal, in welchem Alter. Also im Zweifel eben auch schon als noch sabberndes, nichts checkendes Baby. In exakt demselben Ton, wie sie die Zwillinge nun aus der Küche vertreibt, hat sie früher auch immer unseren treudoofen Golden Retriever aus der Küche geschmissen, der mich in meiner Jugend begleitet hat.

»Eva, die Kinder sind nicht erzogen! Das muss ich dir jetzt mal sagen!«, ermahnt sie mich und schiebt nach: »Das geht doch nicht!«.

»Mama, die sind doch erst anderthalb! Was soll ich denn da erziehen?«, versuche ich halb lachend und halb schuldbewusst, mich für das Töpfe-Ausräumen zu rechtfertigen, doch schon schießt sie hinterher: »Die Erziehung beginnt am ersten Tag! Dieses Laissez-faire, das funktioniert nicht!«

Die Töpfe befinden sich in der Küche meiner Eltern alle genau auf »Ausräumhöhe« in Bodennähe. Die Zwillinge haben großen Spaß daran, alle sich in den Schränken befindenden Töpfe auszuräumen und anschließend laut die Schranktüren auf- und zuzuschlagen.

Peter hat schon längst klugerweise den Raum verlassen, und ich versuche, die Töpfe wieder an ihren Platz zu räumen, ohne dass Lilly und Luisa sie sofort wieder rausreißen. Was uns irgendwann noch mal in den Wahnsinn treibt, ist dieses nicht enden wollende Aufräumen und wieder Zurechtrücken. Manchmal haben wir das Gefühl, 90 Prozent der Zeit damit zu verbringen, die Verwüstungen unserer Kinder wieder in Ordnung zu bringen.

Ich setze die Kinder ins Esszimmer und schließe die Küchentür. Diese Baustelle ist erst mal abgeriegelt, und ich schaue mit mulmigem Gefühl dem gemeinsamen Abendessen entgegen. Mein Papa hat in freudiger Erwartung, dass er mit der Großfamilie am Tisch sitzen wird, schon die Kinderstühlchen an den Esstisch geschoben, und ich ärgere mich, dass meine leichte Panik über das Nicht-Benehmen meiner Kinder die Freude über ein gemeinsames Abendessens überwiegt. Aber ich platze fast vor Stolz, als sich Luisa freiwillig die ersten Salatblätter in den Mund steckt und Lilly auch immerhin so viel isst, dass sie von meiner Mutter gelobt wird.

Denn für meine Mutter ist nur ein essendes Kind ein gutes Kind. Das gilt übrigens auch für (potenzielle) Schwiegersöhne. Als Peter das erste Mal zu Besuch war, habe ich ihn vorher extra gebrieft, möglichst viel zu essen, und er war danach so vollgefressen, dass er kaum noch in der Lage war aufzustehen.

Im Moment lachen wir darüber, dass unsere Kinder sich das Essen mit den Händen in den Mund stopfen und weder Löffel noch Gabel zum Einsatz kommen.

Mein Vater findet das besonders lustig und betont, dass in afrikanischen Restaurants auch so gegessen würde. Bevor ich mich darüber aufregen kann, steht Lilly unvermittelt von ihrem Stühlchen auf und ruft »Oh Fuck« und fängt darüber laut an zu lachen. Wir sind erschüttert. Woher hat sie das JETZT? Und warum tut sie das? Sogleich steht ihre Schwester auch auf und ruft laut »Oh Fuck«. Meine Eltern gucken uns mit versteinerter Miene an. Und ich wünsche mir Prinzessin Lillifee herbei … sie möge uns einfach nach Hause hexen. Aber nein, in das »Oh Fuck«-Gekicher-Gebrülle steht meine Mutter auf und ruft: »Also das wird mir hier zu laut!«

Daraufhin Peter zu den Kindern: »Na toll, jetzt habt ihr die Oma vertrieben.« Und anstatt sich reumütig und brav wieder hinzusetzen, fangen sie laut an zu klatschen und rufen im Doppel: »Super jemacht!!«.

Im Nachhinein mussten wir noch sehr oft über diesen Auftritt unserer Entertainment-Girls lachen, die einfach überhaupt keine Ahnung hatten, was sie da sagten. Definitiv müssen wir daran arbeiten, weniger zu fluchen, aber wie wir später noch erfahren werden, muss das Gefluche nicht automatisch dazu führen, dass die Kinder ebenso unflätig werden wie ihre Eltern. Ganz im Gegenteil.

Bewahren kann man sie ohnehin nicht vor der Welt der Schimpfwörter. Und selten sieht man Kinder so glücklich glucksen wie in den Momenten, wenn sie verbal richtig auf die Kacke hauen. Auf der Hitliste der glückselig machenden Schimpfwörter ganz oben finden wir:

»Hallo, ich bin Kacka!«

»Du Kackaschuh!«

Oder auch den Klassiker, den wir schon früher immer gerufen haben – und uns seitdem fragen, was das überhaupt heißen soll:

»Fang mich doch, du Eierloch!«

In einer gewissen Phase ist alles irgendwie kacka. Und wenn man ein bisschen mitlacht und gar nicht groß drauf eingeht, verliert das Ganze ziemlich schnell wieder an Reiz.

Lektion 19: Einzug ins Hüpfparadies?

Etwas, das ab einem bestimmten Alter in keinem Haushalt fehlen darf, ist ein Trampolin. In der Regel kaufen Eltern, die alles richtig machen wollen, ein Teil mit einem Durchmesser von zweieinhalb Metern. Damit ist zumindest unser Garten voll, aber was tut man nicht alles für den Nachwuchs?! Früher haben wir uns ab und zu Gartenzeitschriften gekauft oder Bücher mit so inspirierenden Titeln wie »Gärtnern für Anfänger«, weil wir abwechselnd von einem Steingarten, einer Blumenwohlfühloase für heimische Vögel und Schmetterlinge und einem Nutzgarten für unsere Selbstversorgerambitionen geträumt haben. Aber das Praktische ist: Sobald man Kinder im lauffähigen Alter hat, muss man sich über die Gestaltung des Gartens keine Gedanken mehr machen. Weil das dann nämlich die Kinder übernehmen. Wobei nicht sofort erkennbar ist, welchen Plan sie dabei verfolgen. Zunächst sieht es erst mal danach aus, als würden sie alles einfach nur platt trampeln. Aber das stimmt nicht. Sie schaufeln auch eimerweise Sand aus der Sandkiste auf das, was noch vom Rasen übrig ist, und knicken alle Äste des Apfelbaums ab, die eh zu dünn sind, um in einem Garten mit Kindern lange zu überleben.

Und dann ist da ja noch das schöne Plastikspielzeug! Und überall fliegen gelbe, rote, pinke, blaue und grüne Förmchen, Schaufeln, Eimer und Windrädchen herum. Was Sinn macht. So hat jedes Kind, egal, wo es sich im Garten befindet, direkt Zugriff auf mindestens eine Schaufel und ein Eimerchen.

Und in diesem wunderschönen Garten der Villa Kunterbunt hat nur noch so ein wunderschönes Trampolin gefehlt. Wobei sich »wunderschön« in diesem Fall natürlich nicht auf die Optik bezieht. Denn mit dem Kauf glauben wir, gleich vier Fliegen mit einer Klatsche zu schlagen:

— Die Kinder sind an der frischen Luft.
— Die Kinder gucken kein Fernsehen.
— Wir haben unsere Ruhe.
— Die Kinder hüpfen sich müde und schlafen abends schneller ein.

Die Punkte 3 und 4 stehen auf unserer Erziehungsprioritätenliste ganz oben. Wir sehen uns schon mit einem Glas Erdbeerbowle in der Hand auf unserer Gartengarnitur liegen, während unsere glücklichen Zwillinge fröhlich lachend vor unserer Nase auf dem Trampolin herumhopsen. Und das klingt so verlockend, dass wir plötzlich darauf brennen, sofort und auf der Stelle ein solches Ding zu kaufen. Dass wir schon beim Einladen des Ungetüms ins Auto scheitern, ist möglicherweise schon ein schlechtes Omen für unsere weitere Beziehung zu diesem Gerät.

Aber fangen wir am besten von vorn an: Es ist einer dieser tristen Tage im März, an denen man *verzweifeln* möchte an dem Grau des Himmels und sich fragt, ob der Winter noch vorhat, dem Frühling Platz zu machen, oder ob wir noch bis in den April hinein mit Winterjacken durch die Gegend rennen müssen.

Zwischen Kinder im Winter für draußen anziehen und Kinder im Sommer für draußen anziehen besteht außerdem noch ein extra Zeitkillerunterschied, da im Winter neben den üblichen »Das nicht«-Diskussionen auch noch die Diskussionen darüber einzuplanen sind, ob nun Handschuhe und Mütze angezogen werden müssen oder nicht. Bis wir also für einen Shopping-Trip das Haus verlassen, gehen gerne anderthalb Stunden drauf.

Unsere Zwillinge sind genau zwei Jahre und sieben Monate alt, und wir sind ein bisschen vorfreudig aufgeregt, dass wir ihnen schon heute Abend ihre neue Tobestation im Garten präsentieren können.

Damit wir nicht enttäuscht werden, hat Peter heute früh schon sämtliche Filialen dieses amerikanischen Kinderspielzeug-Discounters angerufen und uns im nächstgelegenen Geschäft ein Exemplar reserviert:

»Ich habe keine Lust, mit den quengelnden Kindern durch die

ganze Stadt zu fahren, und dann finden wir am Ende nicht mal so ein Teil. Nein, das muss vorbereitet sein!«

Das waren seine Worte am Frühstückstisch, und nun sitzen wir also alle miteinander in unserem Kombi und haben eine 20-minütige Fahrt vor uns, um das Ding abzuholen.

Wir schaffen es glücklicherweise unfallfrei bis zum Paradies für Kinder. Im Parkhaus bauen wir unseren Doppelkinderwagen auf und setzen die Zwillinge rein, damit wir sie schnell durch den Laden schieben können, um sie an all den verführerischen Spielzeugen vorbeizuschleusen. Aber kaum geht die automatische Schiebetür in einen der für Eltern herausforderndsten Orte der Welt auf, geht es auch schon los.

Diese Marketingspezialisten haben das ja alles psychologisch so eingeräumt und aufgebaut, dass man grundsätzlich Sachen kauft, von denen man gar nicht wusste, dass sie überhaupt existieren, und die garantiert spätestens zwei Tage später in irgendeiner Ecke des Kinderzimmers rumfliegen und nie mehr beachtet werden.

Das erste Objekt der Begierde ist ein Lolli, dessen Durchmesser ungefähr so groß ist wie der Kopf der Kinder.

»Haben will!«, quäkt Luisa, und Lilly stimmt ein:

»Jaaa, Lolli, Lolli.«

»Nein, Kinder, das ist nicht lecker. Denkt an den Schlecker-Jörg! Die Geschichte vom Schlecker-Jörg ist ein Buch, in dem den Kindern erklärt wird, was passiert, wenn man wie der Schlecker-Jörg zu viel Süßigkeiten isst und sich nie die Zähne putzt. Wir sind uns sicher, dass dieses Buch aber eigentlich für die Eltern geschrieben wurde, damit sie ihren Kindern wahlweise Süßigkeiten madig machen oder sie zum Zähneputzen bringen können.

Um sie weiter abzulenken, fangen wir an, mit dem Doppelkinderwagen durch die langen Gänge des Ladens zu rennen (bloß nicht anhalten!), um endlich einen Mitarbeiter zu finden, der uns unser vorbestelltes Trampolin übergeben wird. Ein Kollege versucht, sich gerade noch Richtung Lager in Sicherheit zu bringen, da fängt Peter schon von Weitem an zu rufen: »Entschuldigung, wir möchten ein Trampolin abholen.«

»Trampoline?! Ham wa nich«, raunt uns der Mitarbeiter zu und versucht gerade, hinter der Tür zu verschwinden, als ich schnell anfange zu säuseln: »Doch, mein Mann hat heute Morgen angerufen und eins vorbestellt. Sie haben ganz sicher eins da!«

Er fängt an zu seufzen und presst gerade noch hervor: »Moment …« Dann fällt die Tür hinter ihm zu, und er ist verschwunden.

»Ich habe ja gleich gesagt, es war eine Scheißidee hierherzufahren«, pampe ich Peter an.

»Jetzt entspann dich mal. Der kommt doch gleich wieder und kümmert sich bestimmt gerade drum!«, antwortet der bestimmt.

»Ja, genau! Deshalb ist er jetzt auch verschwunden. Oh Mann, Peter! Warum haben wir das Ding nicht einfach im Internet bestellt? Ich könnte kotzen! Musste das denn jetzt unbedingt HEUTE sein? Sorry, aber ich versteh es nicht!«

»Du wolltest es genauso wie ich! Wenn wir es im Internet bestellt hätten, wäre es ja nicht mehr rechtzeitig angekommen. Und außerdem habe ich nächste Woche wieder Sendung, und ich glaube nicht, dass du Bock hast, das Ding allein aufzubauen!«

Mit etwas Abstand betrachtet und in Anbetracht der Tatsache, dass es hier um ein Trampolin ging, schämen wir uns ein bisschen für dieses Gespräch.

Ich will gerade weiterschimpfen, da fangen Lilly und Luisa in ihrem Wagen derart an zu nölen, dass ich sie von ihrem Kinderwagengurt freilassen muss. Garantiert wurden sie jetzt so unruhig,

weil wir uns streiten, versucht mir mein schlechtes Gewissen einzureden, aber bevor ich mich weiter darum kümmern kann, öffnet
sich die Tür zum Lager, und der Mitarbeiter von eben taucht wieder
auf: »Hören Se, ick hab's jefunden. Hamse 'nen Transporter dabei?«

»Äh, wie bitte?« Wir gucken uns fragend an.

Er fängt müde an zu lachen: »Was ham Se jedacht? Dit wäre für
de Puppen oder was?! Dit is zwei Meter hoch, dit Dingen!«

»Oh! Ja, natürlich«, antworte ich entsetzt, und Peter fügt
an: »Können wir es vielleicht in den Einzelteilen mitnehmen? Dann
müsste es doch gehen, wir haben einen Kombi!«

»Sie trauen sich was, junger Mann«, antwortet der Mitarbeiter
halb beeindruckt und halb genervt und fährt fort: »Na, es hilft ja
nüscht. Ick bring ihnen dit zum Lieferanteneingang. Da können Se
parken. Fragen Se mal vorne an der Info, die erklären Ihnen den
Weg.« Und schwupps ist er verschwunden.

Wir waren in den letzten Minuten so auf unser Trampolin-Beför-
derungsproblem fixiert, dass wir nicht bemerkt haben, was unsere
Kinder in der Zeit anstellen. Als wir um die Ecke gucken, sehen wir,
dass sie die komplette untere Reihe mit verpackten Spielzeugautos
und anderem Schrottkram ausgeräumt haben und sich munter die
Sachen gegenseitig zuwerfen.

Wir stürzen uns sofort auf sie und reißen ihnen die Sachen aus
der Hand: »Nein, das geht doch nicht! Das könnt ihr doch nicht
machen! Das gehört euch doch gar nicht!«, versuche ich, einen auf
autoritär zu machen, und gucke so streng ich kann.

Sofort brechen beide in Tränen aus und fangen ganz fürchterlich
an zu schreien. Mit »Ist ja gut« und »Schhhhh schhhhh«-Lauten
versucht Peter, den Lärmpegel wieder runterzudimmen, und wir
nehmen die Kinder beide auf den Arm. Mühsam schieben wir uns

und unseren Kinderwagen Richtung Kasse, bezahlen für das Trampolin 169 Euro und lassen uns den Weg zum Lieferanteneingang erklären.

Da dieser ziemlich kompliziert zu erreichen ist, werden wir leicht nervös. Wird der Kollegen von eben überhaupt auf uns warten, oder stehen wir gleich wieder vor einer verschlossenen Tür am Ende einer Laderampe? Der wirkte ja eh schon die ganze Zeit so, als wären wir des großartigen Trampolins gar nicht würdig. Wir rennen zum Parkhaus, werfen die Kinder in die Kindersitze und den Kinderwagen in den Kofferraum und setzen mit quietschenden Reifen das Auto aus der Parklücke.

Der Lieferanteneingang ist groß und sieht aus wie eine düstere Halle. Beim Reinfahren fällt unser Blick zuerst auf die riesigen Container und Mülltonnen, die überall rumstehen, und dann auf einen schwarzen, tiefer gelegten BMW mit zwei finster dreinblickenden Gestalten, der in einer Ecke parkt.

Die Szenerie ist unheimlich, und wir fahren vorsichtig Richtung Laderampe. Zum Glück geht in dem Moment die Tür auf, und der Typ von vorhin schiebt auf einem Hubwagen mehrere riesige braune Papp-Pakete an den Rand der Rampe. Wir parken genau daneben und werfen noch einen vorsichtigen Blick in die Richtung des schwarzen Autos, entscheiden uns dann aber dafür, lieber schnell alles einzupacken und abzuhauen. Es ist nicht ersichtlich, was da getrieben wird, und wir haben genug mit uns selbst zu tun. Unser Trampolin-Verkäufer lädt die Pakete ab. »Na, dann mal viel Spaß damit. Hals und Beinbruch«, höhnt er und ist so schnell verschwunden, wie er erschienen war.

Lektion 20: Das Todes-Trampolin

Nun müssen wir die gefühlten 100 Einzelteile des Trampolins irgendwie ins Auto kriegen:

»So, Schatzi, dann pack mal mit an!«, sagt Peter voller Tatendrang. Ich hasse es, wenn er mich Schatzi nennt. »Hier, Kinder, das ist euer Trampolin. Also die Einzelteile davon! Und die müssen jetzt alle hier ins Auto!«, mahne ich die Kinder an, die nur freudig antworten: »Dampelin, ja, ja!«

Wir kramen einen Kugelschreiber aus der Mittelkonsole unseres Autos, um damit die Klebestreifen der Pakete aufzuschlitzen, und fangen an, die unzähligen Stangen, das Netz, die Federn und sonstige dazugehörige Teile auszupacken. Noch ist es uns ein Rätsel, wie der ganze Kram in das Auto passen soll, aber wir fangen einfach mal an zu stapeln. Und wir stapeln und stapeln und stapeln so lange, bis die Kinder kaum noch zwischen den Stangen hervorgucken können.

»Meinst du nicht, das ist gefährlich?«, frage ich Peter vorsichtig.

»Papperlapapp! Wir müssen das Ding jetzt irgendwie nach Hause kriegen. Und es ist mir auch schon egal wie!«

Da auch der Vordersitz komplett dicht ist, quetsche ich mich hinten irgendwie zwischen die Kindersitze und versuche, flach zu atmen.

Das Auto hängt wie ein Hängebauchschwein durch. Mit dem ganzen klirrenden Gestänge eiern wir vorsichtig nach Hause. Mittlerweile ist es Nachmittag, und natürlich möchte mein ehrgeiziger Mann das Ding sofort aufbauen. Alle Einzelteile werden also fein säuberlich im Garten ausgelegt, und die Kinder hüpfen drumherum und rufen immer wieder: »Dampelin! Dampelin!«

Siegessicher spannen wir die Federn und kämpfen mit den Stangen, bis das Ding steht, unseren Garten komplett einnimmt und zwei Meter in die Höhe ragt.

»Mein Rücken! Oaaahh«, stöhnt Peter, und ich füge wenig hilfreich hinzu: »Du hättest es ja nicht alles JETZT machen müssen. Nie passt du auf dich auf, dabei hattest du doch schon so viele Bandscheibenvorfälle!« Es waren genau zwei, aber das ist jetzt egal. Hauptsache, das Trampolin steht. Und zwar mit gesichertem Netz und Reißverschluss drumherum, damit auch ja kein Kind rausfallen kann.

Und nun sollen natürlich unsere Kinder sich darin austoben. Das ist unsere Wunschvorstellung. Aber wie so oft klaffen Wunsch und Realität sehr weit auseinander. Denn sie wollen nicht. Ängstlich schauen sie zu dem Riesending hoch und sagen plötzlich: »Dampelin?! Nein!!!« Und: »Angst!«

Wir fassen es nicht. Wofür haben wir jetzt so einen Aufriss gemacht? Nein, das können wir uns nicht gefallen lassen. Wir schnappen sie beide, schieben sie durch den offenen Reißverschluss auf die Fläche des Trampolins und machen schnell den Reißverschluss hinter ihnen zu. Nun sitzen sie da leicht verstört, gucken uns verunsichert an und fangen immerhin an, vorsichtig auf dem Hintern sitzend auf und ab zu wippen.

»Jaaa, das macht Spaß! Und jetzt aufstehen und hüpfen!«, feuern wir sie in bester Animateursmanier an.

Nachdem sie sich weigern aufzustehen und uns wie verschreckte Kaninchen aus ihrem Stall heraus anschauen, haben wir Erbarmen und heben sie wieder heraus. Wir sind enttäuscht. Dabei wollten wir ihnen doch so viel bieten! Morgen wird alles gut, schwören wir uns und wagen am nächsten Tag einen neuen Versuch.

Und tatsächlich – noch vor dem Frühstück können sie es kaum abwarten und wagen sich auf ihr neues Spielgerät. Voller Euphorie hopsen sie unter lauten »Hui-hui«-Rufen hoch und runter und dotzen aneinander. Und schon gibt es den ersten Streit auf dem Ding. »Mann, Lilly«, quiekt Luisa und zieht ihrer Schwester an den Haaren, die wiederum anfängt, mit dem Mund nach ihr zu schnappen, als sei sie ein Hund.

Peter und ich springen synchron vom Frühstückstisch auf und sprinten Richtung Trampolin. »Wenn ihr euch nicht benehmt, bauen wir das Trampolin SOFORT wieder ab!«

Aber meine Drohung hilft nichts. Um sie auseinanderzubringen, muss ich erst selbst hineinklettern und sie voneinander wegziehen. Nun schreien sie beide so laut, dass sich die schrillen Töne in meinen Ohren nur so überschlagen. Es ist wieder einer dieser Momente, in denen ich denke, dass gleich jemand das Jugendamt anruft. Oder die Polizei. Oder beide. Es ist Sonntag, sieben Uhr morgens, wohlgemerkt.

»Ihr vertragt euch jetzt!«, kreische ich in das Geschrei, als ob das was bringen würde. Mühsam robbe ich über das Trampolin mit dem einen Kind unter dem Arm zurück zum Ausstieg. Während wir uns rausschälen, bleibt sie mit ihren Haaren im Reißverschluss hängen und schreit noch lauter. Derweil hat die andere inzwischen offensichtlich großen Spaß an den Schmerzen ihrer Schwester und guckt uns von der Mitte der Trampolinfläche belustigt zu. »Lilly, das ist nicht lustig!«, versuche ich, an ihr Gewissen zu appellieren.

»Ein bissen ssson!«, erwidert sie kichernd. Ehrlich gesagt, finde ich diesen Spruch ziemlich lustig, will es mir aber auf keinen Fall anmerken lassen und schleppe deswegen wortkarg das mittlerweile erbärmlich schluchzende Kind auf meinem Arm Richtung Terrassentür. »Aua, Haare!«, jammert Luisa vor sich hin.

Lilly hat derweil den Spaß ihres Lebens und springt auf dem Trampolin unter lauten »Juchhuuu«-Rufen hin und her und lässt sich immer wieder in das Netz fallen. Als ich gerade die Terrassentür aufmache und auf Peter am Frühstückstisch zusteuere, passiert es. Ein gellendes »Aua, Bein!«, was durch weitere »Aua«-Schreie abgelöst wird, ertönt in meinem Rücken.

Entsetzt lasse ich den Haufen Elend auf meinem Arm fast fallen, drehe mich um und sprinte zu Lilly, die sich im Netz festkrallt und das rechte Bein komisch baumelnd hochhebt.

Was nun folgt, ist eine Geschichte, die sich die beiden in den nächsten Jahren immer wieder erzählen werden. Vor allem weil Lilly zum ersten Mal nach ihrer Geburt, also bei vollem Bewusstsein, in ein Krankenhaus kommen sollte und weil Luisa zum ersten Mal alleine in die Kita musste.

Da sitzt nun also die kleine Lilly und wimmert »Aua Bein«. Das ist erst mal nichts Ungewöhnliches, da ständig irgendwas »Aua« ist. Denn für ein »Aua« gibt es immer besonders viel Aufmerksamkeit von Mami und Papi. Wobei auch das nachlässt, wenn die Auas inflationär eingesetzt werden. Mittlerweile gibt es für ein »Aua« nur noch einen oberflächlichen Kontrollblick. Ansonsten wurde »Aua« als Auslöser für elterliche Panikattacken durch »Blut« ersetzt.

Auf jeden Fall wird das mit dem »Aua Bein« wieder vorbeigehen, denken wir und lenken Lilly erst mal mit dem Abendessen ab. Als sie aber später beim Schlafengehen und auch in der Nacht immer wieder anfängt, über das Bein zu klagen, wird uns doch etwas anders.

Gleich am nächsten Morgen fährt Peter mit Lilly ins Krankenhaus. Was sie extrem spannend findet und weswegen sie völlig aufgekratzt ist. Peter will schon wieder umdrehen, weil ihm sein Kind für die Notaufnahme nicht jammernd genug erscheint. Er wurde da schon mal ganz rüde auf die reguläre Sprechstunde verwiesen, obwohl seine Schulter, wie er es sagte, schmerzte, als hätte man ein stumpfes Messer reingerammt und immer wieder umgedreht.

Aber offensichtlich sind kleine Kinder, die mit großen Augen dastehen und »Aua Bein« sagen, etwas anderes. Und spätestens als Lilly dann vom Arzt untersucht werden soll, verhält sie sich auch endlich so, wie sich kleine, kranke Kinder in einer Notaufnahme benehmen sollen. Statt die vielen blinkenden Geräte zu bestaunen, den Hocker mit den Rollen durch den Raum zu schießen und »Hänschen Klein« zu singen, fängt sie an zu weinen. Der Arzt bemerkt erst später, dass sie das nicht wegen ihres Beins, sondern wegen ihm tut.

Nach diversen Untersuchungen inklusive Röntgenaufnahmen sind alle fix und fertig. Der Arzt, die Arzthelferin, die Röntgenschwester und Peter. Nur Lilly ist plötzlich gut drauf. Sie hat ja auch nichts. Das Aua Bein ist verflogen, und sie schafft es sogar, dass der Arzt ihr einen völlig unnützen Verband anlegt, mit dem sie dann zu Hause angeben kann. Sie hüpft wie ein junges Rehkitz aus dem Krankenhaus und denkt, sie wäre die Größte.

Luisa ist inzwischen unter großem Protest alleine in die Kita gebracht worden. Ohne Lilly. Das war bisher undenkbar. Die beiden waren halt schon immer zusammen. Für sie ist es einfach völlig selbstverständlich, dass da immer noch die andere Schwester ist. Alleine sein kannten die gar nicht. Bis halt jetzt das Trampolin in ihr Leben trat.

Mal wieder sind wir gescheitert. An einem »Aua«. Aber dafür wurden wir um eine gemeinsame Familiengeschichte bereichert. Die erste Geschichte, die vor allem von den Kindern immer wieder erzählt wird.

Lektion 21: Kotze und Kaviar

Es gibt im Grunde genommen vor allem zwei Sorten von Eltern: die einen sind die, die ihre Kinder überall mit hinschleppen und der Meinung sind, die Kinder können sich schon anpassen, und denen es vor allem um das eigene Wohl geht, und die anderen die, die ihren ganzen Tag um die vermeintlichen Bedürfnisse der Kinder herum organisieren und sich niemals, aber auch wirklich niemals zwischen 11 und 15 Uhr verabreden können, da dann Mittagsschlafzeit ist. Wir wären gerne sehr organisiert wie letztere Sorte, es ist uns aber zu mühsam, so zu leben. Wir wollen mit unseren Kindern den größtmöglichen Spaß zusammen erleben und uns so wenig wie möglich einschränken lassen. Ganz abgesehen davon, dass das mit dem Mittagsschlaf meistens nicht so uhrzeitgenau klappt und sie immer dann einschlafen, wenn man es nicht gebrauchen kann (im Auto), und genauso dann nicht schlafen, wenn man es gebrauchen könnte (im Restaurant).

Und somit wagen wir immer wieder Ausflüge, die wir im Nachhinein bereuen. Wie an diesem wunderschönen Frühlingstag. Wir freuen uns auf unseren geplanten Ausflug in die Feinkostabteilung eines großen Berliner Nobelkaufhauses. Es gibt wenig dekadentere Orte als diesen mit seinen drapierten Köstlichkeiten. Noch ein Glas Wein dazu, und der Tag ist gerettet. Oder wie unsere Freundin Patzy sagen würde: »Es geht nichts über einen leichten Glimmer am Tage.« Normalerweise macht das nur die alte, Pelzmantel tragende Westberliner Schickeria, aber heute kommen wir. Und so viel sei jetzt schon verraten, diesen Ausflug werden weder wir noch die feine Kundschaft an der Meeresfrüchte-Bar so schnell vergessen.

Eigentlich hätten wir schon direkt nach dem Verriegeln der Haustür merken müssen, dass wir uns unsere Ausflugsidee noch mal durch den Kopf gehen lassen sollten, als Luisa selbiges noch auf dem Weg zum Auto mit ihrem Frühstück machte und ein dicker Flatscher vor unseren Füßen landet.

Noch versuchen wir indessen, das Ganze positiv zu sehen: »Ach, die hat bestimmt nur eben zu viel gegessen. Lass uns trotzdem fahren. Jetzt ist ja alles raus.«

Schließlich hatten wir uns so sehr auf die Fischplatten, Patisseriezaubereien und Schokobrunnen gefreut, dass wir uns doch von einem kotzenden Kind nicht die Laune kaputtmachen lassen! Und immerhin schaffen wir fast zwei Kilometer kotzfrei, dann geht es los. Ein riesengroßer Strahl schießt durchs Auto und landet in meinem Nacken.

Nun ist Peter der Zweifelnde: »Vielleicht sollten wir doch lieber wieder umkehren?«

»Ach was«, antworte ich leicht angewidert, während ich mich in meinem Gurt winde und versuche, mir mit einem Feuchttuch in der Hand den Nacken abzuwischen und mit der anderen Hand Luisas Hals und den Plastikdeckel des Kindersitzes. Als besorgte Eltern haben wir natürlich den Autositz mit dem Testurteil »sehr gut« gekauft. Für den besonderen Schutz werden die Kinder mit einem extragroßen Plastikteil eingepfercht, was sie hassen. Aber nichts geht über die Sicherheit! Unfassbar, dass wir als Kinder früher sogar bei Autobahnfahrten unangeschnallt quer auf der Rückbank lagen. Meinem Vater hätte ich was erzählt, wenn der es gewagt hätte, mich anzuschnallen. Und never ever hätte der mich in so ein Plastikgestell reinzwängen können!

Nun kratze ich also mit diesem Feuchttuch das Erbrochene vom Plastikgestell und freue mich, dass wir wenigstens an Feuchttücher gedacht haben. Hey, wir sind gute Eltern! Wechselklamotten haben wir aber leider vergessen. Immerhin ist Lilly gut drauf, zeigt auf ihre Schwester und gluckst lachend: »Hat Luisa ekotzt?!«

Wenn wir Erwachsenen noch unseren Kinderhumor behalten hätten, wäre die Welt ein bisschen leichter. Über was sich Kinder kaputtlachen, ist kaum zu glauben. Da wird ständig laut losgeprustet – vor allem, wenn es ums Pupsen, Popel oder Popokram geht. Alles Eklige finden die saukomisch! Wer also ein Kleinkind zum Lachen bringen will, wirft einfach Begriffe wie »Kackapups« oder »Kackaschuh« in den Raum, fängt selbst ein bisschen an, darüber zu lachen, und schon steigt die Stimmung mindestens auf Bierzeltniveau.

Wir parken im Parkhaus, packen unseren Zwillingskinderwagen aus und zwängen uns durch den Übergang durch die schmalen Türen direkt in die Abteilung mit der Kinderdesignermode. Wir bleiben vor den unendlich vornehm aussehenden und sehr teuren Armani- und Chloé-Kleidchen für die ganz Kleinen stehen und fragen uns, wie andere Eltern es schaffen, diese Kostbarkeiten sauber zu halten. Als wir die Preise sehen, sind wir erleichtert, dass wir dieses Problem wohl nie haben werden. Wir staunen auch immer wieder über die topgestylten Kleinkinder auf den Minimodeblogs. Da sind kleine Mädchen so schick wie ihre Mamas, tragen Kettchen und Haarbänder und haben allesamt diese wunderschön gekämmten oder gar geflochtenen Haare – bei uns rennen die Mädels einfach weg, wenn man sie kämmen will, Kopfschmuck wird in Sekundenschnelle runtergerissen, kritisch beäugt und im besten Fall nicht sofort auseinandergefleddert, und so ein Kleidchen wäre nach drei Minuten in unserem Sandkasten auch sofort hinüber. Was machen wir nur falsch?

Bevor wir weiter darüber nachdenken können, hören wir neben uns ein untrügliches Würgen, und schon schießt ein Strahl an uns vorbei, und ich schaffe es gerade noch, den Kinderwagen so zu drehen, dass die Kleiderständer verschont bleiben. Und dieses Mal ist es nicht Luisa, sondern Lilly, deren Mageninhalt nun auf dem frisch gewienerten Boden des Luxuskaufhauses gelandet ist. Erschrocken gucken wir uns alle an und denken sofort so was wie »Schnell weg hier«, als auch schon eine sehr aufgeregte Verkäuferin herbeigeeilt kommt. »Ich weiß gar nicht, was heute los ist, aber heute haben sich hier schon mehrere Kinder übergeben«, sagt sie hektisch, und wir schieben entschuldigend hinterher: »Oh, es tut uns so furchtbar leid, wir können uns das gar nicht erklären. Bis eben war noch alles wunderbar!«

Ich mache den schlechten Vorschlag, doch mit ihnen in die Feinkostabteilung zu gehen, um mit zwei Brezeln vielleicht den Magen zu beruhigen. Wir haben natürlich nicht daran gedacht, ein paar Salzstangen oder sonstigen Proviant mitzunehmen. Wir sind noch nicht in der Feinschmeckeretage angekommen, da mache ich mir direkt Sorgen, ob die Kinder vielleicht verhungern könnten, weil sie ja nun nichts mehr im Magen haben. Außerdem könnte die Stimmung kippen. Denn hungrige Kinder sind immer unausstehlich. Wir kaufen also beim Bäckerstand zwei Brezeln und steuern Richtung Fischabteilung. Der Boden ist gekachelt, es ist sehr voll, und 30 sogenannte Feinschmeckerbars reihen sich aneinander, mit klangvoll klingenden Namen wie »Paul Bocuse«, »Fresh + Juicy« oder »Shrimps & Sardinas«. Wir bestellen für uns Wein und was Fischiges vom französischen Spitzenkoch und für die Kinder Apfelschorle und nehmen auf den hohen Barhockern Platz. Den Kinderwagen mit den Zwillingen versuchen wir irgendwie so hinzustellen, dass die Leute sich noch durchschieben können, was so gut wie unmöglich ist. Während ich also am Kinderwagen hin und her ruckele und abwechselnd Menschen durchlasse, versuchen wir parallel am Wein zu nippen, einen Happen zu essen und den Zwillingen die Apfelschorle anzubieten. Jetzt wird doch noch alles super. Spitzenidee mit dem KaDeWe!«

»Mama, nis so! Wollen Flasse!«, tönt es aus den Mündern unserer Töchter, und verstohlen versuchen wir, unauffällig die Apfelschorle in ihre Babynuckelflaschen umzufüllen. Wir warten nur darauf, dass uns gleich jemand darauf hinweisen wird, dass die Kinder für das Flaschennuckeln schon zu groß seien. Wir versuchen uns einzureden, dass es absolut okay ist, sie jetzt aus der Flasche trinken zu lassen, schließlich haben sie durch ihre Kotzerei viel zu viel Flüssigkeit verloren. Beide saugen zufrieden an ihren Flaschen, bis drei Viertel des Inhalts nahezu weginhaliert sind.

Peter und ich werfen uns erleichterte Blicke zu und nehmen ebenfalls einen tiefen Schluck aus unserem Weinglas. Gegenüber von uns sitzt ein verzücktes älteres Pärchen, die uns zurufen: »Also Ihre Zwillinge sind ja so lieb!« Kaum ist dieser wohlwollende Satz verhallt, sagt Luisa leise: »Aua Bauch!« Das ist allerdings gar nicht gut. Zumindest nicht mit der Vorgeschichte. Und dann geht es auch schon los: Der gesamte Mageninhalt, also Apfelschorle gespickt mit Brezelresten, landet auf dem blank geputzten Boden der Feinschmeckerbar. Ein mittlerweile antrainierter Reflex lässt Peter nahezu zeitgleich einen Stapel Servietten von der Theke nehmen und auf die große Pfütze werfen, die noch nicht mal richtig fertig ist. Peter wäre ein guter Jedi-Ritter geworden. Ihm ist es zu verdanken, dass nur die Zuschauer in der allerersten Reihe einen kurzen Blick auf das Werk unseres speienden Ewoks werfen können, bevor es von den Servietten verdeckt wird.

Und wie es sich für ein Luxuskaufhaus gehört, eilt auch schon eine Putzkraft mit einem großen nassen Putzlumpen herbei, und wir haben noch nie so schnell eine Lokalität verlassen. Mit gesenkten Köpfen schieben wir die inzwischen wieder lustig glucksenden Twins Richtung Ausgang. Und schon auf der Rückfahrt haben auch wir wieder gute Laune: »Den Wilmersdorfer Bonzen haben wir mal gezeigt, wo der Hammer hängt!«

Lektion 22: Der Friedhof der Kuscheltiere

Das Einzige, was uns regelmäßig genauso in den Wahnsinn treibt wie unsere Kinder, sind die Kuscheltiere unserer Kinder. Oder genauer gesagt: ihr Verschwinden. Wie wir schon früh feststellen mussten, heißt Eltern sein, auf der Suche zu sein. Und mal ganz nebenbei: Warum sind zum Beispiel Trinkflaschen rund? Das bedeutet, dass sie IMMER … also wirklich IMMER nach dem Runterfallen bis an den hinterletzten Winkel unter das Bett, das Sofa oder den Schrank kullern. Ansonsten sucht man, mal ganz abgesehen von Erlösung und Schlaf, eigentlich alles. Schnuller, Schnuller in einer anderen Farbe, den zweiten Schuh, einen sauberen Schlüppi, einen schmutzigen Schlüppi, der aber noch einen Tag als sauber durchgeht, Windeln, das Fieberthermometer und natürlich den winzig kleinen Teil eines Spielzeugs, ohne den der riesengroße Rest des Spielzeugs quasi unbrauchbar ist. Das Allerschlimmste aber sind die Kuscheltiere. Oder besser gesagt, das einzig wahre, allerwichtigste Lieblingskuscheltier. Alle Eltern kennen das. Alle. Der Concierge des berühmten Hotels Adlon hat erzählt, dass er mal einen Mitarbeiter gut 600 Kilometer von Berlin nach Hannover und zurück fahren hat lassen, um dort den Kuschelhund zu holen, den ein kleines Mädchen zu Hause in seinem Bett vergessen hatte. Sie und natürlich auch ihre Eltern hätten sonst einen sehr ungemütlichen Urlaub in Berlin gehabt.

Wenn wir zusammenrechnen würden, wie viel Zeit bereits draufgegangen ist mit dieser unendlichen Sucherei, kämen wir garantiert schon auf mindestens einen Monat. Wir hätten stattdessen eine Weltreise machen können! Aber stattdessen vergeht kein Tag, an dem wir nicht auch die letzte Ritze hinter dem Autositz erfühlen in der Hoffnung, dass wir ein Stück altes Plüsch zu fassen kriegen.

Schätzungsweise 80 Prozent aller Kinder haben ein Lieblingskuscheltier, ohne das nichts geht. In Artikeln zum Thema »Kinder und Kuscheltiere« werden sie gern als »Seelentröster« bezeichnet. Wir nennen sie lieber Elternnervtöter. Es ist sowieso kaum vorstellbar, welche Bedeutung ein wattiertes Stück Stoff erlangen kann. Wir sind sowohl bei der Auswahl als auch bei der Strategie, wie man ein verloren gegangenes Kuscheltier am besten ersetzt, grandios gescheitert. Und hätten wir nur ein paar winzige Details anders gemacht, wären uns viele Tränen und Stunden des Suchens erspart geblieben. Einer der besten Freunde von Peter schenkt uns zur Geburt von Lilly und Luisa zwei Schweine mit dem berühmten Knopf im Ohr. Sie sind gut 50 Zentimeter groß, und legt man sie neben die Zwillinge, könnte man fast denken, da lägen Vierlinge. Farbe und Größe sind sehr ähnlich, allerdings sind die Schweine doppelt so dick. Und natürlich im Vergleich zu den Babys sehr ruhig. Nun könnte man denken: wunderbar! Zwei niedliche und gleich aussehende, lustige Stoffschweine für zwei fast gleich aussehende Babys − das werden Freunde fürs Leben! Die Seelentröster wären gefunden, und damit endet diese Episode. Aber Kinder, selbst wenn sie noch so klein und hilflos sind, machen selten das, was man sich von ihnen wünscht. Ganz abgesehen davon, lassen wir die Schweine erst gar nicht ins Zwillingsbettchen rein. Denn schließlich wollen wir als Eltern alles richtig machen, und da kann so ein harmlos wirkendes Plüschtier schnell zum lebensgefährlichen Monster werden.

Dank Ratgeberseiten im Internet und der einschlägigen Fachliteratur wissen wir, dass unsere hinterlistigen Plüschschweine sich durch einen dummen Zufall auf unsere Babys wälzen und zum plötzlichen Kindstod führen könnten. Im am wenigsten schlimmen Fall lösen die Haare der Schweine einen Asthmaanfall aus, was für uns schon schlimm genug wäre, sodass wir jegliches Getier oder sonstige Gefährder aus dem Zwillingsbett verbannen. Ohnehin verbirgt sich hinter jeglichem Gegenstand in einem Säuglingsbett das Gefahrenpotenzial einer Giftschlange, und somit glauben wir einfach den Ratgeberseiten, und das Bettchen bleibt kahl. Und da sie in dieser Leere so verloren aussehen, gönnen wir ihnen wenigstens in unserem Beisein ein TÜV-geprüftes Tierchen aus Frottee (hier können keine Fasern verschluckt werden!) in der von Experten empfohlenen »Unter den Arm klemm«-Größe.

Kuscheltiere werden vor allem dann interessant, wenn Kinder das Stadium des ausschließlichen Sabberns überwunden haben und wenigstens schon krabbeln können. Psychologen haben für die plüschigen Begleiter das wahnsinnig wichtig klingende Wort »Übergangsobjekt« erfunden. Gibt man den Begriff bei Google ein, erfährt man:

»Ein **Übergangsobjekt** ist nach der psychoanalytischen Objektbeziehungstheorie von Donald Winnicott ein vom Säugling selbst gewähltes Objekt, das den (intermediären) Raum zwischen Kleinkind und Mutter einnehmen kann. Es ist meist ein materielles Objekt (Kuscheltier, Schmusedecke, Schmusetuch o. Ä.).«

Soll heißen: Wenn die Zeit vorbei ist, Mamas Busen zu zerbeißen, pardon, die innige Stillbeziehung endet, muss Ersatz ran. Und die zwei trickreichen Wörter in dieser wissenschaftlichen Erklärung sind

»selbst gewählt«. Hier setzt der kindliche Eigensinn an, den kein Erwachsener nachvollziehen kann, schon gar nicht Nicht-Eltern. Jeder halbwegs normale Mensch würde denken, sie könnten nun ihre Stoff-Schweine mit sich rumschleifen, da sie nun so groß sind, dass sie nicht mehr von ihnen erstickt werden können. Aber nein. In unserem Fall sind die »selbst gewählten« Objekte zum einen ein im Kuscheltierkosmos mikrobiotisch klein erscheinendes Schaf und zum anderen zwei realitätsgetreu nachgebildete Hunde in Golden-Retriever-Lebensgröße. Zwischenzeitlich mussten um Luisa sogar drei dieser Hunde zum Einschlafen herumdrapiert werden, von denen jeder Einzelne ungefähr doppelt so groß ist wie sie selbst. Lilly hingegen trägt konstant ihr beigefarbenes »Mini-Schlafi« (wie sie es nennt) durch die Gegend, vorzugsweise im Mund, was bedeutet, dass dieses winzige Tier schon nach wenigen Wochen aussieht wie eine überfahrene Ratte.

Bei den Hunden sieht man aufgrund ihrer braunen Farbe den Dreck nicht so, sie riechen nur immer leicht nach einer Mischung aus Kotze und Pipi. Waschen ist bei Kuscheltieren grundsätzlich verboten. Bei Autofahrten besteht der halbe Rücksitz aus Hunden, von Luisa sieht man nicht mal die Nase (Achtung: Erstickungsgefahr!).

Unser Stofftier-Drama ereignet sich ausgerechnet am letzten Tag des Jahres. Es ist der 31. Dezember 2014, und wir verbringen den Jahreswechsel mit befreundeten Familien und ihrem Nachwuchs in Grömitz an der Ostsee. Hier flanieren Männer und Frauen im Jack-Wolfskin-Partnerlook an der Strandpromenade entlang, und unter die Seeluft mischt sich der Geruch von altem Frittenfett und frisch belegten Lachsbrötchen. Die Möwen kreischen.

Es ist elf Uhr, und wir sind stolz, dass wir nicht mal eine Stunde gebraucht haben, um unser Ferienhaus zu verlassen. Denn zwei kleine Kinder im Winter anzuziehen, ist mindestens so anstrengend wie anderthalb Stunden Joggen. Und wenn dann noch ein Wutanfall dazukommt, zieht sich die Prozedur gerne so lange hin, bis das schon in Wintermontur angezogene und wartende Kind anfängt zu plärren, weil es ihm in seinen dicken Klamotten zu heiß wird.

Das war heute ausnahmsweise nicht der Fall, und darauf müssen wir anstoßen. An der Strandpromenade gibt es einen kleinen Platz, auf dem vom Weihnachtsmarkt ein paar Buden übrig geblieben sind. Wir sind dreizehn Erwachsene und sieben Kinder, und sogleich stoßen dreizehn Plastik-Sekt-Gläser tonlos aneinander: »Auf das alte Jahr 2014, liebe Kinder, und auf 2015 – YEAH«, legt Peter mit seiner Moderatorenstimme los. Alle stimmen mit ein (»Stößchen, Stößchen«), und plötzlich quäkt Lilly aus dem Kinderwagen: »Mein Slafi is weg! Leider veloren«, was übersetzt nichts anderes heißt, als dass eine der größten anzunehmenden Katastrophen passiert ist und wir nun fürchten müssen, Lilly in Kürze mit einem Nervenzusammenbruch in die Klinik einliefern lassen zu müssen.

Peter und ich gucken uns verzweifelt an und sind uns sicher: Wenn das Schlafi am letzten Tag des Jahres unauffindbar verloren geht, ist das ein schlechtes Omen für das neue Jahr. Wir MÜSSEN das Tier wiederfinden und gründen auf der Stelle das Sondereinsatzkommando »Schlafi«, bestehend aus Peter, der sich sofort auf den Rückweg macht Richtung Ferienhaus und den Weg Sherlock-Holmes-mäßig Zentimeter für Zentimeter nach dem abgeschnuddelten Kuscheltier absucht. Doch kaum ist er aufgebrochen, geht das Geheule los.

»Papa soll hier leiben«, schluchzt es aus den zwei kleinen Mündern gleichzeitig, und ich gucke hilflos und entschuldigend unsere Mitreisenden an und frage mich insgeheim, warum Papa immer der

Größte ist, während sie offensichtlich auf ihre Mutter überhaupt keinen Wert legen.

Schon bleibt ein älteres Ehepaar vor uns stehen, komplett in Beigetönen farblich aufeinander abgestimmt, beide setzen eine besorgte Miene auf, und sie fragt:

»Na, was habt ihr denn, meine Kleinen?! Ihr müsst doch nicht weinen!«

Woraufhin beide noch lauter anfangen zu schreien, da sie es hassen, von Fremden angesprochen zu werden.

Die Situation ist mir so peinlich, dass ich sie direkt verteidige, als wären es beißwütige Hunde: »Normalerweise sind sie ganz lieb«, höre ich mich mit verunsicherter Stimme sagen.

Das Ehepaar zieht weiter, und ich versuche, die Mädels von ihrem Vater- und Schlafiverlust abzulenken. Am Ende hilft nur eine Schokobanane. Dazwischen müssen wir noch aus Sand einen »Neenam« (Schneemann) bauen, wobei mir auffällt, dass ich vergessen habe, die Handschuhe der Kinder einzupacken, und somit den eisigen Sand selbst zusammenkloppen darf.

Aber ich bin stolz, dass ich es schaffe, die kommenden zwei Stunden tränenfrei zu überbrücken. Es ist mir sogar egal, dass die Schokobanane mehr AUF ihnen als IN ihnen gelandet ist.

Nach zwei Stunden kommt ein abgehetzter Peter zurück, und ich sehe es schon an der Tiefe seiner Stirnfalten, dass seine Suche nicht erfolgreich war. Enttäuscht schüttelt er den Kopf: »Sorry, aber ich habe wirklich jeden Quadratzentimeter von hier bis nach Hause abgesucht, aber nix zu machen. Es ist weg.«

Der Weg dauert bei entspannter Schrittgeschwindigkeit 20 Minuten, es gibt also viele Möglichkeiten des Verlierens und Nicht-Wiederfindens. Ich erinnere mich daran, als mir etwas Vergleichbares als Kind passiert ist. Als ich vier Jahre alt war, ist meine Lilly verschwunden. Lilly hat so eine große Bedeutung für mich, dass wir sogar eine unserer Töchter nach diesem abgeranzten Leoparden benannt haben. Ich bekam sie von einer meiner um einiges älteren Schwestern zur Geburt geschenkt und erinnere mich noch genau an die Tage, die ich ohne sie verbringen musste. Es war, als sei jemand gestorben. Wir waren damals in der Schweiz, und mein Vater hat dann das gleiche Tier noch mal gekauft und meinte, damit sei der Fall erledigt. Aber ganz im Gegenteil: Für die Ersatz-Lilly hatte ich nur Verachtung übrig. Sie kam mir vor wie ein Eindringling, und ich habe sie allein dafür gehasst, dass sie nun mal nicht das Original war und vor allem nicht so roch. Ich erinnere mich sehr genau an die schlaflosen, dunklen Nächte, die wie Gespenster meine kleine Kinderseele gefangen nahmen. Und ich erinnere mich an das erleichternde Glücksgefühl, als unser grünes Telefon mit der Wählscheibe klingelte und meine Mutter den Satz weitergab:

»S' Tierli isch wieder fürre cho.« Die Bedienung des Schweizer Restaurants hat es unter einem Haufen Schutt gefunden, auf dem ich spielte, während meine Eltern Rösti aßen.

Aber wenn meine Lilly aus einem Haufen Schutt auferstehen kann, dann muss doch unser Schlafi auch wiederaufzufinden sein! Uns wird eines schon mal klar: Um uns Tränen zu ersparen und Nerven zu bewahren, werden wir uns in Zukunft einen Friedhof an Kuscheltieren anlegen. Jeden Tag wird ein neues Tier zum Leben erweckt. Denn dann tauschen wir hinterlistig jeden Tag unauffällig das Tier aus, damit sie alle den gleichen Geruch annehmen. Damit sollte die elende Sucherei ein Ende haben.

Lektion 23:
Das verschwundene Schlafi – an Silvester!

Unsere Sucherei nach dem verschwundenen Schlafi von Lilly fängt jetzt erst richtig an. Auf dem Rückweg zu unserem Ferienhaus in Grömitz durchkämmen 13 Augenpaare erneut die Ränder der Vorgärten rechts und links am Wegesrand, doch das Schlafi bleibt verschwunden. Im Ferienhaus angekommen, fangen wir an, uns aus unserer Elterntrickkiste zu bedienen. Am besten funktioniert Ablenkung. Also stellen wir schnell ein Entertainmentprogramm zusammen. Peter schmeißt die Popcornmaschine an, fängt parallel an, mit Tassen und Tellern zu jonglieren, und ich entdecke in unserem Ferienhaus zwei Stoffenten, die wohl zur Einrichtung gehören sollen. Als würde ich für ein Casting beim Kasperletheater proben, komme ich mit den beiden Enten um die Ecke und fange sofort mit verstellter Stimme an, Lilly etwas vorzuspielen: »Quak, quak, wir sind die lustigen Entchen von Grömitz. Und wir wollen, dass du uns ein Küsschen gibst!«

Etwas Geistreicheres fällt mir spontan nicht ein. Lilly gluckst vor Lachen, aber offensichtlich mehr über meine Quäkestimme, denn ihre Sympathien für ihre neuen Spielgefährten halten sich in Grenzen.

»Mein Slafi is weg!«, platzt es sofort wieder aus ihr heraus, und ich versuche, ihr vorsichtig beizubringen: »Lilly, du lässt dein Schlafi immer irgendwo fallen. Ich glaube, es ist auf die Reise gegangen. Vielleicht schickt es dir eine Postkarte! Aber Papa versucht, es noch aufzuhalten. Es kann aber sein, dass das ein paar Tage dauert.« Es ist unglaublich, was man als Eltern für einen Mist von sich gibt.

Sie schmettert mir auch prompt ein gellendes »Neiiiiin« entgegen. Am liebsten würde ich ihr sagen, sie könne sich mal gehackt legen mit ihrem Scheißvieh, stattdessen fange ich an zu säuseln: »Lilly, ich verspreche dir, dass wir alles tun werden, um dein Schlafi wieder hierherzubringen. Das ist aber auch ein böses, böses Schlafi! Haut einfach so ab! Aber bis es wieder da ist, passen jetzt die beiden Entchen auf dich auf. Quak, quak!«

Ich stupse sie mit den plüschigen Schnäbeln an und schaffe es sogar, dass sie sie selbst in die Hand nimmt.

Peter und ich gucken uns vielsagend an und schwanken zwischen Erleichterung und Anspannung vor dem nächsten Schlafi-Vermiss-Anfall. Mein Blick schweift durch unser Ferienappartement, und ich frage mich, warum solche Ferienwohnungen immer in einem ähnlichen Möbel-Discounter-Look daherkommen: gelbe Küchenfront, orangefarbene, leicht durchsichtige Polyestervorhänge mit gelben Blumen und dazu diese typischen Achtzigerjahre-Blumenvasen in Kobaltblau mit künstlichen Kamillenblüten drin. Und natürlich dürfen Leuchtturmbilder mit weisen Sprüchen wie »Gib jedem Tag die Chance, der schönste Deines Lebens zu werden« nicht fehlen. Das könnte heute schwierig werden.

Peter und ich sind uns einig, dass Alkohol eine Lösung sein könnte. Und wir werden die Kinder einfach nicht ins Bett bringen. Wenn sie nur lange genug mit uns Silvester feiern, sind sie vielleicht so abgelenkt, dass Lilly ihr Schlafi-Problem verdrängt.

Wir decken mit dem zusammengewürfelten Geschirr unserer beider Ferienwohnungen den Tisch für unser »Silvester-Dinner«.

An der Art, wie sich Silvesterpartys ändern, merkt man das Alter. Mit 14 hätte mein Leben fast sehr früh ein Ende gefunden, da ich aus Liebeskummer die Minibar meines Vaters geräubert und eine Flasche Cognac ausgetrunken habe, mit 20 sind wir von Party zu Party gezogen, und ab dem Alter von 30 zieht man einen gemütlichen Raclette-Abend zu Hause jedem Club vor. Ganz abgesehen davon ist es natürlich utopisch, für Silvester einen Babysitter zu finden, da die sich in der Regel zwischen Silvester-Partyphase eins und zwei befinden.

Die Raclette-Geräte wurden von drei Familien mitgebracht, denn als organisierte Eltern spricht man sich vor einer Reise natürlich ab, und zwar in mindestens 20 Gruppenmails, damit auch keine Dose Fertigtomatensoße zu viel mitgenommen wird.

Unser letzter Abend des Jahres lässt sich in einem Adjektiv zusammenfassen: mühsam. An einer Hand hängt immer eine unserer Töchter und möchte uns etwas ihrer Meinung nach ganz Spannendes zeigen, mit der anderen Hand versuchen wir, den geschmolzenen Käse mit Mixed Pickles in den Mund zu schieben und Bier zu trinken. Dazwischen stehen wir alle zwei Minuten auf, wenn die andere Tochter plärrend angerannt kommt, weil ihr eines der mitgereisten Kinder ein überlebenswichtiges Utensil wie einen Buntstift oder ein bekritzeltes Blatt Papier »einfach weg'enommen« hat.

Es ist mittlerweile kurz nach 23 Uhr, und beide fangen gleichzeitig an zu jaulen: »Müüüüüde«, rufen sie aus ihren kleinen Mündern, und Luisa stellt sich mit ausgestreckten Armen vor mich: »Mama, Armi!« Was so viel bedeutet wie: »Wenn du mich nicht sofort ins Bett trägst, kannst du hier ein Donnerwetter erleben.«

Sie hält in jeder Hand einen Hund, und wenn man sie fragt, wie die beiden eigentlich heißen, antwortet sie: »Mama Hund und Papa Hund«. Auf uns wirkt es so, als seien die Kuscheltiere für unsere Kinder wichtiger als ihre eigenen Eltern. Auf jeden Fall benehmen sie sich wie Drogenabhängige. Klebstoffschnüfflergleich hängen sie mit ihren Nasen im ungewaschenen Stinkeplüsch. Und das Allerallerschlimmste, was passieren kann, ist der Verlust der Droge.

Doch wir wollen uns unseren Silvesterspaß doch nicht von zwei Zweijährigen kaputtmachen lassen! Also holen wir die letzten Fünkchen Animateurqualitäten aus uns raus, Peter jongliert die Entchen und lässt sie auf Lillys Gesicht landen, und ich singe dazu dieses schreckliche »Warum bin ich so fröhlich«-Lied. Das Lied ist aus einer Zeichentrickserie und die Hauptfigur – eine Ente! – Alfred J. Kwak ein Held meiner Kindheit. Als den beiden ziemlich genau um 23:55 Uhr die Augen zufallen, können wir unser Glück kaum fassen.

Wir schalten das Babyphone an, schnappen uns eine Flasche Sekt und rennen raus auf die Straße, gerade so weit, dass der Empfang unseres Babyphones noch reicht.

Wir fangen gerade an, den Countdown von 30 runter auf null Uhr zu zählen, da scheppert ein durchdringendes Doppelgebrüll durch unser Babyphone. Und es ist so laut, dass es in seiner Intensität sogar das Böllergekrache übertrumpft. Wir gucken uns panisch an und rufen beide: »Das gibt es doch nicht!«

Wir sprinten los und stürzen durch die Tür direkt in unser Schlafzimmer. Das Zimmer ist keine zwölf Quadratmeter groß, und vor dem Elternbett wurden ans Fußende zwei Gitterbettchen reingequetscht. Durch ein kleines, quadratisches Fenster können wir die bunten Schatten der Feuerwerkskörper draußen tanzen sehen, während sich uns ein Bild des Ekels bietet: wieder hervorgewürgte Reste von Hörnchennudeln vermischen sich mit durch Magensäure zersetzter Milch zu einem säuerlich stinkenden Brei, der sich wie eine sehr löchrige Decke über die Matratze des einen Kinderbettchens legt. Luisa guckt uns mit ekelverzerrtem Gesicht an und schreit »KOTZE!«, während sich das Kind im anderen Bett wieder an den schmerzlichen Verlust seiner Droge erinnert und abwechselnd »Iiiihhh« und »Mein Slaaafi!« brüllt.

Die Nacht verbringen wir putzend und auf die Kinder einredend, aber definitiv nicht schlafend. Gegen sieben Uhr springt Peter auf und ruft: »Ich MUSS das Schlafi jetzt finden. So kann das Jahr einfach nicht anfangen.«

Er springt in seine Jeans, wirft sich schnell einen Pulli über und saust mit kleinen, vor Müdigkeit geröteten Augen aus dem Haus.

Nach circa 20 Minuten ruft er an, und die Euphorie in seiner Stimme ist unüberhörbar:

»Ich hab's gefunden. Auf dem Parkplatz!«, ruft er aufgeregt, als hätte er einen Batzen Geld gleich mitaufgelesen. »Es lag unter unserem Auto. Und zwar direkt am Vorderreifen. Oh Mann!«

Als Lilly ihr Schlafi wiedersieht, drückt sie es fest an sich und steckt ihre Nase direkt in das nasse Stinkeplüsch.

Es ist der 1. Januar 2015, und wir sind uns einig: Das Jahr 2015 muss der Knaller werden – die SoKo Schlafi hat beste Arbeit geleistet. Die Kotzerei unserer anderen Tochter hat sich übrigens zu einem hartnäckigen Magen-Darm-Virus ausgeweitet, der uns die normalerweise dreistündige Fahrt nach Berlin um zwei Stunden verlängert.

Aber heute ist uns das egal. Hauptsache, das Schlafi lebt!

Kinder sind höchst eigenwillige Biester. Nur wenige Wochen später hat Lilly ihr Schlafi endgültig irgendwie irgendwo verloren. Das Schlafi war übrigens nur eine Beigabe einer Süßigkeitenpackung aus dem Supermarkt und ein Special zu Ostern. Um es wiederzubeschaffen, haben wir sogar beim Hersteller angerufen. Aber das gleiche Modell bringt gar nichts ohne den Geruch des Originals. Irgendwie schaffen es die Kinder dann doch, sich an etwas Neues zu gewöhnen. Inzwischen schleift sie zwei (ebenso kleine) Schnuckelbärchen von Oma Ellen (meiner Mutter) mit sich rum im Wechsel mit einem kleinen Hasen und Peppa Wutz. Luisa bleibt ihren Stinkehunden treu.

Auf jeden Fall ist dieses ganze Kuscheltierthema für Eltern etwas sehr Bewegendes und Zeitraubendes. Inzwischen sind wir sogar schon diverse Male noch mal zum Kindergarten gerannt oder gefahren, um den Kindern ihre Tiere hinterherzutragen, wenn wir sie morgens vergessen hatten.

Aber ich erinnere mich da gern an meine eigene Kindheit: Ohne meine Leoparden-Lilly ging nix. Und ich hätte niemals eine Nacht oder überhaupt eine Stunde ohne sie einschlafen können. Und demnach stehen wir voll hinter der Kuscheltierabhängigkeit unserer Kinder, und folglich darf man auch so »weich« sein und sich als Eltern zum Affen machen. Denn Hauptsache, sie können schlafen! Schließlich sind sie doch schlafend am schönsten.

Das dritte Jahr

Lektion 24: Notruf an die Flaschenfee

Wovon ist ein Kind oft noch abhängiger als von seinem Kuscheltier? Genau: von seinem Schnulli oder seiner Flasche. Bei diesem Thema haben wir das Maximum des Scheiterns erreicht, denn in unseren schlimmsten Zeiten haben wir vor lauter Flaschenzubereiten so gut wie nicht mehr geschlafen und sahen aus, als hätten wir nächtelang durchgezecht.

Schlussendlich müssen wir in unserer Not über die kostenlose Service-Hotline die wirksamste Super Nanny ever anrufen: die Flaschenfee! Als ich meiner Mutter von dieser Aktion berichte, meint sie voller Ernst: »Also das ist ja eine tolle Frau! Und kann man die einfach so anrufen, oder habt ihr da besondere Beziehungen?«

Um eins vorwegzunehmen: Nichts ist so einfach, wie die Hilfe dieses wunderbaren Wesens in Anspruch zu nehmen – und unbedingt empfehlenswert. Manche rufen auch die Schnullerfee an. Im Grunde geht es um das gleiche Problem: Der Nachwuchs muss auf Entzug!

Denn sie trinken, als gäbe es kein Morgen. Und zwar deshalb, weil sie aus unerfindlichen Gründen die Schnuller, die wir ihnen anbieten, immer wieder ausspucken. Egal wie TÜV-geprüft oder »gaumentauglich«, ob rosa, mit Glitzer oder lila – alles wird mit verächtlich verzogener Miene wieder aus dem Mund geschmissen. Stattdessen muss es das Nuckeln an der Flasche sein. Und zwar pausenlos!

Dabei merken wir nicht, dass wir langsam immer tiefer in den Fehlersumpf steuern: Auf jeden Fall spielt Faulheit eine große Rolle. Während nämlich andere Kinder schon im Alter von sechs Monaten erste Versuche machen, aus dem Becher zu trinken, geht das Thema an uns völlig vorbei. Für den Übergang zum normalen Trinken gibt es sogenannte Trinklernflaschen oder Trinklernbecher, aber das Problem ist: Selbst die für Eltern hässlichsten und für Kinder tollsten Eulen-, Prinzessinnen- oder Kolibri-Designs helfen nichts. Alles, was auch nur ansatzweise von einer Säuglingssaugflasche abweicht, wird wütend vom Tisch gefegt. Wir versuchen immer wieder, ihnen einen Becher hinzustellen, merken aber sehr schnell: Wenn sie ihre »Flassi« nicht kriegen, treten sie in Trinkstreik.

Auf ihre Flasche stürzen sie sich geradezu gierig, und selbst als sie schon feste Nahrung zu sich nehmen, ist Trinken immer spannender als Essen. Wie bei Alkoholikern.

Verzweifelt rufe ich meine Mutter an, die mit den hilfreichsten Tipps um die Ecke kommt: »Ihr MÜSST streng sein! So geht das nicht! Ihr mit eurer antiautoritären Erziehung! Und ihr dürft diese Kinder nicht so verwöhnen. Das tut denen nicht gut!«

Ich erinnere mich daran, wie sie auf Familienfesten früher immer gerne davon erzählt hat, der Kinderarzt würde bei jedem Besuch sagen: »Zu diesem Kind müssen sie autoritär sein.«

Ich habe damals immer »Automotor« verstanden und sie öfters gefragt, warum ich mich verhalten soll wie ein Auto, worauf sie stets lachend sagte: »Das verstehst du noch nicht.«

Eine der Weisheiten meiner Mutter lautet außerdem: »Von der Brust an den Tisch«, wobei sie mich gar nicht gestillt hat. Aber zu unseren Kinderzeiten gab es weder Begriffe wie Stillverwirrung noch Phänomene wie Lactose- oder Fructoseintoleranz und erst recht kein neumodisches Gedöns wie PEKiP- oder Baby-Yoga-Kurse. Dieses ganze Elternding war schlicht nicht so kompliziert wie heute. Also hat sich ihrer Meinung nach ein Baby einfach mal gefälligst nicht so anzustellen, und ich kann sie schlecht fragen, zu welchem Nuckelaufsatz sie mir nun rät, um am sanftesten den Übergang vom Flaschen- zum Becherkind zu gestalten. Und natürlich ist uns als stets bemühte Eltern wichtig, dass das ganze »bindungsorientiert« (ein Lieblingswort neuzeitlicher Ratgeber) vollzogen wird. Um also unsere Bindung nicht zu gefährden und das Band zwischen uns und unseren Kindern nicht zu zerstören, behalten wir die Nuckelflaschen einfach bei, tauschen sie aber natürlich brav alle drei Monate gegen neue aus (die Keime!).

Und je älter die Kinder werden, desto mehr fühlen wir uns von der Verpackung provoziert: Da steht dick 6 bis 18 Monate drauf, aber es wird ja wohl noch uns selbst überlassen sein, wie lange wir unseren Kindern die Flasche geben!

Lediglich der Inhalt wechselt mit der Zeit: Wir stellen von Milch auf Apfelschorle um. Das ist nahezu so gefährlich wie Cola oder Fanta, sagt unsere Kinderärztin (der Fruchtzucker!). Also behaupten wir ihr gegenüber in diesen U-Pflichtuntersuchungen, nur einen klitzekleinen Schluck Apfelsaft zum Wasser hinzuzufügen (»für den Geschmack!«), und sie ermahnt uns jedes Mal: »Sie sollten aber nun wirklich auf Wasser umstellen. Der Apfelsaft greift den Zahnschmelz an!«

Solange wir aber nicht mal den Ansatz braun verfärbter oder gar angefaulter Zähne bei unseren Töchtern entdecken können, protegieren wir weiter ihr Suchtverhalten.

Aber wie das so ist mit Süchtigen: Irgendwann reicht die Dosis nicht mehr aus, und das Suchtmittel muss in immer größeren Mengen und immer öfter konsumiert werden.

Vier Wochen lang geben wir uns die Hardcore-Dosis, bis unsere Co-Abhängigkeit in jener Nacht gipfelt, die uns zum Handeln zwingt.

Da unsere Töchter inzwischen fünf Flaschen pro Nacht wegziehen und damit also insgesamt anderthalb Liter pro Persönchen, besteht unsere Nacht nicht mehr aus Schlafen, sondern aus Flaschenfüllen und Windelnwechseln im Wechsel. Denn schließlich muss die Flüssigkeit auch wieder raus. Auf dem Oktoberfest lassen die Männer ja angeblich ihr Pipi einfach mithilfe eines Spazierstocks innen an der Lederhose runterlaufen.

In unserem Zwillings-Fall kommen wir zusammengerechnet auf zehn Mal Flaschewechseln und auch tatsächlich zehn Mal Windelnwechseln, und das reicht noch nicht an Pipikram.

Und eines Nachts um drei Uhr, als wir ungefähr die Hälfte unseres Pensums abgearbeitet haben, drehe ich durch. Ich fasse auf die Matratzen und spüre zwei große Pipi-Lachen: »Peter, ich raste aus! Ich will das nicht mehr! So eine Scheiße! Jetzt muss ich noch dazu schon wieder alles abziehen und waschen! So geht das nicht weiter! Mir reicht's! Ich kündige!«

Im selben Moment wird mir klar, dass dieser Mutterjob ja leider unkündbar ist und ich wohl andere Maßnahmen als meine Flucht ergreifen muss.

Verzweifelt rufe ich am nächsten Tag bei unserer Kinderärztin an und beichte ihr unsere Pipi-Nächte. Sie reagiert ganz cool: »Dann rufen Sie doch die Flaschenfee an. Das funktioniert bei den meisten Kindern ziemlich gut. Kaufen Sie ein schönes Geschenk und machen Sie eine Zeremonie daraus. Die Kinder müssen am Abend ihre Flaschen vor die Tür stellen. Nachts kommt dann die Flaschenfee und tauscht die Flaschen gegen ein kleines Geschenk. Wichtig ist, dass sie am besten die Flaschen wegwerfen, damit Sie auf keinen Fall nachgeben werden, wenn die Kinder ihrer Flasche hinterhertrauern.«

Mit weichen Knien lege ich auf und berichte Peter von dem verwegenen Plan. Wir entscheiden uns für einen mehrtägigen Countdown und eröffnen unseren Kindern: »So, ihr zwei. Nun seid ihr ja schon grooooße Mädchen. Drei Jahre seid ihr nun alt, und wir haben einen Anruf bekommen von der Flaschenfee. Die holt in zwei Tagen eure Flaschen ab und bringt euch dafür ein kleines Geschenk.«

»Oh ja, Gesenke, Gesenke«, jubeln sie im Duett, hüpfen hoch und runter und wedeln vor Euphorie mit den Armen.

»Ja, aber ihr bekommt die Geschenke nur, wenn ihr eure Flaschen rausstellt. Und dann sind die Flaschen weg! Und zwar für immer! Weil ihr jetzt große Mädchen seid«, versuche ich ihnen den Ernst der Situation beizubringen und gucke dabei mit der ernstesten Miene, die ich aufsetzen kann in Anbetracht dieser kuriosen Situation.

»Jaaaa, wir sind sssson groß«, jubelt Lilly.

Und Luisa stimmt siegesgewiss mit ein: »Wir brauchen keine Flassse mehr! Juchhuuu. Flasse jetzt rausstellen!«

»Jaaa, jetzt rausstellen.«

»Nein, Kinder, wir können die Flaschen erst übermorgen rausstellen. Die Flaschenfee hat einen sehr eng getakteten Terminkalender und wird sehr böse, wenn man die Flaschen früher rausstellt als verabredet. Ihr müsst genau das machen, was ich sage, dann bringt sie euch ein liebes, kleines Geschenk.«

Wir wollen diesen Countdown auf keinen Fall verkürzen, damit sich die Kinder lange genug innerlich drauf einstellen können, bald ohne »Flassi« leben zu müssen.

Die nächsten beiden Tage sind wir alle sehr aufgeregt. Nur Peter bekommt davon nichts mit. Der Glückliche darf in München arbeiten und ist somit raus aus unserer Entzugsklinik.

Lektion 25: Kalter Entzug im Feenparadies

Der Entzug läuft ganz anders als geplant, und hätte ich gewusst, wie sie am Ende auf die Flaschenfee und ihr Werk reagieren, hätte ich mich nicht so verrückt machen müssen. Aber noch bin ich so nervös, als müsste ich gleich vor einem wichtigen Gremium ein Gedicht aufsagen.

Am nächsten Tag kaufe ich die Geschenke. Es sollen Geschenke sein mit Vernunft und nichts zu Großes. Wir wollen schließlich, dass sie lernen, Geschenke wertzuschätzen. Also entscheide ich mich für je einen Becher, eine kleine Schüssel und einen Teller, farblich aufeinander abgestimmt in einem dieser wieder angesagten Siebzigerjahre-Prints mit Katzen in Zartrosa und Mintgrün. Außerdem bekommt jede eine Packung Murmeln. Murmeln sind ein wunderbares Geschenk für Kinder, sobald sie aus der Idiotenphase raus sind, in der sie sich alles in den Mund stecken. Murmeln zählen genauso wie Luftballons zu den Top-Geschenken für Kinder ab drei Jahren. Kostet kaum was, und sie beschäftigen sich damit für Stunden. Es sei denn, der Luftballon fliegt weg. Dann ist das Drama genauso anhaltend wie die vorherige Freude über den »Luftallum«.

Die Murmeln sind wegfliegsicher, und ich lasse sie uneingepackt und stecke sie in die kleine Schüssel. Einmal einpacken gespart. Die Kinder sind so aufgeregt über den angekündigten Feenbesuch, dass sie noch früher als sonst aufstehen, und zwar um 5:30 Uhr. Mir ist mittlerweile schon alles egal und ich bin der festen Überzeugung, dass es schlimmer nicht mehr werden kann als mit dieser Dauer-Trinkerei und ihren Folgen.

Als endlich die zwei Tage bis zum Flaschenabschied vorbei sind, fällt mir zum Glück noch ein, dass ich etwas ganz Entscheidendes in unseren bisherigen Briefings vergessen habe. Also baue ich mich wieder vor ihnen auf und spreche mit mahnenden Worten: »So, ihr Kinder. Jetzt ist es so weit. Ihr dürft eure Flaschen rausstellen. Aber noch was ganz Wichtiges: Die Flaschenfee ist sehr, sehr scheu. Kommt auf keinen Fall auf die Idee, heute Nacht nach ihr gucken zu wollen. Außerdem mag sie die Kinder am liebsten, die durchschlafen und nicht rumnerven. Ist das klar?!«

Sie stehen beide vor mir mit ihren wie immer verzottelten Haaren, halb geöffneten Mündern und Tomatensoßenresten in den Mundwinkeln und gucken mich mit ihren großen blauen Kulleraugen ehrfurchtsvoll an.

Sie nicken mit dem Kopf, gucken mich an und nehmen vorsichtig ihre Flasche in die Hand.

So niedlich, wie sie da stehen, muss ich aufpassen, dass ich nicht laut loslache. »Genau. Super. Und die stellt ihr jetzt raus!«, sage ich betont streng.

»Ja. Und nis aufwachen! Und lieb sein!«, fasst Lilly korrekt meinen Maßnahmenkatalog zusammen.

Sie tippeln einen Schritt auf die Terrasse und rufen Richtung Himmel: »Halloooo Flasssenfee! Du kannst jetzt kommen!«

»Wunderbar. Jetzt könnt ihr die Flaschen auf den Boden stellen, und dann gehen wir hoch ins Bett. Oh, ist das toll, jetzt seid ihr so groß! Das wird die erste Nacht ohne Flasche!«, sage ich stolz und denke dabei: Scheiße. Ich will nicht. Kann die Drecksarbeit hier nicht jemand anderes machen?!

Aber brav gehe ich mit ihnen die Treppe hoch Richtung Bett. Selbstverständlich haben sie mich auch da im Griff und lassen sich immer noch die Treppe hochtragen. Eine links auf dem Arm, die andere rechts.

Als ich oben ankomme, japse ich – wie jeden Abend – nach Luft. Und wie jeden Abend sage ich:

»Boah, Kinder, lange kann ich euch nicht mehr tragen. Ihr seid doch keine Babys mehr!«

Und wie jeden Abend sagt Luisa: »Mama, ich bin superleicht, wirklich!«

Und Lilly fügt weise hinzu: »Das sssaffffst du sssson, Mama!«

Wie jeden Abend dauert es nun gefühlt zwei Stunden, bis sie sich die Zähne geputzt und ihre Schlafanzüge angezogen haben, und anschließend gefühlt drei weitere Stunden, bis sie nach der fünften vorgelesenen Geschichte endlich einschlafen. Aber das macht nichts. Wir haben uns inzwischen an dieses Tempo gewöhnt und sind der Meinung: Die Kindheit ist die einzige Zeit, in der man nicht hetzen muss! Ist das nicht toll? Diese kleinen Schnuckelchens haben noch keine Ahnung von vollgestopften Terminkalendern und Zeitdruck. Also fahren wir uns abends selbst so weit runter, dass uns das Rumgetrödel nicht nervt, sondern tatsächlich entspannt. Und irgendwann können sie ohnehin nicht mehr und schlafen naturgegebenermaßen ein.

Doch kaum schleiche ich mich auf Zehenspitzen aus dem Zimmer heraus und kriege schon halb die Krise, weil beim Aufstehen meine Knöchel immer so laut knacken, da gellt ein panisch geschrienes »Maamaaaaa!« durch den Raum.

»Was ist denn noch, Luisa?!«, frage ich schon genervter, als mir lieb ist.

»Die Flasssen dürfen nissst auf dem Boden stehen. Dann kommt der Igel und sssmeißt sie um! Iss muss noch mal runter!«

»Nein, das mach ich! Du bleibst jetzt schön in deinem Bett!«, versuche ich noch, die Aktion zu unterbinden, aber natürlich habe ich keine Chance. Sie jault laut auf und fängt sofort an zu schluchzen, sodass ich sie freiwillig aus ihrem Bett hochreiße und mit ihr die Stufen runterrenne, damit sie nicht auch noch ihre Schwester weckt.

Als ich unten die Terrassentür aufmache, stellt sie die beiden Flaschen brav vom Boden auf die Lehne unseres Outdoor-Lounge-Sessels. Solche Möbel gab es in unserer Kindheit gar nicht. Da saß man entweder auf einem Gartenstuhl oder lag auf einer aufklappbaren Liege im braun-orangefarbenen Blumenprint.

Ich rechne mit weiteren Verzögerungstechniken, aber sie stellt sich nach ihrer Räumaktion vor mich und sagt schlicht: »Gut!« und »Mama, Armi!« Wie immer streckt sie dabei die Arme an mir hoch und guckt mich mit diesem »Wenn-du-mich-nicht-sofort-hochnimmst-sterbe-ich-jetzt«-Blick an. Seufzend nehme ich sie wieder auf den Arm, rede mir ein, es wäre der Ersatz für Sport bzw. Bizepstraining, und trage sie wieder zwei Stockwerke nach oben.

Ich lade sie in ihrem Bett ab, und sie schläft sofort ein. Kinder sind komische Geschöpfe. Und vor allem unberechenbar.

Ich habe mich für diese Nacht gerüstet und mir eine Matratze vor die Kinderbetten gelegt, damit ich auch wirklich keine Zehntelsekunde zu spät zu ihnen hechte, sollte der Entzug sie quälen. Doch die Einzige, die sich quält, bin ich.

Ständig wache ich auf und habe Angst, dass sie schreien und ihre »Flaschis« vermissen. Ich träume sogar von der Flaschenfee! Um vier Uhr gehe ich die zwei Stockwerke nach unten und tausche die Flaschen gegen die Geschenke aus.

Die Flaschen wickele ich in eine schwarze Plastiktüte ein, als müsste ich eine Leiche entsorgen, und schmeiße sie direkt in die Mülltonne, um meine Spuren zu verwischen.

Bin ich froh, als um fünf Uhr das erste Kind kräht: »War die Flasssenfee sssson da?«

Und direkt lüge ich wieder, was das Zeug hält: »Lilly, das weiß ich natürlich nicht. Aber wir sollten warten, bis Luisa auch wach ist. Also versuch doch noch mal, die Augen zuzumachen!«

»Neeeeeiiiin, Mama, runtergeeeeehn!«, schmettert sie mir ungeduldig entgegen. Und zum Glück wacht Luisa durch das Gezeter auf und ist direkt auch on fire:

»Is hab die Flassssenfee gehört, Mama!«, sagt sie aus tiefster Überzeugung.

»Wirklich?!«, tue ich beeindruckt. »Das ist ja toll!«

»Ja, Mama, und die hatte ganz sssöne Flügel und ist am Fenster vorbeigeflogen.«

Bevor mir die Sache anfängt, unheimlich zu werden, trage ich die beiden lieber schnell runter. Sie stürzen direkt zum Fenster an der Terrasse und fangen beim Anblick der Geschenke sofort wild an zu juchzen und mit den Armen herumzuwedeln vor Freude.

Jede holt ihr Päckchen von der Terrasse und trägt es voller Stolz zur Terrassentür herein.

In dem Moment wischt unsere Nachbarskatze Elli ebenso durch die Tür und fängt direkt wild an zu maunzen. Unsere Nachbarn sind mal wieder in Urlaub, und wir freuen uns über unsere Teilzeit-Katze. Die Zwillinge interpretieren Ellis Gejammer nicht als ein »Ich habe Hunger«, sondern als Aufforderung für eine Unterhaltung. Und schon legen sie mit Begeisterung los: »Elli, die Flasssenfee war da!«, krakeelt Luisa, und Lilly stimmt sofort mit ein:

»Jaaa, Elli, und guck mal, die hat uns Gessenke gebracht. Willst du mal aus dem Becher trinken, Elli? Ja, Elli?!«

Tatsächlich erwische ich Elli wenige Stunden später, wie sie auf unserem Esstisch sitzt und mit ihrer Pfote versucht, die Kakaoreste der Kinder aus dem Becher zu angeln.

Und Luisa schüttet direkt das Trockenkatzenfutter in die neue Schüssel und stellt es ihr hin.

Ich versuche, tief ein- und auszuatmen und nicht daran zu denken, welche Krankheiten das bunt gefleckte Tier übertragen könnte. In solchen Fällen denke ich immer wieder an den Rat einer Krankenschwester: »Die gesündesten Kinder sind die, die auf dem Bauernhof groß werden und im Dreck spielen.«

Aber ich muss mir ohnehin meine Nerven für die bevorstehenden Nächte aufsparen. Und dann passiert das, womit keiner von uns gerechnet hätte. Es passiert nämlich einfach nichts. Abgesehen von kleinen Aufjaulern in der Nacht ist die Ehrfurcht vor der Flaschenfee immens.

Im Supermarkt haben wir entdeckt, dass es kleine 0,5er-Wasserflaschen im Minnie-Mouse- und Donald-Duck-Design gibt inklusive Saugverschluss, ähnlich wie bei diesen Sportlerflaschen. Jeden Abend stellen wir nun eine solche Flasche ans Bett und sind immer wieder beeindruckt, dass die Zwillinge nun sogar Wasser attraktiv finden und die neuen Flaschen ohne weitere Wutanfälle akzeptieren. Ganz im Gegenteil. Sie sind sogar extrem stolz, nun keine Babys mehr zu sein.

Und wir heben jeden Tag lobend hervor: »Da ist die Flaschenfee aber sehr, sehr stolz auf euch! Wie ihr das schafft, das ist ja der Wahnsinn!«

Daraufhin kichern sie los und plustern sich auf und kriegen sich kaum noch ein vor Stolz.

Hätten wir die Flaschenfee nur viel früher angerufen! Wir hätten dieses für uns kaum noch erträgliche Problem so viel früher lösen können und uns einige Falten im Gesicht erspart. Aber besser spät als nie. Und unser Trick mit der Flaschenfee hat inzwischen einigen Eltern in unserem Bekanntenkreis geholfen. Ein kleines Mädchen hat sich sogar freiwillig gemeldet und ihre Eltern darum gebeten, die Flaschenfee anzurufen, als sie von Lilly und Luisas Erfolgsgeschichte hörte. Und als ich unsere schlaflosen Nächte und die einfache Wunderwaffe zwei meiner Freundinnen beichte, erzählen sie, dass sie exakt das Gleiche »Trinkerproblem« mit ihren Kindern haben. Eine meiner Freundinnen hat ihren Sohn sogar auf Diabetes testen und die Nierenfunktion überprüfen lassen, weil ihr Knirps nachts fast drei Liter pro Nacht weggeschlürft hat. Nachdem die Untersuchungen ergaben, dass der Junge kerngesund ist, stellt sie lachend fest: »Okay, der ist einfach nur irre.« Auch ihr konnte die Flaschenfee helfen.

Inzwischen haben wir übrigens Feen für alle Fälle. Von der Bettenfee, die aufpasst, dass die Kinder in ihren Betten schlafen und nicht auf der Spiele- und Kuschelmatratze davor, bis hin zur Zahnputzfee, die mitbekommt, ob auch geputzt wurde.

Und mittlerweile bringen die Kinder gerne uns Eltern die Zahnbürsten und sagen Sätze wie: »

»Zähneputzen nicht vergessen! Sonst kommt der Karies! Und die Zahnputzfee freut sich, wenn du das machst!«

Aber bis sie zu derlei Service-Aktivitäten in der Lage sind, geht zu diesem Zeitpunkt noch einiges schief. Da wäre zum Beispiel die Sache mit dem Kinderwagen.

Lektion 26: Nicht ohne meinen Kinderwagen

Der Kinderwagen ist neben den Flaschen und den Kuscheltieren mit das wichtigste Utensil im Eltern-Kind-Kosmos. Und es ist nicht einfach nur ein Fortbewegungsmittel. Heutzutage ist der Kinderwagen Ausdruck des eigenen Lebensstils: Es gibt die Teile in fast allen erdenklichen Variationen. Wer es besonders edel mag, greift zum Retrokinderwagen, der gerne schon mal mindestens 1000 Euro kostet. Für Sportler gibt es Trekkingkinderwagen, die aussehen wie umfunktionierte Mountainbikes, und Bloggerinnen schieben ihren Nachwuchs vorzugsweise in komplett schwarzen Modellen (oder mindestens dunkelgrau) mit Ledergriffen durch die Gegend.

Bei uns wird der Kinderwagen zu einer Art Wohnmobil. Unser Zwillingsmodell lässt sich vom Babywagen umrüsten auf Buggy und hat zwei knallrote Dächer. Rosa war uns zu mädchenmäßig, und die Farbe »Sand« sah uns zu sehr nach Soja-Latte-Prenzlauer-Berg-Eltern aus. Rot finden wohl die meisten zu aufdringlich oder out, schließlich kauft man sich auch kein rotes Auto mehr.

Problematisch wird es mit dem Kinderwagen dann, wenn der Nachwuchs körperlich bereits lange in der Lage wäre zu laufen, aber zu faul ist (oder einfach nur schlau) und sich lieber schieben lässt.

Das erleben sehr viele Eltern und stecken in der Klemme: Gebe ich nach und verziehe und verwöhne damit mein Kind, oder mache ich es auf die harte Tour mit einem kalten Entzug?

Letzteres wäre natürlich mit einem gewissen Maß an physischer und psychischer Anstrengung verbunden.

Die Lösung aus dieser Zwickmühle ist ganz einfach – hätten wir das vorher gewusst, wären wir entspannter geblieben.

Richtig brenzlig wird unser Verhältnis zum Kinderwagen erst ab einem Kindesalter von circa dreieinhalb Jahren. Schon seit einigen Wochen haben wir ein schlechtes Gewissen.

»Die Kinder müssen laufen. Sie werden dick und faul, wenn das so weitergeht.«

Ich erinnere mich an diverse Fotos von Victoria und David Beckham, die ihre kleine Tochter Harper Seven auch immer noch im Kinderwagen rumschieben. Sie ist ein Jahr älter als unsere Twins, und ich fand diese Fotos immer ganz beruhigend, so nach dem Motto »selbst bei denen klappt nicht alles perfekt«, aber sie haben einen riesigen Shitstorm ausgelöst.

Denn die Gesellschaft ist mehrheitlich der Meinung, dass spätestens mit dreieinhalb Jahren oder allerallerspätestens mit kurz vor vier Jahren Schluss sein muss mit dem Geschiebe.

Als ich Peter von meinen inneren Qualen bezüglich unserer Kinderwagenkultur berichte, sagt er nur: »Quatsch. Die rennen doch den ganzen Tag im Kindergarten rum. Mach dich mal locker!«

Aber was mich vor allem belastet, sind die Blicke der anderen.

Mittlerweile fahren ALLE Kinder unserer Kindergartengruppe mit dem Laufrad dorthin, nur unsere werden noch geschoben. Und ich habe das Gefühl, dass mich JEDE Mutter mit einem verächtlichen Blick straft in Anbetracht meiner verwöhnten Zwillinge.

Und dann, eines sonnigen Frühlingsmorgens, passiert es tatsächlich. Ich war gerade erleichtert, dass wir es nach zwei Wutanfällen und dem üblichen »Nein, ich will keine Jacke anziehen«-Gebrüll gerade noch zwei Minuten vor Beginn des Morgenkreises zum Kindergarten geschafft haben. Schwitzend bugsiere ich den Doppelkinderwagen durch die enge Eingangstür des Kindergartens, als eine der Mütter plötzlich vor uns steht und den Kindern entgegenschmettert:

»Na, ihr zwei, warum sitzt ihr denn immer noch im Kinderwagen? Könnt ihr denn immer noch nicht laufen?«

Am liebsten würde ich losbrüllen, sie solle sich lieber um ihr Kind kümmern, das immer alle umschubst, aber stattdessen reagiere ich eingeschüchtert: »Ja, ja, die faulen Damen. Mit dem Laufen haben sie es ja nicht so.«

Dazu fange ich auch noch hilflos an zu lachen.

Die andere Mutter fängt mit einer leichten Überlegenheit ebenfalls an zu lachen und rauscht an mir vorbei. Am liebsten würde ich laut losheulen, aber dazu habe ich gerade keine Zeit, denn gleich fängt der Morgenkreis an.

Das Wort »Morgenkreis« beschreibt ein tägliches Ritual, bei dem sich alle begrüßen, das »Morgenlied« singen und erzählen, was sie zu Hause erlebt haben.

Als ich sie endlich dazu gebracht habe, ihre Jacken auszuziehen und sich ihre glitzernden rosa und lila Hausschuhe anzuziehen, weigern sie sich, die drei Schritte zu ihrem Gruppenraum zu laufen, und wieder trage ich sie und setze sie direkt vor ihrer Kindergärtnerin ab. Ich bin schon völlig verschwitzt, bevor der Tag richtig angefangen hat.

Mit Schweißperlen auf der Stirn frage ich die Kindergärtnerin, wie wir aus unserem Kinderwagendilemma herauskommen sollen. Ihre Antwort klingt konstruktiv: »Dann ist der Kinderwagen einfach mal kaputt und muss zur Reparatur.«

Das halte ich für eine fantastische Strategie, die ich gleich am nächsten Morgen durchsetzen möchte. Aber zuerst rufe ich noch bei einer Freundin an und rege mich darüber auf, was andere es eigentlich angeht, wie lange man seine Kinder schiebt – oder eben nicht. Meine Freundin ist Mutter von einem fünfjährigen Jungen und einem kleinen Mädchen, das fast am gleichen Tag geboren wurde wie unsere Töchter, und sie schießt sofort los: »Das ist mir auch passiert! Kürzlich war der Kleine einfach zu müde, und ich habe beide zum Kindergarten geschoben, und dann kommt direkt so ein Opa an und meint: ›Na, kannst du etwa nicht laufen?‹ Daraufhin wurde ich so wütend, dass ich ihm wohl sehr aufbrausend antwortete: ›Der ist krank.‹ Und das war dem Typen dann superunangenehm, weil er wohl daraus schlussfolgerte, unser Kleiner sei gehbehindert!«

Wir sind also nicht die Einzigen mit dem Kinderwagenproblem. Am nächsten Tag eröffnen wir den Twins direkt nach dem Aufstehen: »Euer Kinderwagen ist leider über Nacht kaputtgegangen. Der muss jetzt erst mal in die Werkstatt. Heute müsst ihr in den Kindergarten laufen.«

»Ich will aber nicht laufen«, brüllt Luisa sofort los, und Lilly antwortet nur sehr ernst: »Oh oh. Dann musst du den reparieren, Papi! Jetzt!«

»Ja, das würde ich auch gern. Aber das kann ich nicht. Das geht nur in einer Spezialwerkstatt.«

Sie wollen sich selbst ein Bild vom Ausmaß der Katastrophe machen. Geistesgegenwärtig tritt Peter gerade noch rechtzeitig auf die Wegfahrsicherung und flötet betont besorgt: »Seht ihr, er fährt leider nicht mehr.«

Leider sind unsere Zwillinge darüber erst mal so schockiert, dass wir es beide für einen kurzen Moment bereuen, ihnen diese Lügengeschichte aufgetischt zu haben. Denn die Reparaturgeschichte mag bei einem Kind noch gut funktionieren. Doch Peter muss wieder zur Arbeit, und damit fehlt eine weitere wichtige Tragkraft, und ich habe nicht daran gedacht, dass der Weg zum Kindergarten so weit ist und mit zwei Kindern noch weiter. EIN Kind kann man immer wenigstens zwischendurch ein Stück tragen und es dann wieder durch lustige Hüpfspiele motivieren zu laufen. Aber bei zweien steht man schnell doof da – denn beide so weit zu tragen ist unmöglich.

Und deshalb spare ich mir an diesem Tag meine Nerven und fahre sie kurzerhand mit dem Auto zum Kindergarten. Als Ausnahme kann ich damit gut leben.

Kaum sitze ich im Auto, mache ich mir schon Gedanken, warum wir so schlecht ohne Kinderwagen können. Nach ein paar Minuten bin ich mir sicher:

Sie fühlen sich einfach zu wohl in dem Ding – denn schließlich haben wir sie früher darin wohnen lassen. Wenn sie als Babys nicht gerade schrien oder in der Federwiege hoch- und runterflogen, lagen sie nämlich in ihrem Kinderwagen und schliefen. Es war völlig ausgeschlossen, sie tagsüber dazu zu bringen, in ihren Kinderbetten zu schlafen. Das ging sogar so weit, dass nicht mal Schnee und Eis dieser Kinderwagenliebe etwas anhaben konnten.

Eines Wintertags bekamen wir Besuch von einem Freund, der völlig entsetzt feststellte: »Eure Kinder sind eingeschneit! Leben die noch?«

Unsere Kinderärztin hatte uns geraten, sie bei Wind und Wetter mit dem Kinderwagen zum Schlafen einfach rauszustellen. Also dick eingepackt natürlich. Sie meinte, die frische Luft wäre gut für die Atemwege, und ganz besonders, wenn sie feucht ist. Als die Zwillinge an diesem Tag draußen auf der Terrasse in ihrem Kinderwagen einschliefen, hat es plötzlich heftig angefangen zu schneien, bis das Dach des Wagens nicht mehr rot, sondern weiß war. Und sie haben selten so lange geschlafen wie an diesem Wintertag. Wobei unser Freund seither die Meinung vertritt, sie seien in eine Art Kältestarre verfallen und wären gar nicht mehr in der Lage gewesen zu schreien. Der lacht da noch heute drüber.

Aber wie auch immer: Es sind während des Schneeschlafs weder Zehen noch Finger abgefroren, und somit kann es ihnen nicht allzu sehr geschadet haben.

Und nun denke ich, dass sie es einfach zu gemütlich in ihrem Kinderwagen finden. Als ich Peter abends erzähle, dass ich sie mit dem Auto gefahren habe und es wirklich peinlich ist, dass sie mit den Füßen schon deutlich unten über die Fußleiste rausbaumeln und der Kopf auch längst über den Rand des Buggys ragt, hat er einen Geistesblitz.

Wir schaffen uns einen Bollerwagen für die Kinder an! Ein Bollerwagen wirkt ab einem gewissen Kindesalter statt gescheitert ziemlich lustig. Der Bollerwagen ist unsere Rettung: Nun jubeln uns Leute vom Straßenrand aus zu und sagen Sätze wie »Süß, die Zwillinge, wie sie da zusammen sitzen«. Und das Ding hat gerade mal 70 Euro gekostet!

Wir ziehen sie damit zum Kindergarten und wieder zurück, und inzwischen passiert es sogar, dass sie gar nicht mehr darin gezogen werden wollen. Nach recht kurzer Zeit steigen die Kinder nämlich freiwillig auf ein anderes Transportmittel um. Und das ganz ohne Zwang. Was wir Erwachsenen in unserer rationalen und durchorganisierten Welt nämlich gerne vergessen, ist, dass Kinder einen natürlichen Entdecker- und Bewegungsdrang haben. Nur sind manche einfach ein bisschen langsamer oder entdecken ihre Neugierde auf Hüpfen, Rollen oder Radeln etwas später.

Aber wie heißt es so schön: Die meisten Dinge regeln sich von allein. Und so stehen wir bald vor einer neuen Herausforderung, denn aller Anfang ist schwer. Und das gilt auch für das Fahrradfahren.

Lektion 27: Das Stützräder-Dilemma

Es ist der Wahnsinn, was das Kind von heute alles an Fortbewegungs-
mitteln zur Auswahl hat. Als wir klein waren, gab es ein Dreirad, und
danach haben wir Fahrradfahren gelernt mit Stützrädern, und das war
es dann auch. Peter hat irgendwann man ein Kettcar zu Weihnachten
bekommen. Das war allerdings so groß, dass er mit den Füßen nicht
an die Pedale gekommen ist. Wahrscheinlich ein klassischer Fall von
Vater schenkt seinem Kind Spielzeug, mit dem er eigentlich selber
gerne spielen will. Davon hätten wir wahrscheinlich auch eine ganze
Menge, wenn die Zwillinge Jungs wären. Ich hatte nur ein Fahrrad,
und als mein Vater die Stützräder von meinem knallgelben Fahrrad
abgemacht hat, fuhr ich erst mal direkt in ein Brennnesselfeld.

Heutzutage kann man locker einen kleinen Fuhrpark für den
Nachwuchs anschaffen. Neben dem guten alten Fahrrad gibt es
Elektroautos, Minitraktoren, Roller (die meist »Scooter« genannt
werden), alle Sorten von Go-Karts und – ganz wichtig – Laufräder.
Kommt man als Eltern an den Punkt, sich mit der Anschaffung ei-
nes Fahrrads zu beschäftigen, kommt man am Laufrad nicht vorbei.
Denn heutzutage lernen Kinder ausschließlich mit dem Laufrad (im
Prinzip ein Fahrrad ohne Pedale) Fahrrad fahren, da mit diesem
Ding der Gleichgewichtssinn und die Körperbeherrschung trainiert
werden. Und hocken sie einfach nur auf einem Fahrrad mit Stützrädern (so wie wir früher), dann lernen sie es nie, weil die Stützräder
dazu führen, dass sie sich nicht anstrengen müssen.

Wir hatten zunächst Laufräder angeschafft, weil einem von allen Seiten (unaufgefordert) dazu geraten wird, bloß kein Fahrrad
zum Fahrradfahrenlernen zu kaufen! Und das mit einer Vehemenz,
als könnten wir uns alle daran vergiften. Also haben wir natürlich

zunächst die Laufräder angeschafft. Mädchenmäßig durchgestylte Teile mit rosa Handgriffen und Sätteln und kleinen Kronen auf den rosa Plastikschutzblechen. Allein das hätte uns schon zu denken geben müssen. Aber wir dachten, mit Pink und Krönchen könne man nicht so viel falsch machen bei kleinen Mädchen. Dumm nur, dass der Rahmen der Räder so schwer ist, dass sie es kaum hochhieven können, um sich draufzusetzen. Da wir aus genannten Gründen auf keinen Fall Fahrräder mit Stützrädern kaufen wollten, haben wir ihnen jeden Tag autoverkäuferähnlich die Vorzüge ihrer Transportmittel präsentiert, gewartet und gehofft, ob sie sich nicht doch noch mal mehr als zehn Meter damit fortbewegen, aber leider blieben all unsere Versuche erfolglos.

Da sie nun aber gecheckt haben, wie cool es ist, nicht mehr im Kinderwagen zu sitzen, und wir über jeden Bewegungsdrang froh sind, konnten wir kürzlich nicht anders, als doch Fahrräder MIT Stützrädern zu kaufen.

Wir waren wieder mal in einem dieser riesigen amerikanischen Kinderspielzeug-Discounter, um ein paar Bügelperlen und Knete zu kaufen, und haben das Gebäude mit zwei Fahrrädern verlassen, da die teuren Sachen in diesen Geschäften bekanntlich psychologisch so geschickt platziert werden, dass man das Geschäft grundsätzlich mit Dingen verlässt, die man eigentlich gar nicht kaufen wollte.

In unserem Fall hat sich die eine unsterblich in ein komplett grellpinkes Hello-Kitty-Fahrrad verliebt und die andere in ein Fahrrad im Design der Eiskönigin in einer – sagen wir mal interessanten – Farbkombination aus Mintgrün und leuchtend Lila, sodass es einem beim Hinschauen schon anfängt, in den Augen zu brennen.

Und nun wollen sie unbedingt beide mit ihren neuen Fahrrädern in den Kindergarten fahren, und wir ahnen schon, dass es kompliziert werden wird. Wir versuchen, sie dazu zu überreden, sich a) bitte ihre Jacke anzuziehen, b) sich zu beeilen, da wir sonst wieder den Morgenkreis verpassen, und c) heute ihren Fahrradhelm aufzusetzen, da man heutzutage eben Fahrradhelme trägt. Wobei wir von Anfang an die Sicherheit unserer rosafarbigen Modelle angezweifelt haben, denn beim Anziehen hieß es immer nur: »Nein, Papi, das ist zu eng!« Und: »Mama, das tut weeeeeh!«

Also wackeln die lustigen rosa Schutzhelme mehr oder weniger auf dem Kopf hoch und runter, und es erinnert uns beide ein bisschen an diese Wackeldackel, die bei manchen Leuten auf der Hutablage des Autos sitzen.

Und nun stürzen wir uns in das Abenteuer »mit dem Fahrrad zur Kita«. Wir bereiten sie schon mal drauf vor: »Es gäbe noch die Möglichkeit, dass wir euch an die Hand nehmen. Aber wenn ihr beide mit dem Fahrrad fahrt, könnt ihr dann nicht auf den Arm. Denn wir können nicht zwei Fahrräder tragen, die beiden großen Kuschelhunde, die Hausschuhe, die Matschhosen und euch. Das versteht ihr doch, oder?!«

»Ja! Fahrrad fahren«, sagen sie beide gleichzeitig mit einem Enthusiasmus, der uns überzeugt und glauben lässt, wir werden den Weg, der normalerweise zu Fuß mit Kinderwagen zehn Minuten dauert, gemeinsam meistern. Vorsichtshalber kalkulieren wir heute 20 Minuten ein, da wir annehmen, dass sie wie junge Hunde ständig anhalten und irgendetwas begutachten müssen.

Noch fröhlich verlassen wir das Haus und legen circa ein Viertel der Wegstrecke zurück. Aber wie das so ist bei Kindern. Meistens überkommt sie doch nach wenigen Minuten das »Ich kann nicht mehr«-Syndrom.

Während also die eine mit ihrem Fahrrad stehen bleibt, ist die andere schon so weit weg, dass wir uns nicht sicher sind, ob sie sich nicht gleich verirrt, und rufen ihr hinterher: »Warte bitte, deine Schwester hat gerade irgendein Problem. Bitte warte!«

Daraufhin fängt diejenige, die schon vorgefahren ist, an, uns lustig wie ein Sporttrainer anzufeuern: »Mamaaaa, Papaaaa, sneller! Komm jetzt!« Sie lacht und freut sich wie verrückt über ihr neues Fahrrad.

Und schon wird der Familienverband auseinandergerissen. Papi versucht, das davonrasende Kind einzufangen, während Mami mit Engelszungen auf das kleine andere, gerade etwas bockige Mädchen einredet. »Kommst du jetzt bitte mit! Wir verpassen sonst den Morgenkreis. Guck, deine Schwester ist schon fast da. Bitte komm jetzt.« Aber es ist nichts zu machen. Wie bereits beschrieben, ist der Wille von kleinen Kindern einzigartig und bewundernswert. Niemand bleibt so zäh und hartnäckig auf seinem Standpunkt und ist derart kompromisslos.

Es kommt, wie es kommen musste – Mami schlepppt das bockige Kind, das Fahrrad, die Hunde und diverse andere Sachen wie ein vollbepacktes Maultier zur Kita. Beziehungsweise ist das bockige Kind, das gerade noch Gefahr lief, sich in einen schnappatmigen Anfall von Hysterie hineinzusteigern, auf Mamis Arm von einer Sekunde auf die andere wieder vergnügt und singt das Lied von »Hänsel und Gretel«.

Das sind diese Momente, in denen sich Eltern von ihren Kindern einfach nur verarscht fühlen. Das war alles Kalkül. Eiskalte Berechnung. Aber man muss es positiv sehen. Genau durch solche Aktionen bleiben die Eltern auf Trab. Es ist schon erstaunlich, wie fit und trainiert Eltern von Zwillingen sind. Früher haben wir uns im

Fitnessstudio abgerackert, und jetzt erledigen wir das eben zu Hause und auf dem Weg zur Kita, beim Einkaufen und eigentlich überall. Die Möglichkeiten, die man mit Trainingsgeräten dieser Bauart hat, sind unbegrenzt. Kinder sind wie kleine Personal Trainer. Da kann man mit dem Training nicht einfach aufhören, wenn man keine Lust mehr hat. Sie bestimmen, wie lange man sie auf dem Arm durch die Gegend trägt. Wenn man sie gegen ihren Willen absetzt, weil man denkt, man bricht sonst zusammen, wird man von den kleinen Drill-Sergeants lautstark zusammengefaltet und nimmt die Übung sofort wieder auf. Das gibt Muckis.

Papi hat inzwischen auch sein Training in Form einer Laufeinheit absolviert, die allerdings abrupt beendet war, als Lilly mit ihrem neuen Fahrrad in einer Kurve einfach umfällt. Trotz Stützräder!

»Mein Knieeeeee! Es blutet!«, brüllt sie, als wäre ihr Bein abgerissen, und Peter hebt erst mal ihr Fahrrad von ihr runter.

»Du schaffst das schon! Das war doch gar nicht so schlimm! Schau mal, nur ein kleiner Kratzer! Du bist ein großes Mädchen, und du kannst doch schon so toll Fahrrad fahren!«

Sie schluchzt immer lauter, bis Peter merkt, dass das Knie gar nicht das Hauptproblem ist, sondern ein kleiner Kratzer im rosa Lack ihres Fahrrads!

Der Kratzer soll da wieder raus. Währenddessen sind gefühlt alle anderen Eltern aus der Kita mit ihren flotten Laufrad-Kindern an uns vorbeigefahren und haben das ganze Elend verteilt auf zwei Schauplätze serviert bekommen, und die 20 Minuten sind inzwischen auch schon lange um.

Die Tatsache, dass es, als wir endlich im Kindergarten angekommen sind, niemand wagt, uns anzusprechen, spricht wiederum Bände.

Wir überlegen, wer eigentlich auf die dämliche Idee mit den Fahrrädern gekommen ist und wie wir nur so blöd sein konnten zu glauben, dass sie damit einfach so zur Kita radeln würden. Bevor wir uns gegenseitig dafür verantwortlich machen, geben wir lieber den Kindern die Schuld.

Aber schon wenige Wochen später passiert das Wunder. Bei den Zwillingen bricht die Fahrradsucht aus. Wenn wir es morgens eilig haben und sie »mal eben schnell« mit dem Bollerwagen zum Kindergarten fahren wollen, sagen sie mahnend: »Nein! Ich kann schon Fahrrad fahren! Mit ohne Stützräder!«

Und dann radeln sie drauflos, als wollten sie sich zur Tour de France anmelden.

Rückblickend hätten wir es uns auch bei diesem Thema viel einfacher machen können. Hätten wir doch einfach gleich die Fahrräder angeschafft und nicht ewig drauf gehofft, dass sie doch noch die viel zu schweren Laufräder annehmen!

Und was wäre die richtige Strategie gewesen? Nichts! Und zwar einfach nichts tun. Aber in der Elternwelt von heute, zwischen den ganzen Elternkursen und Frühförderungszwängen, klingt Nichtstun so unerträglich rückschrittlich, dass man denkt, es könne niemals die Lösung sein. Schließlich muss man doch was tun, um das Kind auf die Zukunft und den harten Wettbewerb des Lebens vorzubereiten!

In unserem Fall sind die Lehrmeister bei dieser Lektion die kleinen Nachbarsmädchen, die schon »mit ohne Stützräder« fahren können. Eine Dreieinhalbjährige und ihre sechsjährige Schwester drillen die Zwillinge zu einer Art Kindergarten-Eliteeinheit. Die sechsjährige Schwester ist so etwas wie ein Guru für die Kleineren. Alles, was sie macht, wollen sie nachmachen, und zwar schnellstmöglich. Und so bestehen unsere Töchter darauf, dass wir ihnen die Stützräder abmachen, bevor sie überhaupt ansatzweise ohne die Dinger fahren können.

Also rennen wir zwei Wochen lang hinter ihnen und ihren stützräderlosen Fahrrädern her und halten sie an den Schultern fest, damit sie nicht umkippen, und fragen uns, wann wir von dieser Art der Fortbewegung einen Bandscheibenvorfall kriegen oder wenigstens einen eingeklemmten Nerv. Aber so weit kommt es nicht. Denn plötzlich können sie es einfach. Und plötzlich sind wir »back in the game« und werden oft gefragt: »Eure Kinder können ja schon Fahrrad fahren! Das ist ja krass! Wir habt ihr das denn gemacht?«

Mit einem erleichterten Lachen lautet unsere Antwort: »Wir haben gar nix gemacht. Die sind einfach losgefahren!«

Aber das glaubt uns keiner. Denn dass Kinder von Natur aus einen extremen Ehrgeiz mitbringen, kann sich kaum noch jemand vorstellen.

Dabei könnten wir uns alle entspannt zurücklehnen und einfach dabei zusehen, wie sie die größten Entwicklungsschritte wie von Zauberhand gesteuert von ganz alleine meistern.

Lektion 28: Die doppelten Gürteltiere

Ein weiteres sehr heikles Thema im Eltern-Kind-Kosmos ist das Haarekämmen. Ich erinnere mich noch sehr gut an meine eigene Kindheit, als ich bei jedem Baden felsenfest der Überzeugung war, von der Brause beim Haarewaschen ersticken zu müssen. Außerdem habe ich das Haarekämmen immer als Folter empfunden und kann mich jetzt noch an das fiese Ziepen erinnern, wenn meine Mutter versucht hat, mir die Haare zu entwirren. Aber bei meinen eigenen

Kindern hatte ich schon in der Schwangerschaft sehr genaue Vorstellungen davon, wie sie auf dem Kopf mal aussehen sollen.

Mit großer Begeisterung habe ich in diesen Lifestyle-Familien-Zeitschriften geblättert, die vollgepackt sind mit Werbung für die feinsten Kinderlabels wie Armani Junior oder Chloé. So ein bisschen wie *Vogue* für Kinder. Die Jungs haben in diesen Hochglanzblättern einen ordentlichen Seitenscheitel mit leicht hochgegeltem Pony und die Mädchen allesamt niedliche Flechtfrisuren oder sogar schon Wallemähnen wie ein Victoria's Secret Model. Und obwohl ich selbst in meiner Kindheit niemanden an meinen Kopf lassen wollte, habe ich mir schon damals immer vorgestellt, meine Puppe Lotte sei meine Tochter. Ihr habe ich damals die gleiche Frisur geschnitten wie Nicki. Sie hatte 1986 den ultimativen Hit »Wenn i mit dir tanz« und hat den sogenannten Igel-Schnitt berühmt gemacht, eine Art »Vokuhila«-Frisur, bei der auf dem Kopf die Haare igelkurz nach oben stehen und seitlich und hinten lang runterhängen. Meine Freundin Babsi hatte damals auch diese Frisur und wurde damit zum Achtzigerjahre-Grundschul-It-Girl.

Und der Plan für unsere Zwillinge lautet nun: Sie sollen zu It-Babys werden mit seidig-weichen Zauberfeenhaaren, die von Mutti liebevoll mit der Echthaarbürste gestriegelt werden. Allerdings sehen wir zunächst nicht ein, warum man so einen Quatsch wie eine Babybürste benutzen soll. Schon wieder ein überflüssiger Übereltern-Firlefanz. Wieso sollte man einen Babykopf kämmen, auf dem bekanntermaßen so gut wie keine Haare sprießen? Und selbst wenn sich auf Babyköpfen Haare verirren, sind sie doch so kurz, dass das Herangehen mit einer Bürste überhaupt keinen Sinn hat.

Wir sind uns einig, dass wir unseren Kindern das Haarekämmen in den ersten zwei Jahren ersparen! Dass wir bei dieser Logik etwas ganz

Entscheidendes nicht bedacht haben, fällt uns erst auf, als sich ihre Kopfhaut schon in einen gürteltierähnlichen Panzer verwandelt hat.

Nun müssen wir zu unserer Verteidigung anführen, dass unsere Zwillinge das Baden genauso hassen wie ich damals, und überhaupt sind die meisten Babys komischerweise wasserscheu. Wenn ich mich an die Anfänge mit den Zwillingen zurückerinnere, frage ich mich, ob sie eine Wasserallergie haben, aber da sie doch am Ende jedes Bad ohne Ausschläge überlebt haben, ist es wohl nicht so.

Und das Praktische ist: Die kleinen Dinger soll man ja gar nicht so oft waschen! Unsere Hebamme hat uns beigebracht, dass es reicht, sie einmal pro Woche oder alle zehn Tage in ein Bad mit etwas Mandelöl zu versenken.

Und da wir so wenig Stress mit unseren Kindern haben wollen wie möglich, haben wir am Anfang auf das Haarewaschen einfach verzichtet. Warum sollte man auch Haare waschen, wenn kaum welche auf dem Kopf wachsen?

Und ich erinnere mich noch gut daran, dass wir auf keinen Fall die Fontanellen verletzen wollten. Das sind diese offenen Stellen oben auf dem Kopf, die nur dünn mit Haut überzogen sind und wo man das Gehirn pochen sieht. Diese Öffnungen in der Schädeldecke erfüllen durchaus einen wichtigen Zweck, denn sie sorgen dafür, dass der Kopf flexibel bleibt und das Gehirn wachsen kann. Aber ich habe mir oft vorgestellt, ich könnte aus Versehen diese Stelle verletzen, und dann glibbert das Hirn raus – igitt. Und außerdem bilden wir uns ein, die Haare unserer Kinder hätten einen Lotusblüteneffekt. Insofern sind sie selbstreinigend, und abgesehen davon sehen sie immer irgendwie noch ganz fluffig aus.

Aber bei allem Schöngerede sind wir trotzdem gescheitert, und das wird uns jeden Tag bewusst, an dem wir nun – ungefähr drei Jahre später – irgendwie versuchen, etwas Ordnung auf diesen Köpfen herzustellen. Meistens rennen wir mit der Babybürste bewaffnet hinter ihnen her und kriegen sie dann doch nicht eingefangen, weil sie einfach viel zu schnell sind. Peter lässt es einfach ganz mit dem Haarekämmen.

Ehrlich gesagt dachte ich, Mädchen fänden es von Natur aus toll, wenn ihnen die Haare hübsch gemacht werden. Von daher hätte ich es auch nie für möglich gehalten, dass die Haare mal zu einem so großen Problem werden. (Ich hätte es ahnen können – es war ja bei mir selbst, wie gesagt, auch so …)

Nun hat uns unsere Nachbarin Christine, sie ist Fotografin, zum dritten Geburtstag ein Fotoshooting geschenkt. Ihr Plan ist, vor der Kulisse des Tierparks ein paar Fotos zu schießen. Das klingt erst mal recht harmlos, aber mir schießt allein bei dem Gedanken, dass ich die Kinder dafür halbwegs zurechtmachen muss, sofort das Adrenalin in den Kopf.

Meine Freundin Mimmy hat mir den Rat gegeben, es mal mit so einem »tangle teezer« zu probieren. Das ist ein pferdestriegelähnliches Teil, das in den Medien als »Wunderbürste« gefeiert wird, die laut *InStyle* dafür sorgt, »dass verknotete Haare gelöst anstatt schmerzhaft ausgerissen werden«. Also genau das richtige Utensil für unser Problem. Für dieses kleine Plastikding lege ich den stolzen Preis von knapp 15 Euro auf die Kassentheke des Drogeriemarkts und hoffe, dass es zu Hause ein Wunder vollbringt. Denn Luisa hat inzwischen mindestens fünf völlig verfilzte Dreadlock-Büschel auf dem Kopf, die bällchenähnlich von selbigem abstehen, und Lilly hat einen einzelnen riesigen Filzkloß auf dem Hinterkopf.

Ehrlich gesagt, sieht es ganz niedlich aus.

Ich probiere die Wunderbürste zunächst bei mir aus und bin begeistert. Das Ziep-Potenzial tendiert tatsächlich gegen null. Mit meiner neuen Wunderwaffe ziehe ich am Morgen des geplanten Fotoshootings in das Kinderzimmer von Lilly und Luisa und säusele los: »Na, ihr zwei Süßen!? Wenn ihr euch jetzt die Haare kämmen lasst und ganz lieb seid und das anzieht, was Mama euch rausgesucht hat, dann gibt es nachher eine kleine Überraschung.«

Pädagogen wird jetzt wahrscheinlich schlecht beim Lesen, weil diese Bestechungsversuche ganz miese Tricks sind. Aber sie funktionieren! Und zwar immer! Und schließlich will ich mein Ziel erreichen.

Wie die Prinzessin beim Kasperle-Theater hampele ich vor ihnen rum und zeige, wie huschi puschi einfach das mit der Wunderbürste geht. Aber kaum versuche ich, die Bürste nur an Lillys Kopf anzusetzen, fängt sie schon an zu zucken und läuft schreiend los. »Auaaaa, Mamaaaa, das ziiiiiept!!!«

In dem Moment klingelt es, und Christine steht mit ihrer kleinen Tochter Carla vor der Tür, um uns zum Fotoshooting abzuholen. Und während ich noch ungeduscht und im Schlafanzug zur Tür hechte, sehen Christine und Carla aus, als kämen sie gerade aus dem Wellnessurlaub. Bei Christine sieht immer alles aus wie aus einem dieser Hochglanz-Mama-Blogs. Während bei uns überall das laute, quietschbunte China-Plastik-Spielzeug rumfliegt, ist bei ihr alles aus Massivholz in Pastelltönen. Und statt der Eiskönigin (natürlich auch aus Plastik) sitzen altrosa Häkelhäschen in der Ecke.

Christine trägt einen sehr coolen grauen Jumpsuit aus Rohseide. Carla steht farblich dazu abgestimmt in einem grau-weiß geringelten Kleidchen daneben, die langen Haare kunstvoll in mehreren Zöpfen um den Kopf herum zu einer Hochsteckfrisur drapiert. Sie hält die Hand ihrer Mama fest und sagt fröhlich: »Hallo Eva, Lilly und Luisa!« Und Christine stimmt ein: »Na, dann wollen wir mal loslegen mit euch!«

»Guck mal, wie die wieder aussehen!«, entgegne ich amüsiert, während mein Blick auf die pinkfarbenen Hello-Kitty-Plastikschuhe der beiden fällt und die dazu selbst ausgesuchten Outfits. Lilly hat sich ein ebenfalls pinkfarbenes Kleid dazukombiniert, worüber sie noch einen Rock gezogen hat, und Luisa steht da in einer kurzen Jeans und einem fliederfarbenen Eisköniginnen-Shirt. Leider habe ich es nicht geschafft, sie zu einem anderen – und vor allem »zwillingstauglichen« – Look zu überreden. Aber Wutanfälle wollte ich auch nicht riskieren, dann könnten wir das mit den Fotos gleich vergessen.

Und ehrlich gesagt, bin ich inzwischen sogar ganz stolz auf die beiden: Schließlich zeugt das auch von Selbstbewusstsein, wenn so ein kleines Persönchen schon alles selbst machen will und sich selbst anzieht. Das ist eben ihr ganz eigener Stil.

Nur wäre es natürlich ganz förderlich, wenn die Haare nicht noch weiter verfilzten. Lachend sage ich: »Die Haare lassen sie sich wieder mal nicht kämmen. Das ist so megapeinlich.«

Christine lacht: »Ihr Mädchen, soll ich das mal mit den Haaren probieren? Ich habe nämlich Zauberhände, und dann tut das gar nicht weh!«, sagt sie verschwörerisch und funkelt die Mädchen mit ihren blauen Augen an.

»Ja, ja, ja!! Du sollst das machen!«, rufen beide auf einmal.

Christine darf zwar auch nur mit der Babybürste ran, aber immerhin sehen sie nun nicht mehr ganz so zerfleddert aus. Aber da sie nun einen genauen Blick auf die Köpfe wirft, muss ich ihr leider etwas beichten: »Äh, Christine, es ist mir sauunangenehm, aber die haben immer noch diese Schuppen auf dem Kopf, die sonst nur die ganz kleinen Babys haben.«

Beim Anblick der Kopfhaut sagt sie lachend: »Vielleicht solltest du doch mal Alex fragen? Der hat bestimmt was dagegen. Wir wollen sie doch nicht als Gürteltiere einschulen, oder?!«

Alex ist auch aus unserer Nachbarschaft und inzwischen unser neuer Kinderarzt. Unsere Kinderärztin ist vor ein paar Monaten weggezogen, und dann hat sich praktischerweise herausgestellt, dass Alex Kinderarzt ist und auch noch gegenüber von uns wohnt. Er ist ein lässiger Typ, schätzungsweise Mitte bis Ende 40 und immer gut gelaunt. Passenderweise heißt er Dr. Alexander Lacher. Aber die Kinder nennen ihn nur den »Alex-Arzt«. Sie haben unsere Unterhaltung natürlich verfolgt und sind nun völlig hin und weg. Denn sie finden den Alex-Arzt wahnsinnig toll, seit er ihnen bei der letzten Untersuchung zwei Luftballons UND zwei kleine Gummitierchen geschenkt hat. Seitdem schauen sie ihn immer sehr verliebt an, wenn wir ihn auf der Straße treffen.

»Der Alex-Arzt soll kommen! Ja, ja!«, sagt die eine, und die andere stimmt fröhlich ein: »Ja, ja, der Alex-Arzt! Is bin krank!«

»Nein, mein Schatz, du bist nicht krank, das ist alles halb so wild!«, sage ich, und sie antwortet:

»Ssssade!« Vermutlich weil sie gehofft hatte, wieder ein paar kleine Spielsachen als Trost abzustauben.

Wir warten also auf den Alex-Arzt, der am Telefon sagt, er sei ohnehin zu Hause und käme mal kurz rum, um irgendwelche Hautkrankheiten auszuschließen. Als er dann die Schuppenschicht sieht, fängt er an zu lachen: »Ja, das ist tatsächlich noch ein bisschen Kopfgneis. Völlig harmlos. Normalerweise haben das Babys bis zu einem Alter von etwa drei Monaten, und dann wäscht es sich von selbst raus.«

»Äh ja, das haben wir irgendwie nicht so oft gemacht«, sage ich und gucke etwas verlegen zu Boden, weil es natürlich einen gewissen

Unterschied gibt zwischen einem drei Monate alten Baby und einem dreijährigen Kind. Aber Alex sieht die Sache völlig entspannt und meint, ich solle mich weiterhin locker machen. Er schreibt mir ein Mittel auf, das wir vor dem Haarewaschen benutzen sollen und das den Gneis aufweicht.

Im Endeffekt war es also gar nicht schlimm, dass wir das mit dem Haarewaschen nicht so eng gesehen haben. Und besser zwei glückliche Kinder mit ein bisschen Gürteltierlook als zwei verschreckte Kinder mit Seidenhaaren, oder?!

Und eines muss ich noch loswerden: Während sämtliche Kinder aus der Nachbarschaft schon mit Läusen nach Hause gekommen sind, hatten wir dieses Problem immer noch nicht!

Und um unser schlechtes Gewissen zu beruhigen, sind wir uns ganz sicher, dass unsere Kinder nur deshalb noch nie Läuse eingeschleppt haben, weil sie so dreckig sind. So eine Laus fühlt sich auf einem gürteltierähnlichen Schuppenkopf nämlich bestimmt schlicht nicht wohl. Die sucht sich lieber einen saubereren Kopf.

Lektion 29: Im Zauberkleid zu den Erziehungsprofis

Wenn Kinder anfangen, in den Kindergarten zu gehen, ist das für alle Beteiligten ein großes Abenteuer: Werden die Kleinen sich wohlfühlen? Werden sie gut behandelt und vor allem: Wie lange wird es dauern, bis sie eingewöhnt sind?

Bei uns damals ging man einfach irgendwann in den Kindergarten, bepackt mit einer Kindergartentasche und ein paar Pausenbroten, und wurde mittags wieder abgeholt. Peter ist mit fünf Jahren sogar alleine zum Kindergarten gegangen. Wie die anderen in der

Straße auch. Das wäre heute undenkbar und auch gar nicht möglich, da viele Kitas das gar nicht erlauben. Damals wurden so gut wie keine Fragen gestellt. Vor allem wurde das Erziehungspersonal nicht infrage gestellt. Heutzutage hat man das Gefühl, viele Eltern würden sich am liebsten selbst hinstellen und das Entertainmentprogramm anschmeißen, aber leider haben sie ja noch einen anderen Beruf.

Außerdem ist es wichtig, dass man mehrere Kitas besichtigt, bevor man sich für eine entscheidet – schließlich muss es für den hochbegabten Nachwuchs die BESTE am Platz sein. Der kleine Haken ist nur, dass es meist immer noch zu wenige Kitas gibt. Auch wir haben im Vorfeld mehrere Einrichtungen besucht, schon allein aus Zeitvertreib, weil wir dort überall auf der Warteliste standen. Und wir möchten die Besichtigungen nicht missen. Dort haben sich immer sehr lustige Szenen abgespielt. Da war zum Beispiel dieser Vater, der den ganzen Boden abgetastet hat, um zu kontrollieren, ob die Fußbodenheizung funktioniert. Oder diese Mutter, die die Fächer für die Kleidung ausgemessen hat, um die Fachgrößen der verschiedenen, bereits besichtigten Kitas miteinander zu vergleichen. Besonders der Koch der Kita hat uns bei einem der Besichtigungstermine leidgetan, da er die ganze Zeit am Telefon hing, um die Ernährungseinschränkungen der neuen Kindergartenkinder entgegenzunehmen.

Übrigens sprechen wir oft lieber von Kindergarten als von Kita. Wer wohl auf die Wortschöpfung Kinder-»Tagesstätte« gekommen ist? Das klingt doch schon so nach grau gekachelten Wänden und Fertigsoßen. Wie viel wohlfühliger klingt es bitte, sein Kind in einen Kinder-»Garten« zu schicken?! Da stellen wir uns doch sofort eine Bullerbü-Szenerie vor, in der die süßen Kleinen Erdbeeren ernten und Salatpflänzchen mit kleinen Gießkännchen wässern!

Unser Hauptproblem besteht seit dem ersten Kindergartentag vor allem darin, ob wir es schaffen, rechtzeitig zum Morgenkreis anzutanzen. Denn jeden Tag kommen unsere Kinder auf neue Ideen, was sie alles unbedingt dorthin mitnehmen müssen, und es nimmt teilweise die Dimensionen eines Umzugs an. Zum Glück sind die Erziehungsprofis vor Ort hart im Nehmen. Es sieht sogar so aus, als würden sie sich über unseren ganzen Hausrat freuen, der da jeden Tag antransportiert wird. Und ganz ehrlich: Wie soll man pünktlich sein, wenn ein aufblasbares Krokodil, ein Schwimmreifen, zwei Puppen, ein Prinzessinnen-Haarreif, ein Discokugel-Haarreif, ein Schmetterling aus Bügelperlen, eine Trage für die eine Puppe, ein Töpfchen für die andere Puppe, eine Handtasche mit einem Kamm, ein Hüpfball UND Luisas große Plüschhunde sowie zwei Miniplüschtiere von Lilly unbedingt, aber wirklich UNBEDINGT mitmüssen?!

Und dann ist da natürlich noch die Sache mit der Kleidungsauswahl. Die Profis raten gerne, man solle den Kindern schon am Abend vorher zwei Outfits zur Auswahl präsentieren, damit man am nächsten Tag nicht diskutieren muss. Bei unseren Kindern funktioniert das allerdings nur bedingt, ganz abgesehen davon, dass wir abends meistens zu müde sind, um noch Diskussionen auszutragen.

Wir erinnern uns noch mit besonderer Freude an unseren allerersten Tag im Kindergarten. Peter hatte Sendung, und ich hatte mit meiner Freundin Mimmy den perfekten Plan überlegt: Es ist sechs Uhr früh, sie sind beide wach und sehr aufgeregt. Vor allem aber deshalb, weil ich ihnen als Lockmittel versprochen habe, dass sie eine kleine Schultüte mit auf den Weg bekommen.

Während ich nun vor dem Kleiderschrank stehe und Ausschau nach dem »für den ersten Kindergartentag tauglichen« Kleidchen halte, hüpfen Lilly und Luisa aus ihren Betten und rufen gleichzeitig: »Mamaaa! Ssssuuuultüte!!!«

»Ja, die bekommt ihr gleich. Aber zuerst müsst ihr euch anziehen und euch von mir die Haare kämmen lassen!«

»Neeeeeeeiiin!«, gellt es synchron aus ihren kleinen Mündern, und schon folgt eine kleine Capoeira-Einlage.

Ich hole tief Luft und ziehe zwei Blumenkleider aus dem Kleiderschrank. »Hier! Das sind die Zauberkleider von der Oma Ellen. Da freut sie sich, wenn ihr die anzieht!«

»Neeeeeiiin, das ist kein Zauberkleid!«, kreischt Lilly, so laut sie kann.

Wir sind uns übrigens sehr sicher, dass kein Kind so laut schreit wie unsere Kinder. Das ist so eine Art biologisches Wunder. Kürzlich hat sich eine Bekannte von uns darüber aufgeregt, dass sich ihre achtjährige (!) Tochter ihre Kleider schon selbst aussucht. Sie meinte, die Tochter habe gefälligst das anzuziehen, was man ihr hinlegt. Ganz ehrlich: Natürlich wäre es mir lieber, wenn die kleinen Ladys das anziehen, was ich ihnen aussuche – am besten noch brav im farblich aufeinander abgestimmten Zwillingslook. Aber ich erinnere mich noch gut an meine Kindheit und wie toll ich es fand, dass ich mir meine Sachen selbst zusammenstellen durfte. Ich habe mich immer selbst ein bisschen wie die Designerin gefühlt. Und schließlich ist es natürlich für die Erwachsenen auch ziemlich lustig, wenn sie den Style von Dreijährigen begutachten dürfen, bei dem Blumenkleider mit gestreiften Strumpfhosen und gepunkteten Oberteilen kombiniert werden. Am besten dazu noch Gummistiefel bei 34 Grad.

Als ich mich kürzlich bei einer Freundin über den Kleidungsstil meines Nachwuchses beklagte, meinte sie nur: »Neee, das ist voll cool! Das sind die Boho-Twins!« Und dieser Boho-Look ist ja immer irgendwie hip. Genau so wie der Ethno-Look.

Und nach gefühlten zwei Stunden hat Lilly endlich eine Entscheidung getroffen. Sie entscheidet sich für ihr verwaschenes und viel zu kleines »Zauberkleid« vom vergangenen Jahr. Ihrer Meinung nach ist nur dieses das einzig wahre Zauberkleid. Es ist rosa gebatikt und hat bereits ein kleines Loch auf der Brust. Darunter möchte sie noch einen roten Tüllrock anziehen und kombiniert dazu eine orangefarbene Leggings. Luisa entscheidet sich für eine Art Jumpsuit, oder anders gesagt: Das Ding sieht aus wie ein großer Strampelanzug – coole Leute nennen solche Kleidungsstücke »Onesies«. Eigentlich ist so ein Einteiler ganz niedlich, aber doch nicht an einem derart besonderen Tag wie heute! In mir regt sich die Spießerin, die sie doch am liebsten heute mit Blumenkleidchen und brav geflochtenen Haaren sehen möchte. Aber mit diesen Piratenmädchen ist nicht zu handeln. Der Strampler ist mintgrün mit einem gelben Reißverschluss und hat aufgenähte Taschen und eine Kapuze mit einem angesagten Siebzigerjahre-Print. Mein Mode-Mama-Herz macht einen extra Salto.

Praktischerweise lehnen sie auch jede Hilfe beim Anziehen unter Fuchteln und »Mama, weg!«-Rufen ab, und so sehe ich schmunzelnd zu, wie Lilly das Kleid mit der Rückseite nach vorne anzieht und Luisas Unterhemd sowohl verdreht ist als auch mit dem Etikett nach vorne zeigt. Ich versuche, ihr wenigstens den Reißverschluss so weit hochzuziehen, dass das Etikett verschwindet, aber auch das lässt sie unter lautstarkem Protest nicht zu. Haarekämmen ist natürlich auch verboten, und so treten wir als bunte Truppe den Weg zu Mimmy und Ava an, die um die Ecke wohnen. Los geht's, und die Mädchen freuen sich über ihre mit Gummibärchen und Haarspangen gefüllten Minischultüten.

Als wir zu fünft am Kindergarten ankommen, klingeln wir, und eine Erzieherin kommt an die Tür. Sie guckt mich allerdings erschrocken an und sagt:»Oh, ihr solltet doch erst um 9:30 Uhr da sein?!« Worauf ich verunsichert antworte:»Ja, aber bei Mimmy und Ava stand ja 9 Uhr auf dem Zettel, und ich dachte, das sei vielleicht ein Druckfehler, weil unsere Mädchen gehen doch in die gleiche Gruppe, oder?!«

»Ja, das stimmt. Aber wir wollen uns für JEDEN EINZELN Zeit nehmen. Deshalb bitte ich euch, noch eine halbe Stunde spazieren zu gehen.« Schon wieder so ein neumodischer Quatsch, schießt es mir durch den Kopf. Mimmy und ich haben uns so gefreut, diesen Tag GEMEINSAM zu feiern. Wobei»Tag« auch schon zu viel gesagt ist. Denn die Eingewöhnung läuft in unserem Kindergarten nach dem sogenannten Berliner Modell ab. Das bedeutet, dass die Kinder stufenweise eingewöhnt werden. Am ersten Tag bleibt man bei ihnen im Raum sitzen und ist sowieso nur für 20 Minuten im Kindergarten. Die Zeit wird von Tag zu Tag weiter ausgedehnt, und irgendwann darf man dann den Raum verlassen. Im für uns schlimmsten Fall bedeutet das, dass die Eingewöhnung sich über vier Wochen hinziehen kann. Das wäre ein Spaß! Denn nächste Woche muss ich wieder die ganze Woche in Köln arbeiten. Und Peter freut sich bestimmt sehr, wenn er diese»sanfte Eingewöhnung« miterleben darf. Es könnte dann nämlich passieren, dass wir auch in den kommenden Wochen immer noch dabeisitzen müssen, je nachdem, wie toll die Kinder es im Kindergarten finden oder nicht. Ist das nicht der Knaller, wie viel Rücksicht heutzutage auf diese kleinen Quatschmonster genommen wird?

Nun zwinge ich mich also, mit Lilly und Luisa noch eine halbe Stunde um den Block zu laufen, bevor wir ENDLICH unsere Kita betreten dürfen.

Schon in der Schwangerschaft wurden wir von allen Seiten mit mahnendem Blick darauf hingewiesen, wir müssten uns wegen des Kita-Platzmangels bei mehreren Kitas bewerben. Also haben wir unseren Wunsch-Kindergarten schon in der Schwangerschaft angeschrieben. Die Leiterin antwortete, wir müssten nun alle drei Monate eine E-Mail schreiben, in der wir unser Interesse bekunden, und dann bekämen wir einen Smiley in unsere Akte. Seit knapp drei Jahren schreiben wir also immer die gleiche E-Mail an diese Frau, die uns dafür Smileys malt.

Um Punkt 9:30 Uhr stehe ich mit den zwei Täubchen, die mich die ganze halbe Stunde lang wie eine hängende Schallplatte mit der Frage »Warum müssen wir noch warten?« bombardiert haben, wieder vor unserer Wunsch-Einrichtung und drücke auf die Klingel. Es ist ein Altbau. Typisch Berlin halt. Diesmal begrüßt uns die Gegensprechanlage mit den Worten: »Hier sind die lustigen Knallfrösche, die Katja, wie kann ich helfen?«

»Hier ist Eva, die Mama von der Lilly und der Luisa, und wir wurden um 9:30 Uhr zur Eingewöhnung bestellt.«

»Ach ja, super. Kommt rein!«

Es surrt, die Tür geht auf, und wir stehen im Treppenhaus. Die Stufen des Treppenhauses sind mit einem Sisalteppich ausgelegt, und die Wände sind beige gestrichen.

Der Lärmpegel erinnert an die Heavy-Metal-Disco in Mühltal, als ich mit 15 Jahren meine ersten Ausgehversuche unternommen habe.

Mimmy kommt mir mit Ava entgegen und brüllt gegen den Kindergeschreipegel an: »Wir sind schon durch. Sehen wir uns gleich noch bei mir?«

Ich schaffe nur ein Nicken und versuche, mit den Zwillingen die erste Treppe zu nehmen, da stellen sie sich beide vor mich, setzen ihren verzweifeltsten Blick auf und pressen wehleidig synchron hervor: »Mama, Armi!«

»Boah, Leute, soll ich euch mit 18 auch noch auf den Arm nehmen und die Treppe hochtragen?«, versuche ich mich zu wehren, aber natürlich schnappe ich sie mir beide und schnaufe mit meinen Riesenhanteln in den ersten Stock. Da kreuzt eine dieser Schlaumeier-Muttis meinen Weg und flötet: »Na, ihr zwei, ihr solltet aber schon die Treppe laufen können, oder?«

Wir tun wieder alle so, als fänden wir das wahnsinnig lustig. Nun zwänge ich mich mit ihnen durch die Tür der Kindergartengruppe, auf der ein fettes Schild mit einem Schmetterling prangt und irgendwelche andere DIN-A4-Seiten mit Umfragen und Frühförderangeboten, und stehe in einem bunt dekorierten Raum, der aussieht, als würde Pippi Langstrumpf auch gleich noch mitfeiern.

In einer Ecke stehen drei Spielzeugküchen nebeneinander, in der anderen Ecke wurden aus Turnmatten Höhlen gebaut, und gegenüber stehen lauter kleine Tische mit darauf drapierten Obstplatten. Durch den Raum ist eine Wäscheleine gespannt, die vollhängt mit Karnevalskostümen. Die Zwillinge krallen sich natürlich erst mal an meinen Hals und fremdeln, weil kleine Kinder meistens alles Neue erst mal ziemlich doof finden. Sofort kommen zwei fröhlich dreinschauende Erzieherinnen angesprungen und stellen sich vor: »Ich bin die Anne.« Und: »Ich bin die Anna.«

Das ist jetzt aber ein Scherz, oder? Nein, es ist kein Scherz, und wir werden noch oft überlegen, welche Eselsbrücken wir bauen, damit wir sie nicht ständig falsch ansprechen.

»Das mit den Namen habt ihr bestimmt schnell raus. Wir müssen ja nun auch erst mal lernen, wer von euch wer ist!«

»Das sind aber zweieiige Zwillinge«, stelle ich lachend klar und versuche, die beiden Kinder irgendwie auf dem Boden abzustellen. Zunächst interessieren sich unsere Zwillinge weder für ihre Freundin Ava noch für die anderen Kinder oder die gefühlt 1000 Entertainmentmöglichkeiten.

»Das ist ganz normal!«, finden Anne und Anna.

Nach einer halben Stunde, in der die Zwillinge es zwar immerhin von meinem Arm runtergeschafft, sich aber dafür anschließend an meinen Hosenbeinen festgekrallt haben, fühle ich mich, als wäre ich mindestens drei Stunden am Stück Joggen gewesen.

Aber tatsächlich kriegen wir es noch hin, unseren ersten Kindergartentag mit einem Cappuccino bei Mimmy und Ava zu begießen. Und ehrlich gesagt, ist diese langatmige Eingewöhnung vielleicht auch ein bisschen dafür gedacht, dass sich die Eltern von ihren Kindern lösen – nicht nur umgekehrt. Ich hatte immer ein bisschen Angst davor, wenn sie in den Kindergarten gehen und ich nicht mehr die Oberglucke bin, die den ganzen Tag um sie rumtanzt. Aber es stellt sich heraus: Die Kinder lieben es, sich mit ihren Freundinnen den ganzen Tag zu verkleiden und lustige Sachen zu machen.

Inzwischen üben die Kinder sogar rechnen und schreiben – obwohl ihnen das überhaupt keiner beibringt. Sie machen einfach den Alltag nach. Das ist schon erstaunlich! Früher dachten wir immer, man müsse ihnen alles beibringen und mühsam erarbeiten, aber das Magische ist: Das funktioniert alles von allein!

Nur das mit den Zauberkleidern bleibt pikant: Denn so ein Zauberkleid darf auf keinen Fall gewaschen werden und muss eigentlich zwei Wochen durchgehend getragen werden – auch nachts!

Lektion 30:
Besuch vom Karies und dem Schlecker-Jörg

Wie war das noch mal, das erste Mal Zähneputzen als Kind? Wir können uns beide nicht daran erinnern. Und zwar deshalb, weil das Zähneputzen kein großes Thema war. Vor allem nicht im Kindergartenstadium. Als wir klein waren und Milchzähne hatten, wurden diese kein einziges Mal von einer Zahnbürste besucht, und wir kennen niemanden in unserer Umgebung, dem im Windelalter an den Zähnen rumgeschrubbt wurde. Als ich das erste Mal Zähne geputzt habe, waren alle neuen Zähne schon da, und ich weiß noch, dass ich damals immer so eine ganz eklig schmeckende Extra-Fluorid-Zahnpasta nehmen musste, damit die Zähne auch richtig schön stark werden. Überhaupt waren meine Eltern ziemliche Fluorid-Freaks. Mein Vater behauptet heute noch, ich hätte »die schönsten Zähne«, weil sie mir als Kindergartenkind schon die doppelte Dosis an Fluorid-Tabletten gegeben hätten. Vielleicht dachten meine Eltern, sie könnten sich und mir deshalb das Zähneputzen meiner Milchzähne ersparen.

So was wie Fluorid-Tabletten hat es bei Peters Familie zu Hause nie gegeben. Peters Mutter hat ihrer Familie schon immer einen sehr gesunden Lebensstil nahegelegt. Klassische Hammer-Medikamente aus der Schulmedizin wurden und werden nur dann eingeworfen, wenn alle nur erdenklichen Globuli dieser Welt ein unmittelbar bevorstehendes Ableben nicht verhindern können. Peter wuchs auch völlig ohne Nutella auf. Stattdessen gab es die mörtelartige Nusscreme aus dem Reformhaus. Schoko-Kekse oder Chips gab es nur, wenn mal Besuch da war. Und so sehr Peter, seine Schwester Sonja und auch Peters Vater manchmal an diesen strengen Ernährungsregeln verzweifelten, so wirkten sie sich auf ihre Körper ja ganz of-

fensichtlich sehr nachhaltig aus. Sonja sieht mit 47 Jahren aus wie
Mitte 30, Peters Papa ist fast 80 Jahre alt, macht lange Radtouren
und kann immer noch Bäume ausreißen. Was er im Garten auch
noch tut – bei Wind und Wetter. Und Peter sieht auch relativ gesund
aus für einen, der weder Obst noch Gemüse isst. Aber selbst Peters
Mutter sah das nach eigenen Erzählungen mit dem Zähneputzen
bei ihren Kindern nicht so eng. Zumindest bei den ersten Zähnen.
Auch sie war verwundert, was heutzutage schon für ein Wind um die
Zähne der ganz kleinen Kinder gemacht wird.

Heutzutage werden schon Zähne geputzt, wenn diese noch
nicht einmal da sind! Denn mit Eltern lässt sich viel Geld verdienen. Und da kostet ein bisschen Kunststoff zum Draufrumkauen
mindestens fünf Euro und nennt sich dann »Zahnpflegelernset« mit
verschiedenen »Putztrainern«. Außerdem gibt es Zahnbürsten, die
wie Beißringe geformt sind, in allen möglichen Farben und Designs
von Lillifee-Rosa bis Piraten-Blau. Und dazu lässt sich die passende
Zahnpasta kaufen, zum Beispiel mit »natürlichem Apfel-Banane-
Geschmack«. Und wenn irgendwo »natürlich« draufsteht, ist das ja
schon immer ein bisschen verdächtig und erzeugt das Gefühl, dass
die Zahnpastafirma vielleicht einfach von ihren ganzen unnatürli-
chen Zutaten ablenken will.

Bei uns stellt sich überhaupt erst mal das Problem, das Zeug überhaupt in den Mund zu kriegen. Denn ehrlich gesagt, haben wir es
mit dem Zahnthema etwas schleifen lassen. Zwar haben auch wir
brav eins von diesen Putzlernsets gekauft, es hat sich uns aber einfach nicht erschlossen, warum man einem zahnlosen Baby schon mit
so einem Ding im Mund rummachen soll.

Getreu der Devise »Das Leben wird schon schwer genug« haben wir also lange Zeit erst mal nichts gemacht. Ab und zu haben

sie auf diesem Ding rumgekaut, aber natürlich nicht zwei Mal am Tag!

Doch irgendwann meldet sich das schlechte Gewissen bei uns: Denn aufgrund ihrer jahrelangen Nuckelflaschenabhängigkeit in Kombination mit dem Apfelschorletrinksyndrom befürchten wir ein erhöhtes Kariesrisiko. Und natürlich wollen wir nicht, dass unsere Kinder als Einzige schon vor der Grundschule mit braunen Zahnstummeln im Mund rumlaufen, und fangen irgendwann an, ihnen wenigstens ab und mit diesen Kinderlernzahnbürsten im Mund rumzuwurschteln.

Der Haken ist allerdings, dass sich unsere Kinder so sehr gegen das Zähneputzen wehren, dass wir es einfach nicht schaffen, das Zahnputzprogramm ordnungsgemäß zu absolvieren. Wir sind froh, wenn wir es ansatzweise zum Schlafengehen schaffen, ihnen die Schokoreste von den Kauflächen zu schrubben, aber zwei Mal am Tag?

Unser Scheitern wird uns leider durch eine Diagnose vom Jugendamt verdeutlicht, und was wir da lesen müssen, klingt kurios.

Zunächst einmal wissen wir aber nicht, dass eine vom Jugendamt beauftragte Zahnärztin an diesem gewissen Tag in den Kindergarten kommt, um den Gesundheitszustand der Zähne zu kontrollieren. Wie jeden Morgen sind wir zu spät dran, diskutieren darüber, ob eine Strumpfhose oder eine Leggings mit Strümpfen angezogen wird, handeln darüber, welche Jacke angezogen werden soll und ob es Gummistiefel sein müssen, obwohl es gar nicht regnet.

Als wir endlich aus dem Haus kommen, fühle ich mich mal wieder, als hätte ich gerade Umzugskisten gepackt. Es ist Anfang Juli, und in einem Monat werden die Kinder schon vier Jahre alt. Es ist frisch an diesem sonnigen Morgen, aber sie weigern sich, ihre Strickjacken anzuziehen. Also tapere ich vollbeladen mit den Strickjacken, Sonnenhüten, Sonnencreme, den zwei riesengroßen Stofftierhunden von Luisa und dem minikleinen Schnuckelbären von Lilly hinter den Zwillingen her, die auf ihren Fahrrädern vorneweg sausen.

»Hach, jetzt haben wir wieder das Zähneputzen vergessen«, fällt es mir an der ersten Kreuzung ein, und die Kinder schauen mich vorwurfsvoll an.

Lilly sagt nur: »Oh!« Und Luisa fügt an: »Nicht so schlimm, Mama!«

»Doch, das ist schlimm! Denkt an den Schlecker-Jörg! Sonst kommt der Karies auch noch zu euch!«, sage ich mit betont ernster Stimme. Der bereits erwähnte Schlecker-Jörg, wohlgemerkt keine Hauptfigur aus einem Siebzigerjahre-Erotikstreifen, ist ein armer Kerl mit Zahnschmerzen aus einem Kinderbuch, das Kinder zum Zähneputzen bringen soll. Es heißt *Vom Jörg, der Zahnweh hatte* und das Schicksal des Schlecker-Jörgs, der mit seinen Löchern auf dem Zahnarztstuhl landet, ist den Zwillingen so nahegegangen, dass sie seitdem etwas mehr gewillt sind, sich die Zähne zu putzen.

Bevor wir über die Türschwelle des Kindergartens treten, schaue ich nach links und rechts, ob mich jemand beobachtet, und als ich niemanden weit und breit sehe, wische ich ihnen schnell mit dem Ärmel meines Sweatshirts über die vorderen Zähne. Sie gucken angewidert und versuchen, ihre Köpfe wegzudrehen, aber ich meine, schneller gewesen zu sein, und glaube ganz fest daran, auf diese Weise immerhin den obersten Zahnbelag entfernt zu haben.

Als ich sie gegen 15 Uhr abhole, kommen sie mir freudestrahlend entgegen und erzählen stolz: »Heute war der Zahnarzt da!«

»Und das hat nicht wehgetan!«

»Der war ganz lieb und hat uns eine Zahnbürste geschenkt!«

»Und wir wissen jetzt, wie wir die Zähne putzen müssen: Guck, so ...«, sagt Luisa und fängt an, den Mund aufzumachen und so zu tun, als hätte sie eine Zahnbürste in der Hand, mit der sie wild nach vorne und hinten schrubbt.

Etwas beschämt darüber, dass sie MIR nun erklärt, wie das mit dem Zähneputzen geht, sage ich nur: »Oh, das ist ja toll!«

In dem Moment läuft eine der Erzieherinnen vorbei und kommentiert: »Die Kinder haben alle eine Beurteilung bekommen. Die liegt bei euch im Fach!«

Noch mache ich mir keine weiteren Gedanken darüber und packe die Briefe zu unserem Gepäck dazu. Mit der Kuscheltierbande und sämtlichen Jacken, dreckigen Klamotten und einem riesigen Stapel bekritzelter Bilder, die die Kindergärtnerinnen liebevollerweise alle mit Datum und Namen versehen haben, trete ich mit den Zwillingen die Heimreise an und denke darüber nach, wie ich den Stapel Papier unbemerkt in der Altpapiertonne verschwinden lassen kann. Auch wenn ich das kreative Treiben unserer Zwillinge ja schätze – würden wir die gesammelten Kunstwerke, die in der Regel aus einem Kreis mit drei Strichen bestehen, aufbewahren, so müssten wir langsam dafür anbauen.

Als wir zu Hause ankommen, öffne ich die Zahnarztbriefe und spüre, wie mir dabei die Gesichtszüge entgleiten. Da steht bei der einen Tochter: »Ich habe bei Ihrem Kind behandlungsbedürftige Schäden festgestellt. Deshalb rate ich Ihnen, Ihr Kind so bald wie möglich von einem Zahnarzt/einer Zahnärztin Ihrer Wahl behandeln zu lassen. Die Gefahr, an Karies zu erkranken, ist für Ihr Kind besonders groß. Bei Ihrem Kind können im Laufe der Zeit mehr Zahnschäden entstehen als beim Durchschnitt aller Kinder. Bitte beachten Sie die Hinweise zum erhöhten Karies-Risiko auf der Rückseite.«

Ungläubig schaue ich noch mal nach, ob ich nicht zufällig die Beurteilung eines anderen Kindes eingesteckt habe, aber da steht dick »Imhof« drauf. Also drehe ich den Zettel um und lese, wir sollen unserem Kind mindestens zwei Mal am Tag die Zähne putzen, es mit Fluorid versorgen, darauf achten, dass es zuckerarm isst und trinkt, und schlussendlich steht da noch die Empfehlung, mindestens zwei Mal pro Jahr beim Zahnarzt »Flouridlacktouchierungen« vornehmen zu lassen.

Fallen heutzutage die Milchzähne nicht mehr aus, oder warum wird aus diesem Milchzahnthema plötzlich so eine Wissenschaft gemacht? Andererseits erzählt meine Mutter gerne die Geschichte, dass eine meiner Schwestern faulige Milchzähne gehabt hätte, weil sie immer nur Milch getrunken hätte, statt mal was Ordentliches zu essen. Vielleicht hätte sie ihr auch besser mal die Zähne geputzt, aber damals gab es dieses ganze Milchzahn-Equipment ja noch gar nicht. Meine Schwestern sind nämlich 20 und 21 Jahre älter als ich, und sie erzählen gern von den grauen, kratzigen Strumpfhosen, die sie tragen mussten, und meine Mutter erzählt gerne von den Windeln, die sie ausgekocht hat. Und im Wirtschaftswunderland Deutschland lag der Fokus Ende der Fünfziger- bzw. Anfang der Sechzigerjahre wohl eher auf den neuesten Häkel- und Strickmodellen zum Nachmachen für die gute Hausfrau und Mutter als auf Zahnhygiene für die Kleinsten.

Aber natürlich war früher nicht alles automatisch besser, und erst recht will ich nicht von unserem Scheitern ablenken. Vielleicht hätten wir doch unser Hardcore-Programm durchziehen sollen? Vor allem in der Zeit, als die Kinder zwischen anderthalb und zwei Jahre alt waren, kamen wir uns beim Zähneputzen teilweise vor wie beim Tierarzt. Ich erinnere mich noch sehr gut an die Tierarztbesuche mit meiner Katze Charly, als ich ein kleines Mädchen war. Charly wurde jedes Mal zum Biest und von Mal zu Mal aggressiver. Die Angelegenheit gipfelte darin, dass sie dem Tierarzt ins Gesicht sprang und ihn mit ihren Krallen so sehr zerkratzte, dass er sich danach weigerte, sie jemals wieder zu behandeln.

Und unsere Kinder tickten beim Zähneputzen zu ihren schlimmsten Zeiten ähnlich. Bei uns war der Höhepunkt erreicht, als Peter die wild strampelnden und um sich tretenden Kinder festhalten musste und ich irgendwie versucht habe, die Zahnbürste zwischen die zusammengepressten Lippen zu schieben. An diesem Punkt waren wir uns einig: Wir lassen das mit dem Zähneputzen erst mal. Vor allem aus Angst, dass sie noch ein Zahnputztrauma entwickeln.

Vor meinem inneren Auge sehe ich sie schon mit 20 in irgendwelchen Talkshows sitzen und davon berichten, wie ihre Eltern sie beim Zähneputzen gefoltert haben.

In meiner Verzweiflung frage ich meine Freundin Patzy, und sie erzählt mir, dass sie mit Ben das gleiche Problem hatte, bis sie Lisa kennenlernten. Lisa ist eine lustige Comicfigur aus einer kostenlosen Zahnputz-App, die einfach drei Minuten lang vorbildlich die Zähne putzt. Und wenn die Zeit abgelaufen ist, ertönt eine Fanfare.

Ich bin skeptisch, dass dieses schräge Comicmädchen aus meinem Telefon das schafft, was ich weder mit gutem Zureden noch mit Festhalten geschafft habe. Aber wie immer, wenn ich meine Töchter überlisten möchte, fange ich an, in den höchsten Tönen zu schwärmen: »Schaut mal, Kinder, das ist die Lisa, ist die nicht lieb?! Mit der könnt ihr jetzt immer die Zähne putzen. Ist das nicht lustig?« Ich flöte nur so und bin begeistert, dass uns die Lisa den Weg in unsere Zahnputzzukunft ebnet. Denn tatsächlich erfreuen sie sich an diesem schief gemalten Comicmädchen so sehr, dass sie brav hin und her schrubben, als gelte es, die Toiletten im Kanzleramt für einen Staatsbesuch auf Hochglanz zu trimmen.

Ehrlich gesagt, hätten wir es nicht für möglich gehalten, dass so etwas Neumodisches wie eine App hilfreich sein kann. Man fühlt sich als Eltern ja generell sehr gern sehr schnell schlecht, sobald man nur den Fernseher anmacht oder die Kinder mit Spiele-Apps oder YouTube ruhigstellt. Vor allem, wenn ich an meine Mutter denke, die stets betont: »Dieses Internetz ist auf dem Rückzug.« Und sich über die »kopfnickende Generation« aufregt, die die ganze Zeit sinnentleert auf ihr Handy starrt – also so wie wir oft.

Nach der Empfehlung des Jugendamts sollten wir eigentlich bei einem Zahnarzt einen Termin machen und diesen ganzen Maßnahmenkatalog abarbeiten, aber irgendwie schaffen wir es nicht, diesen Termin zu organisieren. Praktischerweise steht sowieso die U8 an, und wir begeben uns mit den beiden in die Praxis vom Alex-Arzt.

»Der wirft bestimmt auch ein Auge auf die Zähne«, beruhigen wir uns gegenseitig und sind erst mal beeindruckt von den ganzen Hör- und Sehtests, die die Mädels bei dieser Untersuchung durchlaufen.

Die Mädels erzählen ihm voller Stolz, dass sie »mit ohne« Stützräder Fahrrad fahren, und irgendwie haben wir das Gefühl, dass sie ein bisschen verliebt sind in den Alex-Arzt.

Als er endlich fertig ist mit diesen ganzen Tests, fragt er uns: »Na, um die beiden macht ihr euch keine Sorgen, oder?!«

Da fällt uns die Sache mit den Zähnen ein.

Mit einer hochgezogenen Augenbraue checkt er die Minimünder und stellt fest: »Nee, also ich kann da beim besten Willen keine Schäden feststellen. Macht euch da mal locker.« Und dann raunt er noch den Satz hinterher, von dem wir dachten, dass es heutzutage unmöglich ist, das noch laut auszusprechen: »Und mal ganz im Ernst: Die fallen doch eh aus!«

Das vierte Jahr

Lektion 31: Die Kinder aus der Mülltonne

Wir sind sehr erleichtert, dass wir aus dieser Zahngeschichte noch mal heil rausgekommen sind. Nachdem wir es mit den Zähnen so haben schleifen lassen, sind nun der Schlecker-Jörg und die Lisa die besten Zubettgehfreunde unserer Zwillinge, und wir versuchen, diese Freundschaft größtmöglich zu fördern, indem wir auch einfach mal so zwischendurch einstreuen, wie toll die Lisa ihre Zähne putzen kann und wie sehr es der Schlecker-Jörg bereut, dass er beim Zähneputzen so nachlässig war. Apropos nachlässig: Früher, als wir noch keine Kinder hatten, haben wir am Wochenende gerne mal fünfe gerade sein lassen. Vor allem haben wir uns am Wochenende von der Arbeit erholt. Oder Party gemacht. Oder beides. Mit Kindern weiß man erst mal zu schätzen, was ein Wochenende OHNE Kinder bedeutet. Was haben wir eigentlich mit dieser ganzen unendlich langen freien Zeit damals gemacht?

Heutzutage dürfen wir auch am Wochenende zeigen, wie fit wir sind: Denn in der Regel schlafen Kinder am Wochenende nie länger als bis sechs Uhr, während man sie unter der Woche fast wecken muss, um rechtzeitig zur Kita zu kommen.

Und wenn wir ausgehen wollen, kommen noch die Kosten für die Babysitterin dazu, die Müdigkeit am nächsten Morgen (an dem man erst recht eine Babysitterin bräuchte) plus der Schädel, der ab sechs Uhr eher weniger im Animateursmodus ist. Um den Wochenenden wieder einen Hauch ihres alten Wohlfühlfaktors zu verleihen, haben wir uns mit unseren Freunden Patzy und Florian ein einmaliges Konzept überlegt. Der Samstagnachmittag ist unsere neue Samstagnacht. Die beiden haben inzwischen auch zwei Kinder: Ben ist ja ein halbes Jahr älter als die Twins, und Leo ist anderthalb. Entweder besuchen sie uns samstagnachmittags, und wir kochen zusammen, die Kinder spielen, und wir tanzen Polonaise um den Esstisch oder umgekehrt. Beim letzten Mal haben wir unsere Kinder mit Cheerleader-Puscheln auf dem Trampolin zu Höchstleistungen angefeuert. Am Ende waren wir so voll, dass wir versucht haben, Bens Urzeitkrebse in unserem Planschbecken auszuwildern.

Der große Vorteil an unserem neuen Partykonzept ist, dass spätestens um 23 Uhr alle im Bett liegen, sodass es absolut im Rahmen der Möglichkeiten bleibt, am nächsten Tag um sechs Uhr wieder zum Kinderentertainment-Dienst anzutreten.

Nun steht wieder ein solcher Highlight-Nachmittag an, und wir freuen uns wie früher vor Kindergeburtstagen, als wir selbst noch Kinder waren. Die Mädchen sprechen seit Tagen von nichts anderem als »Ben und Leo geeeehn«, und ich werfe mich in mein neues Kleid und klebe mir extra Wimpern auf. Ich brezel mich auf, als würden wir zu einer Silvesterparty gehen.

Patzy und Florian sind gerade neu in ihre Wohnung in Berlin Mitte eingezogen. Die Wohnung liegt in einem dieser neuen Häuser, die innerhalb von wenigen Monaten in der neuen Boomtown Berlin hochgezogen wurden. Seit unserem Urlaub auf Mallorca sind wir ein unzertrennliches Team. Es ist immer praktisch, sich mit Eltern anzufreunden, die in ihrem Erziehungsstil dem eigenen ähneln. Wir haben einfach keinen bzw. streben nach größtmöglichem Spaß für alle Beteiligten und so wenig Geschrei wie möglich. Im Gegensatz zu uns ist bei Florian und Patzy immer alles geordnet und sauber. Die Wohnung sieht aus, als wäre gerade eine Putzkolonne da gewesen, und Spielzeuge fliegen auch keine rum. Und Patzy ist eine von diesen Supermüttern, die bei einem Ausflug mit der Jahresration an Proviant eines Kindergartens anrückt. Ich dagegen lasse garantiert meine Tupperdose mit Apfelschnitzen noch auf dem Küchentisch liegen. Und obwohl sie alles so perfekt organisiert, ist sie nicht pedantisch, sondern liebenswert. Die beiden sind perfekte Gastgeber, und man hat das Gefühl, sie hätten ihre Wohnung schon so ausgesucht, dass sie viele Gäste darin bewirten können.

Sie wohnen im Erdgeschoss, und der komplette untere Bereich ist offen mit einem sehr großen Esstisch und einer Wohnküche. Die Wohnung ist lichtdurchflutet und der Wohnstil sehr individuell mit einem Mix aus alten und neuen Möbeln und Fundstücken vom Flohmarkt. Die Wände sind teilweise in einem dieser angesagten Schlammtöne gestrichen, und besonders beeindruckend finden wir die Gästetoilette, die mit einer roségoldenen Tapete ausgestattet wurde und in der sich ein Mini-Sonder-Editions-Parfumfläschchen an das nächste reiht. Die bodentiefen Fenster im Wohnzimmer geben den Blick frei auf den Gemeinschaftsgarten mit einer Spielecke für Kinder und die Terrasse.

Als wir durch die Tür treten, hören wir schon im Hintergrund, wie Florian den Proseccokorken knallen und durch den Raum fliegen lässt. Die Kinder johlen und stürzen sich alle vier gleichzeitig auf den Korken, um sich darum zu streiten, wer dieses nach abgestandenem Sekt riechende Ding nun als Trophäe durch die Gegend tragen darf. Korken riechen komischerweise immer abgestanden, egal, wie gut der Inhalt der Flasche ist. Und gäbe es nun vier davon, würden garantiert alle Kinder »Iiiiieeeh« schreiend vor dem Teil wegrennen. Die Exklusivität des einen Korkens macht ihn aber plötzlich so interessant wie einen Tierkadaver für ein Rudel ausgehungerter Hyänen.

Schnell rufen Peter und ich dazwischen: »Habt ihr schon die tolle Rutsche draußen gesehen?« Die Mädels gucken von ihrer Beute auf nach draußen und laufen direkt an die Terrassentür. Die Jungs rennen hinterher, und alle vier steuern den Sandkasten in der Ecke an mit allerlei Plastikkram, der sie hoffentlich in den nächsten Stunden beschäftigen wird. Derweil greifen wir zu unseren Gläsern und freuen uns, dass unsere Kinder mittlerweile schon so groß sind, dass sie alleine draußen spielen, ohne permanent nach Mama oder Papa zu rufen.

In unserer Euphorie muss einer von uns gedankenverloren die Balkontür geschlossen haben. Sobald man den Hebel hochschiebt, sind die Fenster schalldicht verschlossen, was im Prinzip eine feine Sache ist, um sich vor dem Großstadtlärm abzuschirmen. In unserem Fall war es ein fataler Fehler.

Zunächst ist die Stimmung aber ähnlich ausgelassen wie auf dem Oktoberfest nach ein paar Maß. Es kommt noch ein weiteres Pärchen aus dem Haus dazu, und wir starten hipstermäßig mit einer Salad Bowl mit Quinoa. Ob Gemüse oder Salat, heutzutage serviert man das ja nicht mehr auf Tellern, sondern in »Bowls«. Und bei allem muss mindestens ein »Superfood« wie Chia oder Quinoa dabei sein. Patzy und Florian haben sich sogar extra die Mühe gemacht und eine Menükarte geschrieben. Inzwischen sind wir zum Grauburgunder übergegangen, und die Geschichten werden schmutziger. Wir lachen über Männer, die sich mit Staubsaugerschläuchen befriedigen, und diskutieren darüber, ob es wahr ist, dass bis vor wenigen Jahren auf der Reeperbahn eine Kuh Teil einer Sexshow gewesen sein soll.

Inzwischen dämmert es draußen, und plötzlich ruft Patzy entsetzt: »Wo sind eigentlich die Kinder?«

Erschrocken gucken wir aus dem Fenster in die leere Spielecke, und sofort läuft in meinem Inneren ein Film ab: Die Kinder sind durch ein Loch im Zaun auf die Straße gerannt, wurden von einem LKW überfahren und liegen nun blutüberströmt auf der Straße. Peter und ich gucken uns mit entglittenen Gesichtszügen an und stürzen zur Terrassentür. Ich spüre, wie mir die Angst das Adrenalin durch die Adern jagt, bis es anfängt, in meinen Schläfen zu pochen.

Als wir die Terrassentür öffnen, schlägt uns ein ohrenbetäubendes Kindergeschrei entgegen, zu sehen sind sie alle vier allerdings nirgendwo. Im ersten Moment sind wir erleichtert, weil wir jetzt zumindest wissen, dass sie noch leben. Aber schon fangen diverse Nachbarn auf den Balkonen über uns an, wild zu gestikulieren und loszuschimpfen. Eine aufgebrachte Frau ruft: »Das geht schon seit 25 Minuten so. Wieso kümmern Sie sich nicht um Ihre Kinder?«

Ich spüre, wie ich knallrot anlaufe vor Scham und mich am liebsten von diesem Ort wegbeamen würde. Wir irren über die schmal angelegten Pfade und quetschen uns durch die Nachbarssträucher, während wir aufgebracht die Namen unserer Töchter rufen.

»Gucken Sie doch mal in die Mülltonne!«, keift die Nachbarin vom Balkon herunter, und ich gucke entgeistert in Patzys blass gewordenes Gesicht.

»Ich sehe hier keine Mülltonnen!«, brülle ich verzweifelt gegen das Kindergeschrei und mein schlechtes Gewissen an.

Plötzlich springt Patzy wie ein Haken schlagender Hase an mir vorbei und rennt um die Ecke: »Ich glaub, ich weiß jetzt, wo sie sind!«

Wir rennen hinterher und landen vor einer Holzwand, die aus einzelnen Holzlamellen besteht. Durch die Ritzen der Wand blicken uns acht aufgerissene Augenpaare in Kniehöhe an. Hinter der Holzlamellenwand verbirgt sich ein elegant getarnter kleiner Raum, in dem Gartenabfälle gesammelt werden. Die Kinder wollten sich wohl darin verstecken und haben dann die Tür von innen nicht mehr öffnen können.

Patzy reißt die in der Wand eingelassene Tür auf, und sofort stürzt sich eine völlig aufgelöste Luisa in meine Arme, während Lilly auf Peter zurennt und die Jungs von Patzy und Florian aufgefangen werden.

»Du hahast mihich vergehessen!«, stößt Luisa unter großen Kullertränen, die über ihr rot angelaufenes Gesicht laufen, hervor.

»Ja, aber das war doch keine Absicht. Es tut mir so leid«, versuche ich zerknirscht, sie zu trösten. Noch dazu kommt, dass sie schlottert, weil es ihr so kalt geworden ist in dem Müllraum.

Auf Peters Arm spielt sich exakt das gleiche Szenario ab. Wir lassen uns mit unseren Kindern bei Patzy und Florian im Wohnzimmer auf die Couch fallen, wickeln sie in Decken ein und schalten ihre Lieblingsserie *Peppa Wutz* an. Im Nachhinein mussten wir noch sehr oft darüber lachen, dass wir unsere Kinder im Garten – oder besser gesagt im Müllraum – vergessen haben. Das ist so eine Geschichte, an die wir uns auch noch in 20 Jahren immer gern wieder zurückerinnern. Und jedes Mal, wenn unsere Kinder bei Patzy und Florian den Garten betreten, zeigen sie uns wieder und wieder den Müllraum mit den Worten: »Da haben wir dringesteckt!«

Und jedes Mal lachen alle, und wir vertrauen auch weiterhin darauf, dass nichts Schlimmes passieren wird, selbst dann, wenn mal wieder was schiefgeht – getreu dem rheinischen Grundgesetz: »Et hätt noch emmer joot jejange.«

Lektion 32: Die Tech-Nickis

Ein Thema, das auf der Skala der hitzigen Diskussionen neben den Themen »Stillen – ja oder nein?« und »Kaiserschnitt – ja oder nein?« ebenfalls ziemlich weit oben rangiert, ist das Thema »Kinder und Mediennutzung«.

Heutzutage laufen gefühlt 99 Prozent der Gesellschaft mit gesenktem Kopf auf das Handy starrend durch die Gegend, und da Kinder bekanntlich am meisten durch Abgucken und Nachahmen lernen, ist es kein Wunder, dass sie ständig nach dem Smartphone der Eltern grapschen und sich besser damit auskennen als die Eltern selbst.

Unsere beiden Tech-Nickis sind inzwischen beim Wischen auf dem Smartphone so schnell, dass wir uns vorkommen wie alte Leute, die den Anschluss verpasst haben. Bei Technikfragen wenden wir uns auf jeden Fall vertrauensvoll an unsere vierjährigen Zwillinge.

Aber dieser ganze Schnickschnack, den es heute gibt, macht die Erziehungssache natürlich viel komplizierter als früher. Als wir klein waren, gab es drei Programme im Fernsehen (in denen abgesehen von der *Sesamstraße* oder den großen Unterhaltungsshows am Wochenende meist uninteressantes Zeug lief), und Telefone waren an Ort und Stelle festgekabelt, meist froschgrün, orange oder beige, hatten eine Wählscheibe und sonst nix. Also haben sich Fragen wie »Welche App ab welchem Alter?« überhaupt nicht gestellt. Und Kinder wurden zu keiner Zeit verführt, sich das Handy der Eltern zu krallen, um entweder Pornoseiten im Internet anzusteuern, aus Versehen in die USA zu telefonieren, Apps und Fotos zu löschen oder selbst Fotos zu machen. Das ist überhaupt der Knaller. Wie oft waren wir schon mit dem Löschen von mindestens 200 Fotos beschäftigt, weil unsere Zwillinge jedes Detail eines Stuhls fotografieren mussten – zudem aus Versehen mit einem Stück Finger vor der Linse. Da wir sie bei ihrem kreativen Findungsprozess auf keinen Fall stören wollen, tolerieren wir die Knipserei unter den üblichen elterlichen Beifallrufen (»Oh, das machst du aber toll!«) und verbringen gerne unsere Freizeit mit dem Löschen von Fotos.

Mit dem Fernsehgucken waren wir noch nie besonders streng. Schließlich arbeiten wir selbst beim Fernsehen und lieben es, wenn nebenbei ein bisschen was Buntes rumflimmert. Früher, als ich noch Single war, lief immer der Fernseher nebenbei. Dadurch habe ich mich nicht so einsam gefühlt.

Unsere Kinder hatten schon früh den Bogen raus, wie sie uns so weit bringen, dass sie YouTube gucken dürfen. Von Anfang an hieß alles »KIKA!«, und das Kikaninchen wurde aus dem Fernseher zu ihnen aufs Sofa gesetzt. Die beiden blauen Plüschhasen waren ungefähr drei Tage interessant, dann wollten sie Peppa Wutz, Peter Hase und Was-dort-noch-so-rumspringt haben.

Bei Bekannten von uns herrscht für die Kinder striktes Fernseh- und sonstiges Medienverbot, und somit weiß deren fünfjähriges Töchterchen nichts von der Biene Maja, sie kennt nicht mal die Eiskönigin. Und das ist heutzutage ja fast schon unmöglich! Wir jedenfalls könnten mit unserem Eisköniginnen-Equipment locker einer ganzen Kindergartengruppe Krönchen aufsetzen.

Natürlich wollten wir es niemals so weit kommen lassen und waren uns auch – bevor wir Kinder bekamen – einig, dass bei uns die

»Flimmerkiste« aus bleibt und unsere Kinder ausschließlich entweder draußen spielen oder – wenn schon drinnen – dann mit »sinnvollem« Holzspielzeug.

In der Realität fing es aber bei uns früh an, aus pinken »Made in China«-Plastikspielzeugen zu dudeln, und ehrlich gesagt, ist es doch herrlich, wenigstens mal fünf Minuten Ruhe zu haben, während Peppa Wutz aus dem Fernseher grunzt.

Aber es gab eine Zeit, da wollten wir alles wieder geraderücken! Als wir einmal bei Oma und Opa im Harz waren, hatten wir den ehrenwerten Plan, die Kinder auf Fernsehdiät zu setzen. Ein ganzes Wochenende sollte der Fernseher aus bleiben. Und Oma Herta, Peters Mama, war im Vorfeld hellauf begeistert: »Wir können es ja überhaupt so machen, dass bei uns der Fernseher für die beiden Engelchen aus bleibt.«

Aber schon kurz nachdem wir uns zur Begrüßung alle um den Hals gefallen sind, geht es los: »Mama, Kikaaaa anmachen!«

»Papa, Kikaaaa anmachen!«

»Kinder, schaut doch mal, Oma und Opa haben extra buntes Bastelpapier gekauft! Und ihr schneidet doch so gern! Hier sind neue Scheren – in euren Lieblingsfarben rosa und lila!«

»Nein! Wollen Kika!!!«, krakeelen sie mal wieder mit einer Vehemenz, die einen nur beeindrucken kann. Der Wille eines Kindes ist unumstößlich.

Und so geht das weiter, geschlagene zwei Stunden lang, wie eine hängende Schallplatte. Wir versuchen, standhaft zu bleiben, aber nach einem halben Tag müssen wir uns geschlagen geben und machen KIKA an.

Doch das reicht heutzutage nicht! Denn Kinder sind es mittlerweile gewohnt, dass sie sich aussuchen können, was sie wann gucken.

»Wollen Peppa Wutz!«, rufen sie abwechselnd, und wir halten ihnen erst mal einen Vortrag über lineares Fernsehen und dass Oma und Opa keinen internetfähigen Fernseher haben.

Aber das beeindruckt die beiden überhaupt nicht. Mit enormer Ausdauer schwingen sie weiter ihre Reden und wollen unbedingt Peppa Wutz und ihren Bruder Schorsch anschauen.

Als wir klein waren, gab es noch keine Smartphones, nicht mal Digitalkameras. Und Filme wurden nicht auf dem Tablet geguckt. Heilig war der Samstagabend, wenn entweder Paola und Kurt Felix mit *Verstehen Sie Spaß?* dran waren oder *Wetten dass..?* lief. Geguckt wurde mit der ganzen Familie, wir Kinder frisch gebadet, eingewickelt in Bademäntel und noch mit Bettdecke drumrum. Das war jedes Mal aufregend und sehr gemütlich, und wir haben uns schon gegen Ende der Woche auf den gemeinsamen Fernsehabend gefreut.

Aber bei der unbegrenzten Auswahl an Möglichkeiten, die man heute beim Gucken hat, mit sämtlichen Geräten vom Handy bis zum Smart-TV, ist es klar, dass so ein kollektives Kuschelgefühl gar nicht mehr aufkommen kann. Denn schließlich findet sich überall noch irgendein Gerät, und jeder kann das anschauen, wonach er sich gerade fühlt. Und so können wir auch unser Peppa-Wutz-Dilemma lösen. Wir schalten den Fernseher aus, und Peter klappt einfach seinen Laptop auf und präsentiert den Mädels eine ganze Reihe verschiedener Peppa-Wutz-Clips, die uns auf unserer YouTube-Startseite angezeigt werden. Aber plötzlich ist Peppa Wutz schon wieder out, denn sie entdecken an der Seite eine Empfehlung für einen Clip, bei dem eine Puppe gebadet wird.

Das macht uns neugierig. Wir öffnen das Video und staunen erst mal: Das Ding wurde schon über 100 Millionen Mal angeklickt. Gespannt warten wir darauf, was uns da gleich für ein mediales Feuerwerk erwartet. Was dann folgt, können wir nicht glauben. Eine Babypuppe liegt zwischen bunten Bällen im Badewasser eines kleinen Bottichs. Dann erscheinen zwei Hände, die die Puppe waschen. Und das war es. Und so geht das zehn Minuten lang!

Und während wir uns kopfschüttelnd fragen, wie aus diesem Streifen ein viraler Hit werden konnte, sind unsere Zwillinge hin und weg!

»Ja, plitsch, platsch!!«

»Das ist lustig!«

»Ja, Wasser!«

»Guck mal, die bunten Bälle im Wasser!«

Sie überschlagen sich förmlich vor Begeisterung und kriegen sich kaum wieder ein. Und ich fühle mich plötzlich wie mein Vater, der immer sagte:

»Dieses Internet, das lehne ich ab!«

Meine Mutter stimmt übrigens wöchentlich gern mit ihren bereits zitierten Orakeleien ein: »Und überhaupt wird dieses Internetz überschätzt. Experten sagen, es sei auf dem Rückzug!«

Auf dem Rückzug sind nun auch wir. Nach dem Schock über das mediale Nutzungsverhalten unserer Zwillinge nutzen wir erst mal ihre Begeisterung und stecken sie in die Badewanne. Am Abend wollen sie dann aber natürlich mal wieder nicht ins Bett gehen und rufen wieder nach ihrem heiß geliebten KIKA. Und es wird noch besser: Die Badevideos werden getoppt von Knetvideos. Nun wollen sie unbedingt anschauen, wie Hände in Nahaufnahme kneten. Und am allerliebsten gucken sie sich an, wie irgendwelche Knetutensilien wie Förmchen oder Küchenspielzeug in Nahaufnahme aus ihren Packungen ausgepackt werden. Das nennt sich dann in YouTube-Sprache »Unboxing«.

Spätestens jetzt sind wir raus und verstehen das erste Mal unsere eigenen Eltern, wenn sie sich früher über das Fernsehprogramm aufgeregt haben. Aber die heutigen Langweiliger-Clips haben etwas Gutes: Meistens verlieren unsere Kinder nämlich relativ schnell die Lust, länger davor abzuhängen, und wollen lieber wieder von uns entertaint werden. Und so müssen wir nicht mal diesbezüglich »erziehen« – auch dieses Problem regelt sich also von allein.

Allerdings bestellen wir selbst zwei Knetsets, denn was die in diesen Videos können, kriegen wir ja wohl auch hin. Seitdem wird bei uns selbst geknetet.

Lektion 33: Böse Überraschungen

Über uns Eltern von heute wird gerne getratscht, wir würden allesamt verwöhnte Blagen heranzüchten, weil wir ihnen alles hinterhertragen, sie permanent helikoptermäßig umkreisen und kontrollieren und dem Erziehungspersonal mit Klagen drohen, sobald sich ein Kind zu Hause mal beschwert.

Und außerdem würde den Knirpsen jeder Wunsch erfüllt, bevor sie ihn überhaupt ausgesprochen zu haben.

Aber wie verhindert man, dass man zu so einem »Weichspüler-Elternpaar« wird? Das ist ehrlich gesagt gar nicht so einfach, vor allem, wenn man in einer Großstadt wie Berlin lebt.

Als nun das neue Schuljahr begann und es überall hieß, man solle unbedingt den Kindern beibringen, den Schulweg alleine zu bestreiten, habe ich mich schon gefragt, wie wir das eines Tages regeln sollen. Da müssen die Kinder über mehrspurige Straßen laufen, und ich kriege allein bei dem Gedanken daran weiche Knie. Ich sehe mich ihnen schon heimlich hinterherlaufen, damit ich mich zur Not wie ein Bodyguard vor sie werfen kann, wenn sie nicht nach links und rechts gucken.

Aber zum Glück ist es bis zu dieser Herausforderung noch lange hin. Dennoch sind auch wir schon in die Helikopter-Eltern-Falle hineingeschlittert und auf eine Bahn geraten, von der uns die Erzieherinnen im Kindergarten wieder wegholen mussten.

Wie so viele Probleme, die man sich im Leben schafft, begann auch dieses zunächst sehr harmlos.

Alle Eltern kennen das schlechte Gewissen, wenn man morgens zur Arbeit geht oder aus sonstigen Gründen den Nachwuchs verlassen muss. Natürlich schreien die Kleinen erst mal nicht »Juchhu, Party Time, excellent«, sondern klammern sich im schlimmsten Fall an Hosen oder Beine und schreien so was wie: »Mama, hierbleiben!« Oder: »Papa, nicht gehen!« Und dazu noch diese Hundeblicke! Es ist nicht leicht, als Eltern konsequent zu bleiben und sich loszureißen. Das Tückische daran ist: Je länger man sich aufhält und meint, man könne sie in der Situation trösten, umso schlimmer und lauter wird das Geschrei – und je schwieriger wird es abzuhauen.

Ich kann mich noch gut daran erinnern, als ich ein Kind war und selbst im Alter von zwölf Jahren keine fünf Minuten alleine bleiben konnte. Ehrlich gesagt, habe ich meine Mutter ziemlich terrorisiert, und ich wusste ganz genau, was ich wie machen muss, um sie bei mir zu halten. Und ich hatte keine einzige Babysitterin! Ich weiß noch, dass meine Mutter versucht hat, einen einzigen Tag konsequent zu sein. Sie ist nur kurz zum Einkaufen gefahren. Und ich habe in dieser Zeit angefangen, sämtliche Stühle und Sessel vor die Kellertür zu schieben, weil ich mir ganz sicher war, dass hinter der Tür ein Monster darauf wartet, mich aufzufressen. Das gab ein großes Hallo, als sie nach Hause kam und der Flur mit zehn Stühlen verbarrikadiert war.

Und nun bin ich selbst die Mutter und versuche, es mit den Kindern irgendwie so hinzutricksen, dass sie mich friedlich gehen lassen und sich freuen, wenn ich wieder zurückkomme. Da ich nach Köln fliege zum Arbeiten und gleich mehrere Tage am Stück nicht greifbar bin, verspreche ich immer, ihnen eine kleine Überraschung mitzubringen, wenn sie lieb sind und nicht weinen. Doch Kinder sind kluge Geschöpfe, und somit haben sie schnell herausgefunden, dass man Mama und Papa sehr gut so programmieren kann, dass sie einem jeden Tag gleich mehrere Überraschungen präsentieren.

Und plötzlich sehe ich mich im Supermarkt und sonstigen kleinen Lädchen ein kleines Geschenk nach dem anderen zusammenkaufen. Da wir uns auf keinen Fall verzogene Gören heranziehen wollen, meinen wir, sie mit einem Trick überlisten zu können, der ziemlich gut funktioniert. Und überhaupt bilde ich mir ein, wenn die Geschenke nur klein genug sind, dann kann das mit dem »Verziehen« gar nicht so schlimm sein. Die schlimmste Vorstellung wäre es, sogenannte Tyrannenkinder zu haben.

Dieser Begriff geistert immer mal wieder durch die Medien, und einige Therapeuten beklagen, dass dieses ganze Verhätscheln die Tyrannei der Kinder zur Folge habe. Und tatsächlich konnten wir schon erste Züge davon erkennen, als sich bei uns die Sache mit den Überraschungen einschlich. Dabei dachte ich, alles richtig zu machen, indem ich es am Ende sogar geschafft habe, ihnen Bananen und Trinkpäckchen als Überraschungen zu verkaufen! Aber an einem ganz bestimmten Tag flog mir mein Trick um die Ohren und funktionierte nicht mehr.

Es ist ein ganz normaler Tag kurz nach ihrem vierten Geburtstag im August. Die Kita-Sommerferien sind vorbei, Peter hat Sendungswoche, und wir befinden uns bereits in der Umkleidekabine, als Lilly die von mir bereits erwartete Frage stellt: »Bringst du uns nachher eine kleine Überraschung mit?«

Darauf habe ich nur gewartet und bin stolz, direkt antworten zu können: »Ja, meine Lieblinge, natürlich bringe ich euch nachher eine Überraschung mit. Was ganz Kleines! Andere Kinder kriegen nie Überraschungen, denkt daran!«

Sie gucken mich vorfreudig an mit ihren blauen Kulleraugen, und ich freue mich schon darauf, dass ich ihnen nachher wieder eine Freude machen kann, wenn ich ihnen ihr Smoothie-Trinkpäckchen und die Minimöhren in der *Dschungelbuch*-Verpackung präsentieren kann. Zum einen fühle ich mich gut, weil ich es auf diese Weise tatsächlich schaffe, ihnen etwas Gesundes unterzujubeln, auf der anderen Seite ist mir bewusst, dass ich ein Opfer des Möhren-Marketings bin. Warum falle ich darauf rein, dass Leute Möhren einfach in klein züchten, sie auch noch bündelweise in Plastik packen, so was wie »Mogli-Edition« draufschreiben und es teurer verkaufen als die große Variante? Egal, Hauptsache, sie essen die Dinger.

Wie jeden Tag dürfen mich unsere Zwillinge zum Abschied erst mal rausschubsen. Dieses Ritual hat sich zum Verabschieden bewährt, und die Kinder lieben es. Ich stelle mich in die Tür ihrer Kindergartengruppe, und dann dürfen sie mich schubsen, so fest sie können. Als Nächstes sprinten sie zum Fenster und winken mir zum Abschied zu.

Sobald ich mit diesem Ritual durch bin, freue ich mich auf meinen Kaffee zu Hause. An diesem Tag beim Abholen funktioniert meine Überraschungstaktik allerdings nicht mehr. Als ich ihnen freudestrahlend das Trinkpäckchen und die Minimöhren überreiche, gucken sie mich enttäuscht an und sagen: »Das ist keine Überraschung!« Und weiter: »Hast du noch eine Überraschung?«

»Aber Kinder, das ist doch eine tolle Überraschung! Guckt mal, da ist sogar der Mogli drauf!«, versuche ich, es ihnen schmackhaft zu machen. Aber es hilft nichts.

»Wir wollen eine andere Überraschung!«

Sie beginnen zunächst zu zetern, und schließlich kippt die Stimmung und endet in einer dieser Capoeira-Aufführungen. Schnell versuche ich, sie von der Kita nach Hause zu befördern.

Am nächsten Tag sprechen mich gleich drei Erzieherinnen auf die Überraschungen an. Anna nimmt mich als Erste zur Seite und fragt interessiert: »Sag mal, die Kinder erzählen die ganze Zeit von Überraschungen, die sie bekommen, was ist das denn?«

»Ja, also ich bringe ihnen immer was Kleines mit, damit sie sich freuen«, sage ich lachend.

»Ach so«, antwortet Anna ebenfalls lachend und fährt fort: »Aber meinst du nicht, dass das vielleicht ein bisschen viel ist? Wie oft machst du das denn?«

»Ehrlich gesagt jeden Tag! Mehrmals!«, gebe ich zu.

»Oh!«

»Ja, ist das nicht toll?! Damit kann man ihnen doch ständig eine Freude machen, und es ist doch super, wenn Kinder glücklich sind, oder?«

»Ja, das stimmt schon. Aber ehrlich gesagt, ist das sehr materiell. Vielleicht magst du es ihnen einfach ein bisschen anders verkaufen, und es ist mehr die geschenkte Zeit, die in den Vordergrund rückt?! Also, du könntest sie zum Beispiel belohnen mit gemeinsam Eis essen gehen oder indem du ihnen was vorliest, oder im Zweifel bist du selbst einfach die Überraschung«, sagt Anna mit sehr viel Liebe in der Stimme.

Gerne würden wir an dieser Stelle schreiben, dass wir es geschafft haben, unsere Überraschungen einzustellen, aber es ist und bleibt ein großes Thema bei uns. Immerhin haben wir es geschafft, sie zu reduzieren. Und wir probieren nach wie vor, ihnen Bananen und Smoothie-Päckchen als Überraschungen zu verkaufen, was in 90 Prozent der Fälle sogar funktioniert.

Und ganz ehrlich: Es ist so einfach, sich mithilfe der Ankündigung einer kleinen Überraschung Tränen zu ersparen, das ist einfach zu verführerisch. Es passt wunderbar in unser Erziehungskonzept »maximaler Spaß bei minimalem Einsatz«. Und wenn die Kleinen übers ganze Gesicht strahlen, nur weil sie einen Luftballon, einen Stift oder sonstigen Kleinkram mitgebracht bekommen, ist uns das recht. Inzwischen haben wir unser System so sehr verfeinert, dass sie sich sogar über Zahnbürsten (aber nur in Rosa oder Lila!), Zahnpasta (aber nur Erdbeergeschmack) oder Salamischeiben freuen (die sogar in »einfach nur so«).

Lektion 34: Ein Film mit ohne Happy End

Ehrlich gesagt, vermissen wir dieses oben beschriebene heimelige Gefühl von früher, als wir noch Kinder waren und mit unseren Eltern samstagabends alle zusammen auf der Couch saßen und *Wetten dass ..?* und Co. geguckt haben. Und nun haben wir einen Plan, wie wir dieses Gefühl trotz unseres überladenen Medienzeitalters wiederherstellen können. Seit geraumer Zeit träumen wir von einem Ausflug mit den Kindern ins Kino.

Monatelang haben wir uns Gedanken gemacht über den richtigen Zeitpunkt.

Und genau hier liegt der Knackpunkt: In unserer Vorstellung sitzen wir alle aufgeregt und vorfreudig im Kinosaal, kruschpeln in der Popcorntüte rum und lachen gemeinsam beim kindertauglichen Familienfilm. Kurzum: Peter und ich wollen uns wieder fühlen wie damals mit unseren Eltern samstagabends vor dem Fernseher. Das Problem ist nur: Wenn unsere Kinder nach zehn Minuten vor dem Fernseher schon die Lust verlieren, wie sollen sie sich dann für einen anderthalbstündigen Film begeistern? Und vor allem: Wann ist der richtige Zeitpunkt?

Peter meint: heute! Es ist Sonntag, Anfang September, es regnet in Strömen, und die Zwillinge sind ziemlich genau vier Jahre und einen Monat alt. Wir sitzen am Frühstückstisch, die Kinder schmieren sich gegenseitig ihre Schokocreme-Reste in die Haare und versuchen mit allen Tricks, vom Tisch aufzustehen (»Ich muss mal, ich bin gleich wieder da, ja?!«).

Und dann kommt die nächste Ansage von ihnen: »Will noch Kakao!«

»Ich auch!«

Wir antworten gleichzeitig: »Kinder, das heißt ›möchte bitte‹!«

Sie flöten gleichzeitig: »Möchte bitte!«

Worauf wir wieder gleichzeitig antworten: »Sehr gut. Geht doch!«

»Heute gehen wir ins Kino! Das ist doch super bei dem Wetter, oder?«, tönt Peter mit Begeisterung in der Stimme.

Die Kinder antworten: »Jaaa, Kino!«

»Kino!«

Ich bin verwundert: »Ihr wisst doch gar nicht, was Kino ist, oder?«

Verdutzt gucken sie mich an. Mich beschleicht das ungute Gefühl, es könnte immer noch zu früh sein für den Kinoausflug, und ich antworte schnell: »Können wir nicht lieber ins Kasperle-Theater?«

Sofort fängt Peter an, auf seinem Smartphone sämtliche Kindertheatervorstellungen in Berlin zu scannen, und kommt schnell zu dem Schluss: »Die haben alle noch Sommerpause. Komm, lass uns das jetzt durchziehen mit dem Kino. Ich guck mal, was es gibt!«

Das Resultat der Suche ist eindeutig: Es gibt nur einen Film »für die ganze Familie«, und zwar *Pets*, ein Animationsfilm.

Die Geschichte dreht sich darum, was Haustiere in der Zeit machen, wenn ihre Herrchen bzw. Frauchen sie alleine zu Hause lassen.

Wir schauen den Trailer an und ich werde immer skeptischer: »Das ist voll schnell geschnitten. Und so hektisch! Ich weiß nicht …«

Aber Peter bleibt euphorisch: »Papperlapapp. Da geht es um lauter lustige Tiere, die sich zu Hause langweilen und dann aus lauter Langeweile Mist bauen. Genau wie unsere Kinder. Sie werden es lieben. Außerdem sind diese Trailer immer so schnell geschnitten!«

Wir einigen uns darauf, dass wir an diesem Punkt in der Theorie nicht weiterkommen und es einfach ausprobieren müssen.

Es ist inzwischen kurz nach 13 Uhr, und das Kino beginnt um 14:30 Uhr. Wir müssen uns wie immer beeilen, um rechtzeitig dort anzukommen. Um 13:30 Uhr ist geplanter Abfahrttermin, doch die Kinder tanzen noch in Unterhemd und Schlüppi durchs Wohnzimmer.

»Lilly, Luisa, wenn ihr ins Kino gehen wollt, dann müsst ihr euch jetzt anziehen. Hier sind eure Sachen.«

»Ich mag kein Langarm!«

»Doch, du ziehst jetzt Langarm an. Es ist heute kalt draußen. Und es regnet!«

Es folgt der ewige, nicht enden wollende Eiertanz um den Kleiderschrank der Mädchen, der unter Zeitdruck meistens damit endet, dass die beiden sich durchsetzen und danach aussehen wie Thomas Gottschalk in seinen wildesten Zeiten. Aber im Kino ist es ja zum Glück dunkel. Wobei wir die Begriffe »Kino«, »dunkel« und »Glück« nach diesem Tag wohl auch nicht mehr in diesem Zusammenhang gebrauchen werden.

Als wir endlich alle im Auto sitzen, geht nach fünf Minuten die nächste Diskussion los, als eine unserer Töchter fragt: »Wann sind wir da?«

»Gleich, mein Schatz!«, antworte ich betont entspannt.

»Nein, jetzt!«

»Schätzlein, wir müssen doch da erst hinfahren! Das dauert eine Weile.«

»Aber ich will, dass wir JETZT da sind!«

Diese Sorte von Diskussionen hat Generationen überdauert und wird es auch in Zukunft immer geben. Wobei es natürlich besonders spannend erst wird, wenn diese Frage fünf Minuten nach Abfahrt zu Oma und Opa in den Harz kommt. Diese Strecke dauert gut drei Stunden, und wer denkt, dass Kinder auf so einer langen Tour irgendwann die Lust verlieren, immer wieder die gleiche Frage zu stellen, der soll sich diesen Glauben bitte so lange bewahren wie irgend möglich.

Das Kino liegt direkt am Volkspark Friedrichshain. Wir finden sogar fast direkt davor einen Parkplatz und werten das als gutes Zeichen. Schon von Weitem sehen wir die große Treppe, die zu dem alten Bau aus den Zwanzigerjahren hochführt, und darüber prankt verheißungsvoll die fette Leuchtschrift »Filmtheater am Friedrichshain«.

Fröhlich stürmen die Mädchen die Treppe hoch, und ich spüre das schlechte Gewissen in mir aufsteigen. Vielleicht hätte ich nicht so skeptisch sein sollen. Vielleicht bin auch schon eine von diesen übervorsichtigen Übermuttis, die ich nie sein wollte.

Als wir die Eingangshalle betreten, strömt uns der Duft von frischem Popcorn entgegen, und wir merken, wie sehr wir es vermisst haben, ins Kino zu gehen. Seit wir Kinder haben, waren wir genau ein Mal im Kino, und zwar in *Monsieur Claude und seine Töchter*. Zwar gehen wir am Wochenende öfter abends aus, aber wenn wir uns schon einen Babysitter leisten, dann meistens für Restaurantbesuche mit Freunden oder sonstige Veranstaltungen. Filme kann man ja auch zu Hause auf dem Sofa sehen, wenn die Kinder schlafen.

Wir zahlen pro Kinokarte acht Euro, und als wir den Kinosaal betreten, sind noch ziemlich viele Plätze frei. Die Plätze sind nicht nummeriert, und wir haben freie Wahl. Peter stürmt nach vorne und strebt Reihe Nummer vier an.

»Meinst du nicht, das ist zu weit vorne?«, frage ich besorgt und denke an die empfindlichen Augen unserer Kinder.

»Jetzt entspann dich mal, das ist ja nicht die ERSTE Reihe! Das ist voll okay hier!«

Also schiebe ich Luisa und Lilly, die direkt vor mir laufen, in Reihe vier, und wir setzen uns alle nebeneinander, die Kinder in die Mitte.

»Wann geht es denn los?«, fragen beide nacheinander und werden nach einer Minute schon unruhig auf ihren Plätzen.

»Gleich!«, entgegne ich noch vorfreudig.

»Nein, jetzt!«, antworten sie nacheinander ungeduldig.

Was darauf folgt, ist im Prinzip mit der erst gerade geführten Diskussion im Auto zu vergleichen. Die gibt es in diversen Versionen:

»Wann kommen Oma und Opa?«

»Wann kommt der Weihnachtsmann?«

»Wann gehen wir schwimmen?«

Also alles Fragen, die man eigentlich ganz leicht mit »in vier Tagen« oder »am 24. Dezember« oder »wenn der See nicht mehr zugefroren ist« beantworten könnte. Da diese Fragen aber gar nicht als Fragen gemeint sind, sondern als Aufforderung, dass besagtes Ereignis sofort einzutreten habe, kann man sich die Mühe genauso gut sparen.

Als es endlich dunkel wird, startet erst mal die Werbung. Wir hatten gar nicht mehr in Erinnerung, dass die Werbung derart lange dauert. Nach 15 Minuten ist sie immer noch nicht vorbei, und ich mache mir langsam Sorgen, weil ich es viel zu laut finde. Ich versuche, mich damit zu beruhigen, dass es vielleicht leiser wird, wenn die Werbung vorbei ist. Im Fernsehen ist die Werbung ja bekanntermaßen auch lauter als das Programm.

Plötzlich guckt Lilly mich mit weit aufgerissenen Augen an und sagt: »Mama, wann ist es denn vorbei?«

»Äh, der Film?«, frage ich entsetzt.

»Ja!«, antwortet sie verschreckt.

»Der hat doch noch gar nicht angefangen!«, antworte ich lachend.

Peter und ich gucken uns erschrocken an. Vielleicht ist diese Kino-Aktion doch noch zu früh. Gleichzeitig wollen wir uns nicht entmutigen lassen und hoffen, dass nun endlich der Hauptfilm anfängt, damit wir alle gemeinsam lachen können und dieser erste gemeinsame Kinoausflug doch noch eine Chance bekommt, in unsere Familiengeschichte der schönsten Erlebnisse einzugehen.

Der Film startet, und ich bin gleich hin und weg von der lustigen Hauptfigur, einem weiß-braun gefleckten kleinen Hund, Max, und dessen Spielgefährten. Und ich staune, wie sehr sich die Trickfilmtechnik seit unseren Kindertagen weiterentwickelt hat. Fred Feuerstein und selbst Tom und Jerry sind lahme Enten gegenüber dem, was da jetzt auf der Leinwand passiert. Jedes einzelne Haar der Tiere ist zu erkennen, und die Geschwindigkeit des Films ist schwindelerregend. Nach fünf Minuten fragt Lilly wieder: »Wann ist es denn vorbei?«

Wieder gucken Peter und ich uns entsetzt an und fragen uns, wie lange wir ihr geben sollen, bis wir das Kino verlassen.

Luisa lacht immerhin zwischendurch. Nach circa 25 Minuten verlagert sich der Film in die Kanalisation. Als eine riesige Schlange mit einem monströsen Giftzahn von der Decke hängt, fragt nun auch Luisa: »Mama, wie lange noch?«

Peter und ich fangen an zu planen: »Sollen wir rausgehen?«

»Ja, gleich! Wenn sie noch einmal fragen, gehen wir, okay?«

In diesem Moment kommt die Schlange plötzlich mit weit aufgerissenem Maul auf die Zuschauer zu, und die Sache hat sich erledigt. Beide Kinder schießen hoch: »Wir wollen nach Hause gehen!«

Dummerweise sitzen wir mittendrin, sodass wir uns nicht unauffällig am Rand auf den Gang schleichen können. Neben uns sitzt inzwischen die komplette Reihe voll, sodass wir uns erst mal an sämtlichen Knien vorbeischubbern müssen.

»Entschuldigung, darf ich mal bitte durch …«, höre ich Peter sagen, und ich füge an: »Entschuldiung, unsere Kinder halten das hier nicht aus …«

Als wir endlich nach draußen treten, blinzeln die Kinder ins Sonnenlicht.

»Das war komisch«, sagt Lilly.

»Das war nicht gut«, sagt Luisa.

Aus unerfindlichen Gründen reißt sich nun die eine Tochter auch noch los und rennt auf die Straße. Ich stürze hinterher, fange sie gerade noch rechtzeitig ab und reiße sie wieder zurück auf den Bürgersteig, da schießt auch schon das nächste Auto an uns vorbei. Das ist gerade noch mal gut gegangen! In Berlin ist auf der Straße richtig Rambazamba: Es wird schneller gehupt, mehr gepöbelt und wilder gedroht als anderswo. Da liegen wir in der Hauptstadt bestimmt noch vor Italien!

Wir einigen uns darauf, erst mal auf den Spielplatz im Volkspark Friedrichshain zu gehen, der genau gegenüber liegt.

Das ist ja ein toller Sonntagnachmittag. Statt Popcorn mampfend im heimeligen Kinosaal zu sitzen, rennen wir nun wieder jeder einzeln helikoptermäßig unseren Kindern hinterher, die von irgendwelchen Gerüsten fallen könnten. Am gefährlichsten sind diese Seilbahnen, an denen sie sich tarzanähnlich von einer zur anderen Seite schwingen können. Die haben wir schon als Kinder geliebt. Und ich weiß noch, wie mein Vater immer versucht hat zu handeln, wenn er mich zum hundertsten Mal auf diesem kleinen Gummisitz bis ganz nach oben gezogen hatte. »Das ist jetzt aber das allerletzte Mal!«, hat er immer gesagt, worauf ich stets antwortete: »Nein, noch mal! Noch einmal, Papa! Bitte, bitte!« Und dann habe ich ihn weiter angefeuert. »Aber bis ganz nach oben, Papa! Und jetzt dolle anschubsen! Ganz dolle!«

Ich war ein sehr hartnäckiges Kind und mein Vater sehr gutmütig. Und ich habe das natürlich bis zum Äußersten ausgereizt. Meine »Noch mal, noch mal«-Strategie hat sich bei Schwimmbadbesuchen auf der Wasserrutsche fortgesetzt oder bei der Kirmes auf der Schiffschaukel, im Riesenrad oder auch im Kettenkarussell.

Das Gute an einem Großstadtkinderspielplatz ist: Er ist so voll, dass wir an der Seilbahn zunächst anstehen wie in einem Freizeitpark und den Sitz nach einer Fahrt direkt an das nächste wartende Kind übergeben müssen. Noch vor einem Jahr wäre in einer solchen Situation nun richtig Party angesagt gewesen, und mindestens eine unserer Töchter hätte sich vor Wut darüber, dass sie direkt wieder runtermuss, auf dem staubigen Boden gewälzt und mit ihren kleinen Fäusten die Reste des Rasens ausgerissen. Aber im Alter von vier Jahren entwickeln sie tatsächlich so etwas wie Vernunft.

Übrigens starten wir wenige Wochen später einen Versuch, ins Kasperle-Theater zu gehen. Aber auch dort geben unsere Zwillinge alles und heizen die Stimmung derart an, weil sie den Seppl aus irgendeinem Grund nicht ausstehen können und entsprechend rüde die ganze Zeit »Weg, du Doofer!« und »Das is bescheuert hier!« schreien, dass wir nach nicht mal zehn Minuten das Gebäude verlassen müssen.

Seitdem haben wir sämtliche Vorführungen – ob Kino oder Theater – bis auf Weiteres aus unserer Ausflugsliste gestrichen und lassen sie lieber basteln. Und da sind sie medial höchst engagiert: Lilly hat sich ein Tablet zurechtgeschnitten und beschwert sich seitdem, dass sie das Blatt, auf das sie die Tastatur und den Bildschirm gemalt hat, nicht aufklappen kann. Und Luisa hat ein Blatt Papier so oft gefaltet, dass sie das kleine Päckchen als ihr Handy mit sich rumträgt. Und weil sie so oft telefoniert, sagt sie genauso oft: »Bitte Ruhe. Ich telefoniere!«

So leise war es bei uns noch nie zuvor.

Lektion 35: Die verunglückte Spaghettischlacht

Es hätte uns vielleicht direkt stutzig werden lassen sollen, als unsere Töchter anfingen, Hygieneartikel als Überraschungen zu akzeptieren. Vielleicht stimmt doch etwas nicht? Wie kommt es zu diesem plötzlichen Sinneswandel? Und es wird noch krasser: Plötzlich machen sie eine 180-Grad-Kehrtwende und fangen an, *uns* zu erziehen!

Vereinzelt haben wir im entfernten Bekanntenkreis schon mal mitbekommen, dass es stellenweise neunmalkluge Kinder gibt, die anfangen, den Erwachsenen was über Bismarck oder das Heilige Römische Reich Deutscher Nation zu erzählen. Aber solche abgefreakten Kinder sind mindestens in der neunten Klasse.

Dass unsere Kindergartenzwerge doch tatsächlich damit anfangen, uns sagen zu wollen, wie wir uns herzurichten und zu benehmen haben, passt uns gar nicht. Vor allem nicht an diesem einen Tag, auf den wir uns so sehr gefreut haben und der für uns von zentraler Bedeutung werden sollte. Am Ende allerdings weniger, weil wir unseren Triumph feiern, sondern um uns ewig daran zu erinnern, was da alles schieflief.

Seit Wochen freuen wir uns darauf, dass heute unser Familien-Fotoshooting des Jahres ansteht. Einmal im Jahr lassen wir von uns Fotos machen, und für dieses Jahr haben wir uns überlegt, eine für uns typische Essensszene nachzustellen. Wir wollen keines dieser geschniegelten Familienfotos, bei denen alle krampfhaft versuchen zu lächeln und das am Ende eine Idylle widerspiegelt, die es in der Regel in Familien überhaupt nicht gibt. Nein, wir denken, wir sind ganz originell und zeigen die blanke Realität!

Dafür hat die Fotografin extra ein Restaurant gemietet, Spaghetti vorgekocht, Unmengen von Ketchup eingekauft und sämtliche

Utensilien von der Tischdecke bis zu den Blumenvasen mitgebracht. Wir planen nämlich eine Spaghettischlacht und wollen natürlich auf keinen Fall die Tischdecken des Lokals versauen.

Im Vorgespräch sagte die Fotografin am Telefon, wir sollten es so machen, wie es auch zu Hause ist: also den Kindern am besten mehrere Lagen übereinander anziehen und Farben zusammenstellen, die nicht zusammenpassen. Eben so, wie sie es auch immer machen. Und wir sollen helle, legere Kleidung anziehen, damit man die Ketchup-Flecken richtig gut sieht. Am besten einfach ein helles T-Shirt und eine schlichte Jeans.

Schon morgens hätte uns klar werden müssen, dass der Tag anders verlaufen wird als geplant. Als wir uns anziehen, sagt Lilly: »Mama, das sieht aber nicht so schön aus«, und deutet auf mein Outfit. Und Luisa guckt mich an, als wäre sie Dieter Bohlen in der *DSDS*-Jury, und meint: »Ja, Lilly, das stimmt. Mama, das ist nicht so schick!«

»Was soll ich denn anziehen?«, entgegne ich verwundert.

»Einen Rock!«, sagen sie beide gleichzeitig, nicken und gucken sehr streng und überzeugt von dem, was sie da sagen.

»Einen Rock? Warum? Das ist total spießig! Wir machen doch gleich lustige Fotos, und das soll aussehen wie zu Hause beim Essen, und ich will mich außerdem frei bewegen können, und das geht doch gar nicht im Rock!«, versuche ich, meinen Jeanslook mit den Sneakers zu verteidigen.

Schließlich lenken sie ein: »Na gut, Mama.«

»Aber das nächste Mal kannst du dich ja wieder schön anziehen – okay?!«

»Ja, das mache ich, versprochen«, antworte ich brav. Und fast schon ein bisschen wehmütig denke ich an die ganzen nervenaufreibenden Diskussionen, die ich mit ihnen schon geführt habe, und wie oft ich dabei sagte:

»Ihr müsst jetzt mal lernen, wie Farben zusammenpassen!« Oder: »Nein, bitte keinen Rock über die Jeans ziehen und auch keinen Rock unters Kleid anziehen.«

Und noch vor Kurzem gab es großen Stress wegen der neongrünen Strickjacken, die beide über ihre dicken Outdoorjacken ziehen wollten. Das endete in einem Hormoninferno mit dem Ergebnis, dass sie irgendwann anfingen, wie die Papageien meine mantramäßig vorgetragenen Styling-Tipps in ihrer Sprache zu wiederholen mit Sätzen wie:

»Wenn man eine Jacke über eine Jacke zieht, dann geht das nicht.« Oder: »Nicht immer dasselbe anziehen!«

Letzterer Hinweis bezieht sich vor allem auf die messimäßige Neigung von Kindern, am liebsten ein ganzes Jahr in ein und denselben Klamotten rumlaufen zu wollen, auch wenn der Kleiderschrank fast platzt. Wie oft habe ich auf sie eingeredet, sie mögen doch bitte mal statt des zerlöcherten, ausgeblichenen »Zauberkleids« einmal, nur einmal, den bloggerstylemäßigen altrosa Jumpsuit anziehen.

Und zack, ein paar Wochen später sind wir so weit, dass sie mich in Styling-Fragen beraten.

Als wir endlich im Restaurant ankommen, sind Peter und ich beseelt von Vorfreude, da wir davon ausgehen, dass wir unseren Kindern gleich einen Riesenspaß bereiten. Und während die Fotografin mit ihrem Assistenten anfängt, das Set aufzubauen, fangen wir schon mal an, fröhlich unsere Anweisungen zu geben: »So, Kinder, jetzt zieht ihr als Allererstes mal das lustige Kleid über eure Jeans an und darunter noch den roten Rock und dann die verschiedenen Socken. Das wird lustig!«

Dummerweise haben sie sich heute ausnahmsweise »nur« ein Oberteil und eine Jeans angezogen und nicht mindestens drei verschiedene Lagen wie sonst immer.

»Wieso? Wir haben doch schon was an!«, antwortet Lilly, und Luisa stimmt mit ein:

»Ja, und das wird sonst auch viel zu warm, Mama!«

Ich gucke sie ungläubig an und versuche es noch mal: »Aber das ist hier doch ein lustiges Spiel! Und sonst wollt ihr das doch auch immer?!«

»Nein! Heute nicht!«, sagen sie beide gleichzeitig.

Da wir sie und ihren Willen kennen, konzentrieren wir uns lieber schnell auf die nächste Regieanweisung.

Mit Begeisterung in der Stimme trällere ich: »So, Kinder, jetzt stellt ihr euch mal ausnahmsweise auf den Stuhl beim Essen und nehmt die Spaghetti in die Hand und lasst sie dann über dem Teller baumeln. Das ist doch witzig!«

Beide gucken mich konsterniert an, und Lilly sagt: »Nein, Mama! Das ist doch eklig!«

Und Luisa fügt an: »Und zum Essen setzen wir uns hin und stehen erst auf, wenn alle fertig sind!«

Nun versucht Peter sein Glück:

»Ja, normalerweise ist das richtig. Und das macht ihr ganz toll! Aber heute dürft ihr mal so richtig Quatsch machen. Also, Luisa, du hast doch bestimmt Lust, die Nudeln auf mich zu werfen! Das wird ein Spaß!«

»Nein, Papa! Mit Essen spielt man nicht!«, antwortet Luisa entschieden.

Nun starte ich einen letzten Versuch: »Also, Kinder, das ist ja wirklich toll, dass ihr so wohlerzogen seid, aber wisst ihr: Manchmal muss man auch mal fünfe gerade sein lassen. Also nehmt euch jetzt die Hände voll mit Spaghetti und macht damit, was ihr wollt! Juch-huuu, das ist doch toll!«

Aufmunternd nehme ich einen kleinen Spaghettihaufen in die Hand und schiebe ihn mir so in den Mund, dass mir ganz viele Nudeln wie bei Pippi Langstrumpf aus dem Mund hängen.

Normalerweise würden unsere Kinder jetzt losprusten, aber heute schauen sie mich sehr ernst an und sagen nur: »Mama! So isst man nicht! Bitte nimm eine Gabel!«

Schließlich versucht die Fotografin noch mal ihr Glück, aber es ist nichts zu machen.

Am Ende kriegen wir sie immerhin dazu, sich noch einen Rock über die Hose zu ziehen und eine Gabel mit Spaghetti sehr hoch über den Teller zu halten, aber das hat natürlich nichts mit dem Chaos-Shooting zu tun, das uns ursprünglich vorschwebte. Die Zwillinge zeigen sich weiterhin pikiert, weil sie lauter Sachen machen sollen, die »sich nicht gehören«.

Auf der Fahrt nach Hause müssen Peter und ich sehr lachen über unsere wohlerzogenen Kinder und können uns nicht erklären, woher dieser Sinneswandel plötzlich kommt. Noch ein paarmal müssen wir uns ihre Belehrungen anhören, die sie gelegentlich einfach so einstreuen:

»Am Tisch bleibt man sitzen, bis alle fertig sind!«

»Eine Jeans zieht man mit einem Oberteil an, und dann kommt da kein Rock mehr obendrauf und auch kein Kleid!«

»Man isst nicht mit den Händen!«

»Wenn man zu viel Süßes isst, kommt der Karies!«

»Am Tisch pupst man nicht!«

Wir sind regelrecht erleichtert, als sie sich nach ein paar Tagen endlich mal wieder ein bisschen danebenbenehmen und vom Tisch aufstehen wollen, nach einem Schoko-Brot fragen und sich um eine Tüte Gummibärchen streiten. Das wäre sonst auch einfach zu langweilig geworden.

Lektion 36: Die Spießerkinder

Aber auch wenn unsere Kinder zwischenzeitlich zu ihrer alten Hochform zurückfinden, so langsam werden sie erschreckend konservativ. Wir fühlen uns schon fast wie in diesem Werbespot von früher, in dem das kleine Mädchen zu seinem verzottelten Hippie-Vater sagt: »Wenn ich groß bin, will ich auch mal Spießer werden.«

Wie oft hatten wir als Eltern das Gefühl, gegen eine Wand zu reden! So oft sagt man »Wie heißt das?« (um damit zu erreichen, dass sie »Danke« und »Bitte« sagen). Viele sagen auch: »Wie heißt das Zauberwort?« Ich finde, »Zauberwort« klingt so, als könnte man damit tatsächlich zaubern und plötzlich stehen da Gucci-Schuhe. Aber bei Wörtern bin ich sowieso etwas empfindlich. Schlimm finde ich es beispielsweise auch, wenn jemand von »Zeit totschlagen« spricht.

Meine Empfindlichkeit gegenüber gewissen Wörtern steht allerdings im Gegensatz zu der Sprache, die ich selbst benutze. Früher hatte ich Angst, dass die Kinder meine Sprache übernehmen und ich ihnen die Flucherei anerziehe. Und schließlich haben sie ja einmal meine Eltern mit ihrem »Oh Fuck«-Gerufe so weit gereizt, dass sie uns fast rausgeworfen hätten. Aber tendenziell geht es so weiter, dass die Zwillinge anfangen, uns zu erziehen. Es ist ein schleichender, aber unaufhaltsamer Prozess, und ich merke, wie sich langsam die Verhältnisse bei uns zu Hause umkehren.

Aber wir wollen es noch nicht so recht wahrhaben.

Es ist ein wunderschöner Samstagmorgen im Herbst. Die Luft ist klar und frisch, und ich beobachte, wie in unserem Garten die ersten Blätter sanft zu Boden segeln. Wie jedes Wochenende fragen wir uns, wie wir unsere Kinder ohne größere Wutanfälle durch das Wochenende entertainen. Das Beste ist grundsätzlich Ablenkung.

»Was könnten wir denn unternehmen heute?«, frage ich Peter.

»Lass uns nicht zu weit rausfahren«, antwortet er, und ich hätte es mir denken können, da er das immer antwortet.

Samstags-Shopping-Ausflüge sind nach unserem Erlebnis mit den Kindern in einer Shopping Mall für immer gestrichen. Es ist noch gar nicht so lange her, da hatten wir die grandiose Idee, mit ihnen shoppen zu gehen. Unser Plan war: Die Kinder haben nun schon ihren eigenen Kopf und ihren eigenen Geschmack, deshalb gehen wir mit ihnen in die Shopping Mall, und jede darf sich selbst eine Hose und ein Sweatshirt aussuchen. Wir endeten an der Kasse und bei diesen Haarspangen und Schnickschnack-Ständen, wo wir uns eine halbe Stunde lang anhören mussten, wie viel lieber sie die Katzenohr-Haarreifen statt der Hose hätten und die Eisköniginnen-Kronen statt des Oberteils. Und es endete mit Tränen und Eis zur Versöhnung – näher gehen wir besser nicht darauf ein. Da also Shopping-Ausflüge so schnell nicht mehr auf dem Plan stehen werden, schlage ich als Nächstes vor: »Dann lass uns doch irgendwo in die Natur fahren! Wo ist es denn schön?«

Da Peter nicht sofort antwortet, schiebe ich hinterher: »Scheiße, Mann, wir wohnen in BERLIN und fragen uns jedes Wochenende, wo wir hinsollen, das kann doch nicht sein, oder?!«

Grinsend wirft Lilly ein: »

»Mama, du hast Scheiße gesagt!«

»Oh, Scheiße, das wollte ich nicht!«, antworte ich verblüfft.

»Mama! Schon wieder!«, sagt sie belustigt.

»Oh, shhhhhit!«, entfährt es mir. »Hach, lasst uns doch erst mal frühstücken«, schlage ich dann vor, um von der Ausflugszieldiskussion abzulenken.

Die Kinder wünschen sich Pfannkuchen. Seit geraumer Zeit sind sie süchtig nach diesen labbrigen Teilen. Und es sollte am liebsten IMMER mit Schoko sein. Also mit Nuss-Nugat-Creme. Damit sie nicht noch mehr Zucker in sich reinstopfen, mixen wir für den Teig nur Eier, Milch und Mehl zusammen. Und als erzieherische Maßnahme hat Peter kürzlich festgelegt, dass es zuerst einen halben Pfannkuchen mit Erdbeermarmelade gibt. Wobei ich mir ehrlich gesagt nicht sicher bin, ob das wirklich eine bessere Alternative ist. Die Einführung der »Erdbeer zuerst«-Maßnahme verlief – sagen wir es mal vorsichtig – holprig: Als Peter streng verkündet, »zuerst wird aber ein Erdbeerpfannkuchen gegessen«, geht es direkt los:

Luisa stößt sich auf ihrem Stuhl mit dem Fuß vom Tisch ab und presst immer wieder hervor: »Nein, Schoko! Will Schoko!«

Aber das Faszinierende an Kindern ist: Irgendwann kriegen sie sich ein und sind nach einem Wutanfall extrem zahm – vorausgesetzt, man bleibt konsequent. Mir kam es in dieser Situation vor wie eine halbe Stunde, aber es können nur maximal zehn Minuten gewesen sein.

Und es ist ja so: Meistens kriegen sie sich genau dann ein, wenn man denkt »das wird nix mehr«. Plötzlich beißt sie brav in ihren Erdbeerpfannkuchen und sagt mit ihrem fleckigen Gesichtchen: »Schmeckt lecker!«

Das ist nun einige Wochen her, und ich habe das Gefühl, dieser Wutanfall hat sie geläutert. Bei Vierjährigen hat man das Gefühl, sie würden gelegentlich kurz in die Pubertät reisen und Minuten später reuig zurückkehren. Oder sie seien vom Teufel besessen. Auf jeden Fall ist das Ergebnis das Gleiche: Irgendwelche Hormone lassen sie derart ausrasten, dass ich Angst bekomme, sie würden rockstarmäßig gleich unsere komplette Einrichtung zertrümmern. Und nach wenigen Minuten ist der Spuk vorbei, und sie schmeißen sich einem an den Hals und schluchzen herzzerreißend »Mamaaaa!«, und man weiß wieder, warum man sie so sehr liebt. Aber das Praktische ist: Diese Wutanfälle werden immer seltener, und dafür zeigen sich die wahren Charakterzüge, und in unserem Fall kristallisiert sich immer stärker heraus, dass da zwei kleine Spießerinnen heranwachsen.

Auf jeden Fall sind sie plötzlich sehr auf meine Ausdrucksweise und auf mein adrettes Aussehen bedacht, und ich kann kaum glauben, was ich mir da so anhören muss.

Mittlerweile essen sie artig und ohne Murren zuerst ihren Erdbeerpfannkuchen und dann die Schokovariante, und nun steht dieser Samstagsausflug an, und abgesehen davon, dass wir immer noch nicht wissen, wohin wir eigentlich fahren sollen, gibt es ein weiteres Problem: Die Eier sind aus!

»Scheiße, wir haben keine Eier mehr!«, entfährt es mir, und nun wird Lilly schon leicht gereizt.

»Mamaaa, Scheiße sagt man nicht. Du sagst das die ganze Zeit!«

»Oh Schätzlein, du hast recht! Du musst mich immer darauf aufmerksam machen, wenn ich das sage. Und ich bin ein schlechtes Vorbild! Du darfst das nicht übernehmen, ja?!«, antworte ich schuldbewusst.

»Ja, aber warum sagst du das denn immer?«, hakt sie mahnend nach.

»Es tut mir leid. Ich merke das gar nicht«, versuche ich mich irgendwie rauszureden.

In dem Moment fällt mir das Mehl, das ich gerade aus der Schublade geholt habe, aus der Hand, und eine weiße, riesengroße Mehlhaube bedeckt mit einem Mal den kompletten Boden unserer Küche.

»Oh Fuck! Ich kotze! So eine Scheiße!«, fange ich unkontrolliert an zu fluchen, und sowohl Peter als auch die Zwillinge gucken mich entgeistert an.

»Oh Mann, ey, ist doch wahr!«, schiebe ich noch hinterher und versuche, möglichst unschuldig zu gucken.

Aber es ist zu spät. Lilly sagt mit einem sehr strengen Ton in der Stimme: »Wer Scheiße sagt, muss sich entschuldigen, Mama!«

Und Peter fügt sofort an: »Also wirklich! Das geht nicht vor den Kindern! Du musst dich nicht wundern, wenn sie sich das angewöhnen!«

»Nein, Papa, keine Angst, das machen wir nicht«, antwortet Luisa mit einer salbungsvollen Stimme und guckt mich vorwurfsvoll an.

»Entschuldigung, Leute, ich versuche, mich zu bessern, okay?«, sage ich zerknirscht, und Peter hat eine Idee, die mich noch viel Geld kosten wird: »Wir führen jetzt eine Kasse ein. Für jedes Mal, wenn die Mama das Sch-Wort sagt, muss sie einen Euro da reinwerfen.«

»Ach du Sch−«, fahre ich fort, und während ich das »Sch−« ausspreche, fällt mir auf, dass ich schon wieder »Scheiße« sagen möchte, und mache schnell ein »Schrott« daraus.

Mittlerweile habe ich gemerkt, dass es eine ziemlich sinnlose Idee war, das Mehl rauszuholen, wo wir doch gar keine Eier für die Pfannkuchen im Haus haben. Bei den Nachbarn nach Eiern fragen, will ich nicht, das ist mir zu umständlich. Zumal wir alle noch im Schlafanzug sind. Wir schwenken um auf Toast mit Erdbeermarmelade.

Als wir uns endlich anziehen, um unser Ausflugsziel anzusteuern, und es ins Auto schaffen, schießt es mir durch den Kopf:

So schnell sind sie also groß geworden. Und während ich das denke, muss ich lachen, weil es mich dermaßen an meine Tanten von früher erinnert, die immer, wenn sie mich sahen, hysterisch zu kreischen anfingen und jedes Mal genau diesen Satz sagten: »Du bist ja so groß geworden!«

Wir entscheiden uns schließlich, als Ziel für unseren Samstagsausflug den Volkspark Friedrichshain anzusteuern. Dort fahren wir immer hin, wenn uns nichts Besseres einfällt. Also sehr oft. Das ist ein großer, grüner Park mit mehreren Spielplätzen, der sich berlintypisch dadurch auszeichnet, dass überall kaputte Flaschen rumfliegen. Es ist einer dieser Orte, an dem sich am Wochenende die Hipster-Eltern um einen Platz auf den Bänken drängeln, um ihrem Nachwuchs beim Schaukeln zuzusehen.

Wir versuchen, uns zu disziplinieren, unseren Kindern zu vertrauen und nicht helikoptermäßig am Klettergerüst zu stehen. Wir sind sehr froh, als sie nicht mehr klettern wollen und sich nach einem anderen Spaß umsehen.

Schließlich zerrt Lilly Peter zur Schaukel und zeigt ihm, wie hoch sie alleine schon schaukeln kann. Er muss zusehen und ihr applaudieren. Sie juchzt und ist sehr stolz.

Luisa zieht mich in ein kleines Holzhäuschen und sagt: »Mama, ich bring dir Kaffee! Du bist die Oma!«

Sie drückt mir ein Häufchen Sand in die Hand, und ich tue so, als würde ich davon trinken, und versichere ihr:

»Das ist aber sehr lecker! Und wer bist du?«

»Ich bin die Mama! Aber nur aus Spiel!«

Ach so! Das wäre mir sonst gar nicht aufgefallen. Ich muss mich zusammenreißen, um nicht laut loszulachen. Sie steht mit sehr ernster Miene vor mir und backt gewissenhaft eine Torte.

»Probier mal, Oma, das ist köstlich! Eine Schokotorte!«, sagt sie bedächtig und drückt mir das nächste Häufchen Sand in die Hand.

Plötzlich macht sich in mir ein warmes Gefühl der Bewunderung breit für dieses kleine Persönchen mit dem dunkelblauen Parka, der winzigen Nase und den verfilzten Haaren. Ich spüre, wie sehr ich ihren Eigensinn liebe und wie schön es ist, Zeit mit diesem Menschen zu verbringen, der mir ständig Stöcke und Steine in die Hand drückt mit der Bitte, darauf aufzupassen. All die Wutanfälle, an die ich mich erinnere, sind wie weggewischt.

Und plötzlich guckt Luisa mich an und sagt: »Ich muss dir was ins Ohr flüstern!«

Ich gehe in die Knie und rücke mit dem Kopf ganz nah an ihr Gesicht. Mit ungeschickten Handgriffen wurschtelt sie meine Haare von meinem Ohr weg und flüstert:

»Mama, ich hab dich lieb! Liebe Mama! Nicht böse Mama! Mama lieb!«

Eine starke Welle der Wärme durchjagt meinen Körper, und ich umarme meine Tochter ganz fest: »Mein Schatz, du! Ich hab dich auch so lieb! Du bist auch lieb.«

Wie ein Liebespaar am Ende eines Kitschfilms halten wir uns fest, und schließlich nehme ich sie hoch und trage sie aus dem kleinen Häuschen raus.

Sie fängt an, mit einer weit ausholenden Handbewegung Lilly, die immer noch schaukelt, wild zuzuwinken und ruft: »Lillllyyyy, wir sind hier!«

Lilly ist schaukelsüchtig und nur schwer wieder von einer Schaukel runterzubekommen, wenn sie einmal draufsitzt und durch die Lüfte fliegt. Also gehe ich mit Luisa, die sich mittlerweile an mich klammert wie ein Affenbaby an seine Affenmama, hinüber zur

Schaukel, und alle drei fangen wir an, auf Lilly einzureden, ob wir nicht doch mal nach Hause gehen sollten.

Peter versucht es schließlich mit einem Trick, der normalerweise immer funktioniert:

»Komm, wir gehen alle noch ein leckeres Eis essen!«

Er sagt immer »leckeres Eis«, als gäbe es auch unleckeres Eis. Wobei: Bei diesen neumodischen Sorten mit Parmesan, Bier und Basilikum ist es vielleicht wirklich angemessen, die Betonung auf »lecker« zu legen.

Aber Lilly grinst nur übers ganze Gesicht und ruft überglücklich: »Nein! Ich will noch schaukeln!«

In dem Moment fällt mein Blick auf ein schüchternes Mädchen, das möglicherweise schon eine ganze Weile neben der Schaukel steht, aber so unauffällig und still ist, dass wir sie einfach übersehen haben. Sie hat dunkle, lange Haare und guckt traurig.

Es ist wie später im Leben, denke ich. Die Leisen gehen unter, und nur die Lauten werden gehört. Ich wüsste gern, warum dieses kleine Mädchen diese große Schwere ausstrahlt. Schnell versuche ich, meine düsteren Gedanken zu verscheuchen, und rufe Lilly beherzt zu: »Oh! Lilly! Hast du das Mädchen gesehen? Sie wartet hier wohl schon länger! Jetzt lässt du sie auch mal schaukeln, ja?!« Innerlich mache ich mich schon mal gefasst auf die Capoeira-Einlage: Lilly wird sich an die Schaukel klammern und einen Riesentanz aufführen, da bin ich mir sehr sicher.

Aber statt loszukrakeelen, sagt sie schuldbewusst in der Tonalität einer alten Oberstudienrätin: »Oh! Wenn man geschaukelt hat, muss man die Schaukel auch mal freigeben!«

Sie bremst augenblicklich mit dem Fuß ab, guckt dem traurigen Mädchen in die Augen und hält ihr sogar die Schaukel hin.

Ich frage mich, ob das hier gerade wirklich passiert oder ob ich mich verguckt habe und es ist gar nicht Lilly. Das traurige Mädchen nimmt vorsichtig die Schaukel entgegen und klettert leise darauf. Es ist phänomenal, wie unterschiedlich Kinder sind. Ich muss daran denken, dass ich unsere Kinder schon im Bauch auseinanderhalten konnte. Früher dachte ich immer, kleine Kinder wären alle ähnlich und ließen sich in zwei Kategorien einteilen: plärrend, laut, nervig und brav, artig, wohlerzogen.

Aber jedes Kind kommt mit einem ganz eigenen Charakter auf die Welt. Und wie bei Erwachsenen gibt es weder nur das Gute noch nur das Schlechte.

Wir lernen jeden Tag von unseren Kindern und sind dankbar, dass wir durch sie das Leben wieder ein wenig mit kindlichen Augen sehen dürfen. Und ich bin froh, dass sich ihre Spießerinnen-Anflüge dann doch in Grenzen halten und sie normalerweise weder brav noch artig sind. Wir lieben es, wilde Kinder zu haben. Es sei denn, sie sind wild. Dann möchten wir, dass sie ganz schnell wieder ruhig sind. Aber was bedeutet es, mit Kindern zu leben und sie auf ihrem Weg zu begleiten? Wir haben gelernt, dass das Wichtigste ist, sie ernst zu nehmen und sie zu respektieren. Und dass sie lernen, andere zu respektieren und liebend durch die Welt zu gehen. Durch eine Welt, die immer mehr in sich zusammenfällt.

Was zählt, ist die Liebe, das Lachen und die Haltung, die wir einnehmen. Und dann dürfen wir auch mal laut sein. Denn warum sollten wir unsere Gefühle verstecken? Die Kunst ist nur, aus diesen Extremsituationen zu lernen und den Kindern und sich selbst beizubringen, dass das Wichtigste die Liebe ist. Und das Miteinander-Reden.

Und so lernen wir jeden Tag voneinander und lachen im Nachhinein über all die Kuriositäten, die sich bei uns zu Hause schon
abgespielt haben. Denn so ist es im Leben: Wir sollten das alles nicht
zu ernst nehmen. Und vor allem nicht die Erziehung.

Dank

Wir danken unserer Miri dafür, dass Du uns auf den Weg zu diesem Buch gebracht hast. Wir vermissen Dich, Dein Lachen, Deine Fröhlichkeit jeden Tag, aber wir wissen, dass Du uns weiterhin begleitest, und wir lieben Dich sehr.

Außerdem danke an Birgit Sander vom mvg Verlag, die immer geduldig war und sich auf so eine liebenswerte Weise unserer Krisen angenommen hat.

Und ein herzliches Dankeschön an Antje Steinhäuser für das Lektorat und die tollen Telefonate.

Wir danken Oma Herta und Opa Wolfgang für die grenzenlose Unterstützung von Anfang an. Und Tante Sonja und Onkel Frank für die Hilfe.

Danke an Oma Ellen und Opa Walter für alles, was sie für uns getan haben. Opa Walter lebt als Opa Wolke weiter, und wir vermissen Dich und Deine unendliche Güte.

Außerdem danken wir Tante und Onkel Vossi, unseren Familien und all unseren Freunden für die Unterstützung!